游资底层投资逻辑与交易实录

屠龙刀◎编著

中国宇航出版社
·北京·

图书在版编目（CIP）数据

游资底层投资逻辑与交易实录 / 屠龙刀编著. -- 北京 : 中国宇航出版社, 2023.2（2025.4 重印）
ISBN 978-7-5159-2181-5

Ⅰ. ①游… Ⅱ. ①屠… Ⅲ. ①股票投资—基本知识 Ⅳ. ①F830.91

中国版本图书馆CIP数据核字(2022)第255623号

策划编辑	卢　珊	封面设计	王晓武
责任编辑	卢　珊	责任校对	吴媛媛

出版发行	中国宇航出版社		
社　址	北京市阜成路 8 号 （010）68768548	邮　编	100830
网　址	www.caphbook.com		
经　销	新华书店		
发行部	（010）68767386 （010）68767382		（010）68371900 （010）88100613（传真）
零售店	读者服务部 （010）68371105		
承　印	三河市君旺印务有限公司		
版　次	2023 年 2 月第 1 版		2025 年 4 月第 5 次印刷
规　格	710 × 1000	开　本	1/16
印　张	14	字　数	185 千字
书　号	ISBN 978-7-5159-2181-5		
定　价	49.00 元		

本书如有印装质量问题，可与发行部联系调换

PREFACE 前言

游资，即短线资金，是以博取短线利润为主要目标的资金。游资是目前A股市场重要的参与力量之一，而且是非常重要的参与力量。

这类资金具有这样几个共同特征。

第一，在操盘方面，以短线交易为主，绝不恋战。持股周期非常短，从两个交易日到十几个交易日不等。

第二，以抢入涨停板为主要攻击手段。很多国内顶级游资都是龙虎榜的常客，这就是一大明证。

第三，以市场热门股票为主要目标。这些游资操作的股票，绝大多数都不是绩优股，很少具备长期投资价值。游资入场也不看好其未来的投资价值，仅仅是为了在下一个交易日或未来几个交易日可以卖出更好的价格。同时，由于游资进出的资金量相对较高，这就要求这些股票的换手率必须高，否则游资短期内无法完成出货。以上种种要求，决定了游资操作的个股，必然是市场上的热门股票。

对于散户来说，这是游资的一个神秘之处，因为他们总是能够捕捉到市场上的热门股票。其实这就如同鲁迅先生所说的：地上本没有路，走的人多了，也便成了路。热门股票也是这个道理。本来市场上也是没有热门股票的，只是游资抢入的多了，涨停多了，也就成了热门股票。

总之，游资的出没始终是与热门股票关联在一起的。从具体的交易层面上来看，游资的交易策略比较简单、直接，大致可以分为这样几个步骤。

第一步：抢筹与试探建仓；

第二步：抛出筹码，测试市场热度；

第三步：股价回封涨停板，再度追加入场；

第四步：重复之前的路径，再度抛出筹码，测试市场热度，之后再建仓。

在游资的整个操盘过程中，市场热度是最为核心的指标。只有市场热度足够高，游资才愿意抢入筹码，冲击涨停板；反之，这些游资宁可赔钱出局，也不会贸然攻击涨停板。这就是我们常见的股市怪象，有的股票拉升途中遭到一轮打压后就跌下去了，从此一蹶不振；有些股票遭到打压后，很快就收复失地，并重新涨停。股价走势的背后，本质上就是市场热度有别。不过，不同的游资对市场热度的理解和要求不一样，所以在操盘上必然会存在一定的分歧。

散户由于资金有限，是很难复制游资的操盘路径的，自己手中的筹码即使全部抛出，也不会让股价出现一个“涟漪”，但仍可以通过观察和分析游资抛出筹码的数量和价格波动情况，来判断市场炒作的热度，以此判断合理的入场时机。

总之，追踪市场热点，踏准游资节奏，感受游资的感受，才是散户追涨成功的关键。

CONTENTS 目 录

第二章 游资及其经典交易策略

第三章 游资炒作策略与选材逻辑

第五章　像游资一样战斗：游资操盘实录

第一章

游资和你想的不一样

游资，按照标准的定义，是指投机性短期资金，也称热钱。我国股市中的热钱，不仅包括国内短期资本，还包括一部分从港股通借道北上的国际资本。

本书所讲的游资以国内热钱为主。

第一节 散户思维中的雷区

游资是股市中最为特别的一股力量。从基本阵营划分来看，游资本应该和散户一样属于普通投资者阵营，与机构投资者相对应。但是从实际交易来看，游资的狡猾程度远非普通散户可比，甚至很多机构投资者都甘拜下风。

市场上很多翻倍甚至翻十几倍的大牛股背后，大多都有游资的身影。正因如此，市场上很多投资者都热衷于寻找游资的投资路径，一窥游资的操盘奥秘，甚至还对游资产生了很多不切合实际的想法。

一、游资交易总是成功的

由于游资的参与，市场上产生了很多牛股的传说。比如，2021年到2022年期间，尽管大盘走势十分不理想，还是产生了诸多牛股，如九安医疗、热景生物、恒宝股份等。这些大牛股无疑为整个市场增添了靓丽的风景。很多有幸持有这些股票的投资者，都赚得盆满钵满。如图1–1所示。

从图1–1中可以看出，2022年1月下旬，游资开始入场抢筹，此时恒宝股份的价格还停留在8元左右。在抢筹过程中，该股股价不仅出现了三个涨停板，期间还夹杂了两次大规模的回调。其实，无论是涨停还是大幅回调，都是游资的抢筹动作。

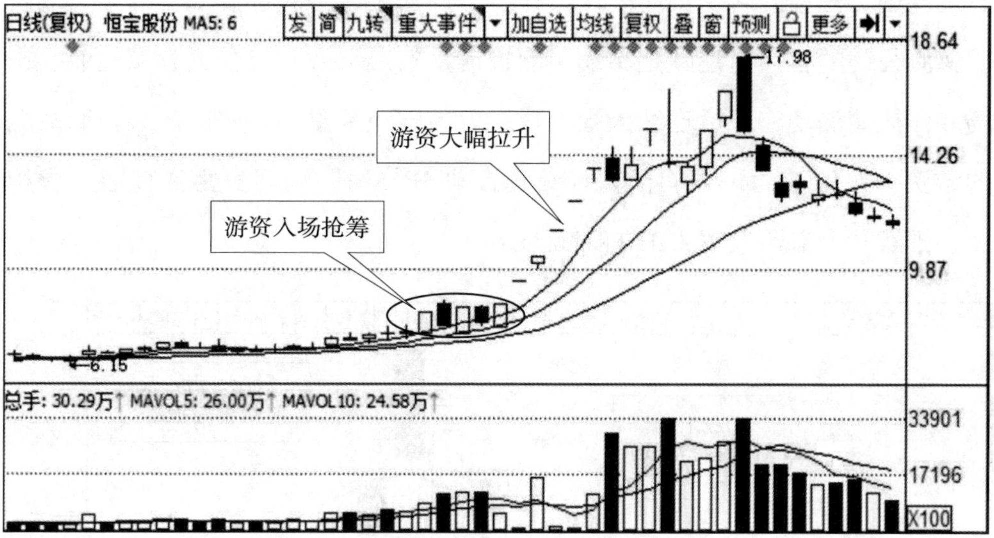

图1-1　恒宝股份（002104）日K线走势图

其后的十几个交易日，恒宝股份的股价就达到了17.98元的高位，该价格相比启动价格翻了一倍有余。在这波操作过程中，传闻知名游资章盟主（章建平）经常使用的“国泰君安证券股份有限公司上海江苏路证券营业部”就曾出现在恒宝股份龙虎榜“买入金额最高营业部”的位置。

正因如此，很多散户都喜欢追逐游资的踪迹，跟随游资的脚步，认为这样至少可以在游资吃肉时分得一杯羹。其实，且不提游资进场建仓我们是否能够察觉，就是真的跟上了游资的步伐，也不见得就能“百战百胜”，因为游资本身追求的也不是“全胜”，而是“小输大赢”。在操盘过程中，与散户一样，游资也有马失前蹄的时候，比如2022年的富祥药业，就成了很多游资的“梦魇之地”。

如图1-2所示，富祥药业的暴涨暴跌源于一次“新冠特效药概念”的乌龙。先是1月6日公司公开表示：公司部分医药中间体产品可以供给辉瑞。

1月13日，有投资者在互动平台问：“贵公司是否和全球知名药企合作开发供应新冠药物中间体和原料药？”公司回复：“公司凭借凌富药物研究院的研发基础，已经向客户供应公斤级样品，并通过客户验证。”一时间市场纷纷猜测公司的客户可能就是辉瑞，而辉瑞是新冠特效药目前的领军企业。市场炒作热情涌动，股价连续大幅上攻。之前曾经因参与九安医疗炒作而成名的游资“东亚前海证券有限责任公司深圳分公司”也现身富祥药业龙虎榜上，俨然一个市场大龙头正在崛起。

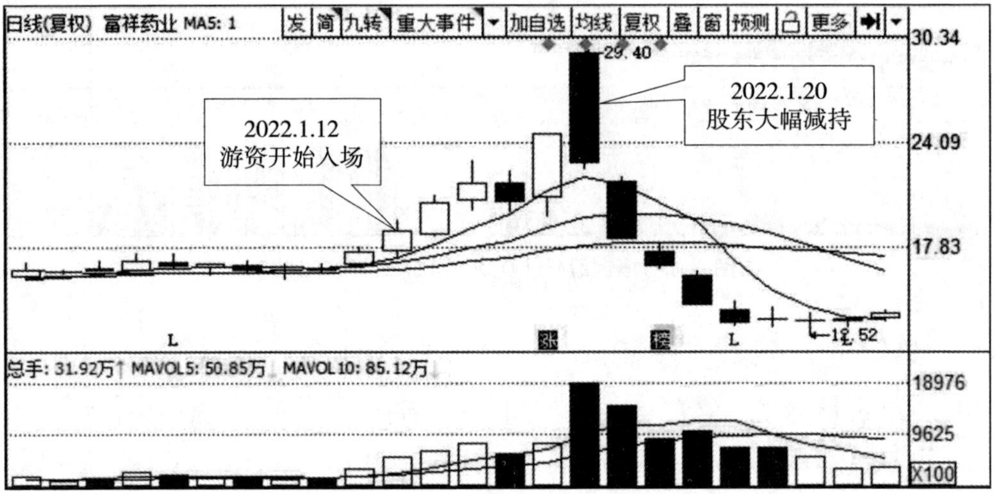

图1-2　富祥药业（300497）日K线走势图

不过，2022年1月20日，正当各路资金纷纷追抢买入富祥药业的时候，股东开始发力减持股票。1月20日当天，该股股价直接从涨停板被打了下来。

如图1-3所示，富祥药业的股价在游资的强力介入下，直接以涨停开盘。不过，由于当日股东发布了减持公告，直接吓退了各路游资。很多前日大手笔买入的游资纷纷出逃，这其中也包括“东亚前海证券有限责任公司深圳分公司”。一般来说，在股价刚刚启动时，股东就来个大手笔减持，后面肯定还会有更多利空，这也是很多游资选择出逃的原因。

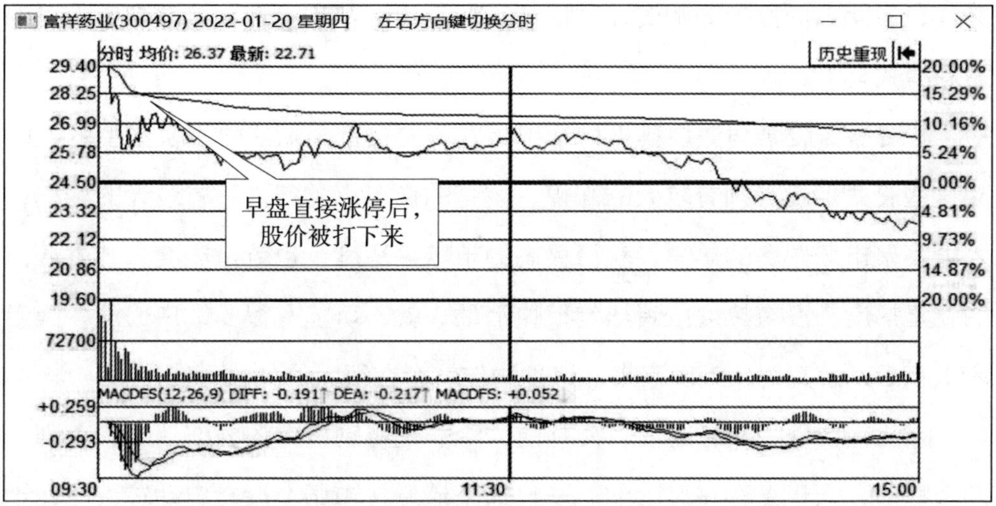

图1-3　富祥药业（300497）分时走势图（2022.1.20）

1月24日，该公司一方面公布了业绩大幅预减的公告，另一方面也直接否认了与辉瑞合作开发新冠特效药的传闻。

此时，其实距离股价大幅下跌已经有几天的时间了。在这几天中，不仅散户损失惨重，就是各路游资也同样损失惨重。不过，通过1月19日和1月20日两天的龙虎榜可以发现，“东亚前海证券有限责任公司深圳分公司”在买入股票的次日就大举出逃了。这一方面说明游资嗅觉灵敏，另一方面也说明游资具有较好的纪律性和执行力，一旦发现情况不利，能够坚决撤退。其实这也是很多散户在股市中亏损的原因，即缺乏足够的纪律性。

二、游资得到了内幕消息

在实际交易中，确实有一些游资能够得到一些内幕消息，但是游资也和普通散户一样都是投资者，并非主力庄家，他们不可能像机构投资者那样与上市公司维持长期的良好关系，因而他们得到上市公司的消息并不会比散户早多少。从操盘来看，提前入场埋伏的游资相对还是少数，更多的游资是在市场情绪被调动起来后才入场接力的。关于这一点，很多投资者并不理解。

其实，后期入场抢筹的游资才是推动市场行情上升的主力，这与游资本身的盈利模式有关。

游资操作股票与散户和机构都不相同。游资都是短线快进快出型的，因而这些股票短线必须有较大的涨幅、较高的换手率才行。只有较大的涨幅，才能凝聚市场做多的热情，获得极高的市场关注度，也就是热度。游资炒作的就是热度，没有热度或者热度很快消散，就不可能有很多散户追涨，换手率上不去，游资的钱就出不来，这种操作就存在很大的失败可能。

因此，在一些消息还没有公开前，除非是特别重大的内部消息，否则，游资提前介入也是存在风险的。一旦这个消息在市场上没有启动较大的连锁反应或者反应不如预期，游资也很难顺利完成操作。相反，一些消息爆出后，市场情绪开始升温时，对于游资来说才是最佳的操作时机。尤其是对于一些资金量不是很大的游资，此时段入场风险相对要小一些，而且通过这些入场游资的推动，市场情绪有望进一步升温，甚至还会出现板块连锁反应。大家千万不要小看这些板块的联动效应，板块出现联动，说明市场情绪到达了一个新阶段，这时候游资操作盈利的希望就更大了。如果没有联动效应，只有一两只股票在上攻，市场情绪很容易快速转为下降，这时候游资出逃就会很困难。

总之，内幕消息并不是游资炒作的基础，只有那些能够在市场上持续引发关注热点，特别是那些朦朦胧胧、能够让市场充满想象空间的消息，才是游资的最爱。

三、追踪游资足迹就可以赚钱

散户总有这样一种心理，既然游资大多数情况下都能赚到很多钱，那么，如果自己能够跟上游资的脚步，也可以挣到钱。这个逻辑本身是没有问题的，但在实际操作中却很难取得预期的效果。

首先，获得的信息严重滞后。

目前，普通散户获得游资操作路径的方法主要是通过龙虎榜这一途径。每个交易日结束之后，证券交易所会公布股价异常波动股票的买卖交易额前五名的证券营业部，如图1–4所示。

上榜原因：连续三个交易日内,涨幅偏离值累计达20%的证券					更多个股解读>>
营业部名称	买入金额(元)	占总成交比例	卖出金额(元)	占总成交比例	净额(元)
深股通专用	4314.85万	2.66%	4602.97万	2.84%	-288.12万
东方财富证券股份有限公司上海东方路证券营业部	3571.11万	2.20%	8.09万	0.00%	3563.02万
中国国际金融股份有限公司上海分公司	3126.32万	1.93%	1781.53万	1.10%	1344.79万
中国银河证券股份有限公司杭州凤起路证券营业部 杭州帮	2577.58万	1.59%	2128.11万	1.31%	449.47万
中国中金财富证券有限公司杭州环球中心证券营业部	1582.97万	0.98%	1.18万	0.00%	1581.79万
					买入总计：15172.83万元
东兴证券股份有限公司北京北四环中路证券营业部	0.00	0.00%	6869.00万	4.24%	-6869.00万
深股通专用	4314.85万	2.66%	4602.97万	2.84%	-288.12万
中国银河证券股份有限公司杭州凤起路证券营业部 杭州帮	2577.58万	1.59%	2128.11万	1.31%	449.47万
中国国际金融股份有限公司上海分公司	3126.32万	1.93%	1781.53万	1.10%	1344.79万
红塔证券股份有限公司昆明滇池路证券营业部	0.00	0.00%	1777.52万	1.10%	-1777.52万
					卖出总计：17168.4万元

图1–4　深物业A（000011）龙虎榜数据（2022.4.1）

图1–4为深物业A 2022年4月1日的龙虎榜数据。该股股价当日强势涨停，大量游资涌入。对于喜欢追踪游资足迹的投资者来说，查询当日龙虎榜数据，就是其最佳的选择。从龙虎榜数据中可以看出，知名游资“杭州帮”已经介入了该股的炒作。

不过，对于普通散户来说，该龙虎榜的数据其实可借鉴的意义不大。其一，作为散户，并不知道这些杭州帮游资是何时开始介入的。当日不仅有买入的2577.58万元，还有卖出的2128.11万元，这意味着该游资机构已经提前介入了这只股票，在拉升股价的同时也在出货。其二，当日股价涨停后，次日高开概率很大，若散户进入，则存在高位接盘的可能。由于A股市场执行的是“T+1”交易制度，这些游资在4月1日买入的股票可以在次日卖出，而次日入场的投资者当日却无法卖出股票。

总之，这些信息具有明显的滞后性，若按照这些信息追踪股票，风险很大。

其次，散户能够获得的信息，其实也是游资希望散户看到的。龙虎榜数据是一个公开的信息，游资比散户更清楚自己何时会登上龙虎榜。也就是说，散户看到的信息，都是游资想让散户看的。游资登上龙虎榜，就是希望散户能够跟随，否则游资买入的股票就没法兑现出逃了。很多游资在操盘时，都是故意让自己现身龙虎榜的。一旦现身龙虎榜，其实也是自己要抽身的时候。若游资不想现身，可以通过很多途径来买进卖出，散户根本找不到踪迹。

也就是说，散户在操盘时可以参考龙虎榜数据，但这更多地是印证自己的判断，不能据此入市，否则可能被套其中。

第二节　游资都是心理学高手

游资在技术分析领域并不见得有多么深厚的功底，但在心理学方面都有很深的造诣。从某种意义上来说，游资操盘获得成功，依靠的就是攻击散户心理上的弱点。

一、散户犹豫：游资抢筹

如果有可能，没有人喜欢以连续拉涨停的方式抢筹，那样的话建仓成本太高，很多散户很容易出逃，不利于游资后期控盘操作。游资也想像主力庄家一样低位建仓，但由于游资操盘的特点都是短线快进快出，需要在短时间内收集足够的筹码，这就决定了其不可能非常隐蔽地完成建仓。因此，通过短线快速拉升与打压股价，让投资者辨不清股价的运行方向，就是游资经常使用的招数。

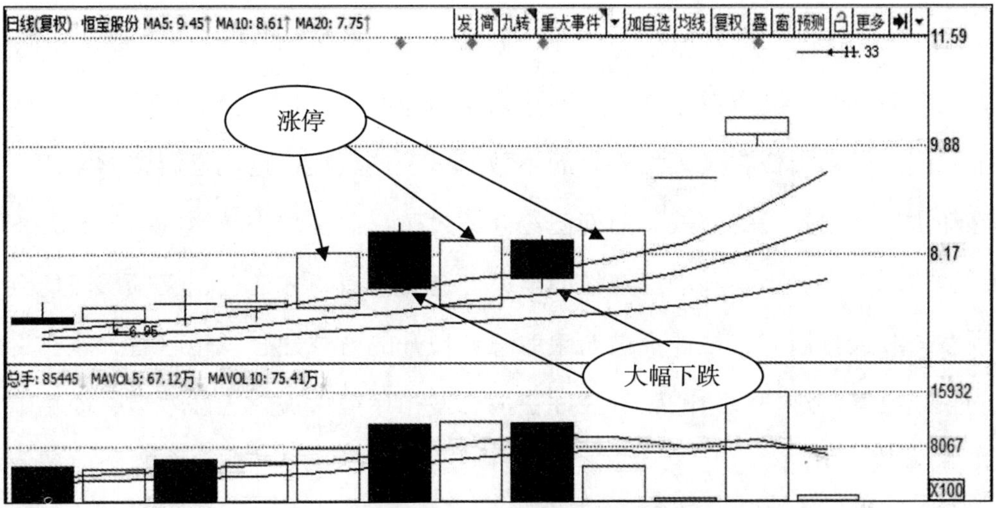

图1-5 恒宝股份(002104)日K线走势图

如图1–5所示，恒宝股份的股价在2022年1月24日、26日、28日三个交易日走出了涨停形态，而期间的25日和27日则出现了大幅下跌态势。与股价大幅波动相对应的是成交量明显走高。遇到这种走势，散户就会出现犹豫与纠结的情况，因为股价走势给人的感觉十分不明朗。正常情况下，股价上升时成交量会放大，回调时成交量萎缩，这才是良性的量价配合形态。可是在25日和27日股价大幅回调时，成交量同样很高，这属于典型的出货式成交量。

其实游资利用的就是散户这种容易犹豫的心理。股价前日涨停后次日即转入大幅下跌，很多散户都会采取观望的态度，而游资则趁机大肆吸筹。其实，在此阶段，无论是股价被拉升至涨停板，还是大幅向下打压，游资控盘目的都是相同的，就是吸筹，利用散户犹豫的心理拼命地吸筹。

二、散户恐惧：游资吸筹

一般来说，散户在两种情况下会比较恐惧。其一，股价短线暴涨，散户因为恐高不敢追涨；其二，股价短线暴跌，散户因为恐惧不敢接盘。

1.短线上攻时恐惧

市场上很多投资者都会采用追涨杀跌的操作，可是当股价真的短线大幅上涨时，很多投资者又因为恐高而不敢追进了。其实，这也是游资常常用来恐吓散户交出筹码的方式。前面已经介绍过了，很多游资获得内幕消息并不比散户早多少。当某一消息突然而至，而游资没有事先建仓，又预感可能会引发一波大行情时，往往会被迫采取急速拉升的方式建仓，也就是大家常说的入场抢筹。这类股票的股价往往在消息发布后很快被封上涨停板，而后就是连续的一字涨停板，根本不会给散户买进的机会。三个左右的涨停板之后，涨停板可能会打开，但散户又会因为畏惧高价而不敢追了。

下面来看一下热景生物的日K线走势情况。

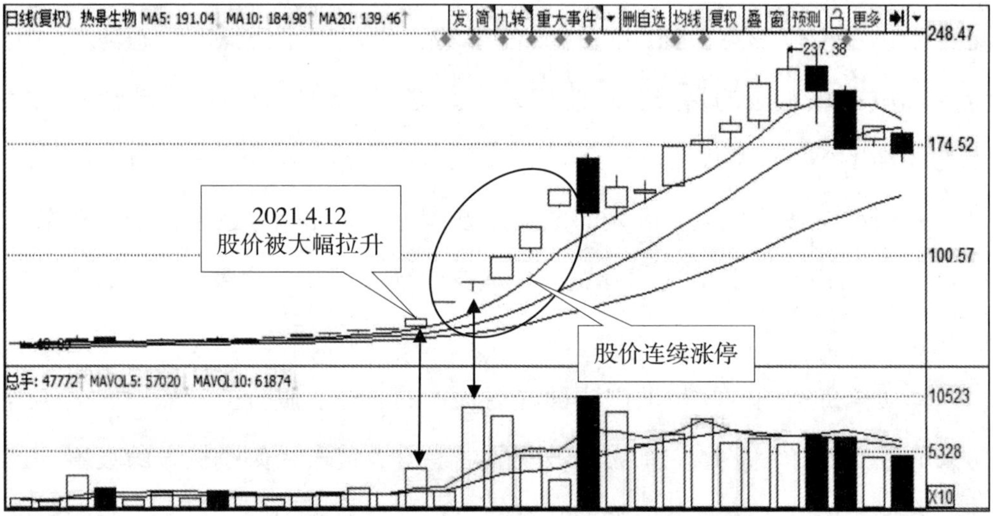

图1-6　热景生物（688068）日K线走势图

如图1-6所示，2021年4月中旬，热景生物因新冠检测概念热炒，股价被大幅拉升。4月12日之前，该股股价一直呈小幅波动。4月12日，该股股价突然被大幅拉升12个点以上。正当很多投资者畏惧高涨幅，希望股价次日出现回调时，该股股价直接以一字板开盘，并持续至收盘。

4月14日，该股股价再度涨停开盘，盘中一度炸板，但临近午盘又一次封住涨停板，如图1-7所示。

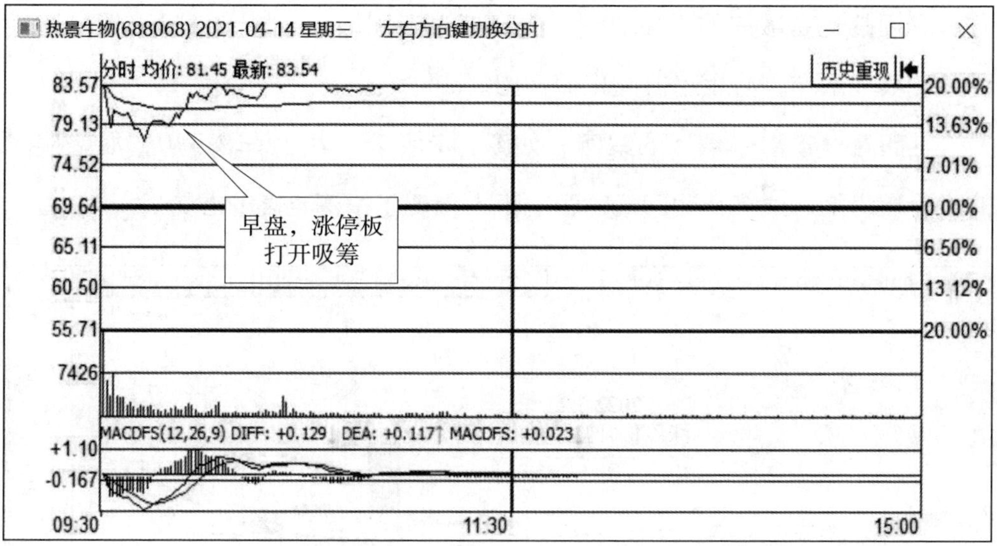

图1-7　热景生物（688068）分时走势图（2021.4.14）

从图1-7中可以看出，热景生物的股价在4月14日早盘高开涨停之后，很快涨停就被打开，其后在11点左右又重新封上涨停板。对照K线图可以发现，当日成交量比前几个交易日放大了很多倍，散户很容易将这种量价形态判断为资金出逃形态。此时股价距离4月12日股价启动时的价位，涨幅超过了50%。散户由于心生恐惧而不敢买入了，这时恰恰是一些游资最喜欢入场的时机。此时由于新冠检测概念热度升温，很多新冠概念股都出现了大幅上升走势。热景生物作为此波行情的大龙头，更是当仁不让。此后，该股股价连续上攻多日，涨幅高达数倍。

当然，该股股价上升期间，游资也是换了好几波，很多游资都从该股身上大赚了一笔。参与该股炒作的就有著名游资“欢乐海岸”旗下的“华泰证券股份有限公司深圳益田路荣超商务中心证券营业部”。

2.短线下挫时恐惧

大幅震仓，迫使散户交出带血的筹码，也是游资常用的吸筹方法。这种方法利用的也是散户的恐慌心理。先是通过吸引散户入场，然后大幅打压股价，使很多散户因心生恐惧而止损卖出。

下面看一下海南瑞泽的案例，如图1-8所示。2022年3月初，海南瑞泽的股价在房地产建筑行业回暖的影响下，出现了振荡走高的态势。

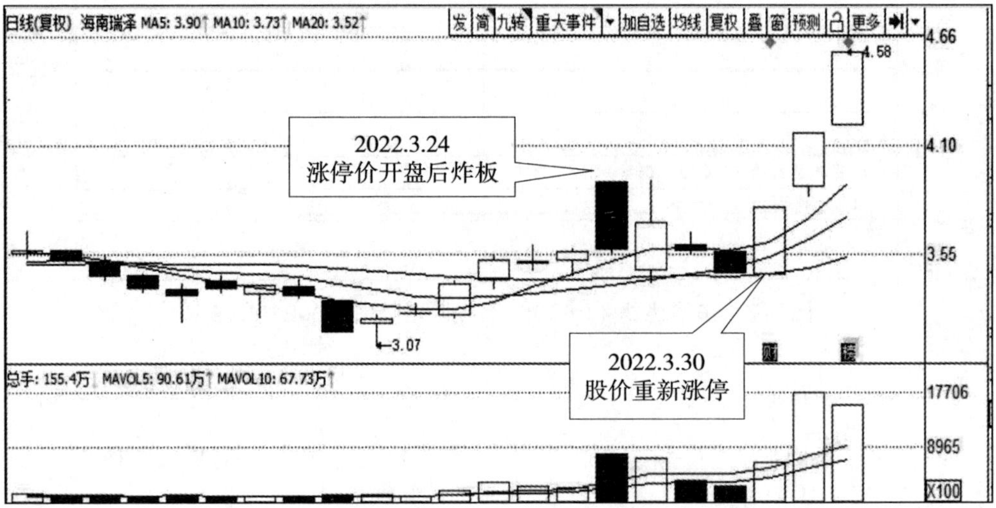

图1-8　海南瑞泽（002596）日K线走势图

2022年3月14日，该股股价直接以涨停价开盘，强势尽显，不过随后涨停板被砸开，如图1-9所示。

从图1-9中可以看出，海南瑞泽的股价在早盘以涨停开盘后，很快被大单砸开，之后一路振荡向下。此种形态给人的感觉就是多头无力护盘，股价未来肯定会进入下跌通道，作为散户，最理想的选择就是赶紧出逃。从K线图上也可以看出，其后的几个交易日，该股股价持续大幅走低。持有该股的投资者不可能再放心持有该股，基于恐惧心理，很多投资者面对该情况时会选择放弃手中的筹码，而游资则在此阶段大力吸筹。其实，此时涨停板打开是游资为了更好地吸筹而采取的动作。已经进入上升趋势的海南瑞泽，若游资选择向上拉升式吸筹，就会有很多散户选择持股待涨，这显然不是游资愿意看到的。因此，向下大幅打压股价，逼迫散户交出带血的筹码，才是游资的最佳选择。

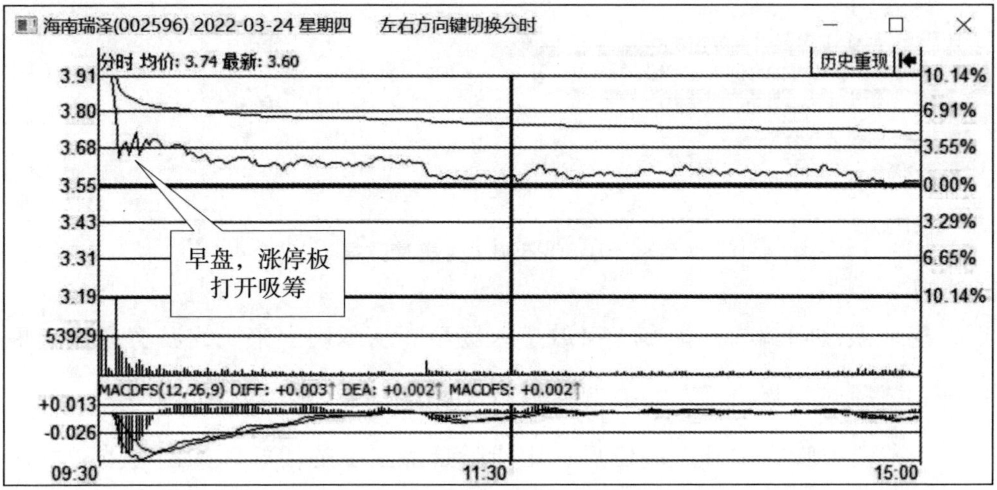

图1-9 海南瑞泽（002596）分时走势图（2022.3.24）

当游资吸筹差不多的时候，股价下跌就会结束，于是，股价就从3月30日开始连续进入大幅上攻阶段。

从该股的龙虎榜上可以清晰地看到，参与交易的游资就有新近崛起的新生代游资“作手新一”旗下的营业部，如图1–10所示。

三、散户贪婪：游资派筹

大龙头的炒作和拉升都是经过若干波段完成的，并非一蹴而就，但这并不意味着股价短线上升到高位后的调整，都能引发第二波或第三波上涨。事实上，很多投资者就是抵不住股价上攻的诱惑，在高位选择接盘。

这是人性中一种非常奇怪的逻辑。当股价第一波启动后，短线涨幅达到30个点以上时，很多人都会恐高而不敢介入。当股价继续上涨，接近翻倍

上榜原因：连续三个交易日内,涨幅偏离值累计达20%的证券　　更多个股解读>>

营业部名称	买入金额(元)	占总成交比例	卖出金额(元)	占总成交比例	净额(元)
东海证券股份有限公司上海嘉定区新郁路证券营业部	2296.54万	1.40%	0.00	0.00%	2296.54万
中泰证券股份有限公司东营垦利胜兴路证券营业部	1557.29万	0.95%	0.00	0.00%	1557.29万
海通证券股份有限公司牡丹江绥芬河山城路证券营业部	1459.84万	0.89%	2100.00	0.00%	1459.63万
机构专用	1385.85万	0.85%	246.69万	0.15%	1139.16万
国盛证券有限责任公司抚州黎川京川大道证券营业部	1384.95万	0.85%	8.51万	0.01%	1376.44万
					买入总计：10002.15万元
华福证券有限责任公司南京苏源大道证券营业部	0.00	0.00%	2412.80万	1.47%	-2412.80万
国泰君安证券股份有限公司南京太平南路证券营业部 作手新一	1208.19万	0.74%	2023.72万	1.24%	-815.53万
国泰君安证券股份有限公司深圳金田路证券营业部	281.63万	0.17%	1431.24万	0.87%	-1149.61万
国信证券股份有限公司广州东风中路证券营业部	418.50万	0.26%	1204.78万	0.74%	-786.28万
华鑫证券有限责任公司深圳分公司	9.36万	0.01%	1016.52万	0.62%	-1007.16万
					卖出总计：8344.47万元

图1-10　海南瑞泽（002596）龙虎榜数据（2022.4.1）

后，出现振荡回调时，很多人又敢于入场了。从本质上来说，游资通过大幅拉升，已经充分调动起人性中贪婪的那一面了。

当游资将股价拉升至高位后，出货就是最主要的目标。如何才能更好地出货？肯定是股价展露出上攻或大牛股的迹象，才能让很多先前没有入局的投资者入场接盘。因此，当很多短线暴涨股上升一波后，在股价出现调整的时候，常常给人一种洗盘即将启动的感觉。

其实这也是游资想要的效果。先前的拉升对很多没有入局的散户形成了强烈的刺激，拉升之后调整（有时甚至在一个交易日完成）再上升，给人一种股价还将上攻的感觉，这会极大地刺激散户内心深处的贪婪。很多大牛股在上升的后期攻势很猛，换手率也很高，其实就是游资或主力不断地吸引散户入场，一边拉升一边出货，将手中的筹码转移给散户。

下面来看一下万孚生物的案例。如图1-11所示，在疫情的刺激下，万孚生物的股价于2022年3月10日强势涨停。由于该股属于创业板股票，涨停板的涨幅达到了20%。这是一个十分可观的数字，对散户也具有很强的吸引力。

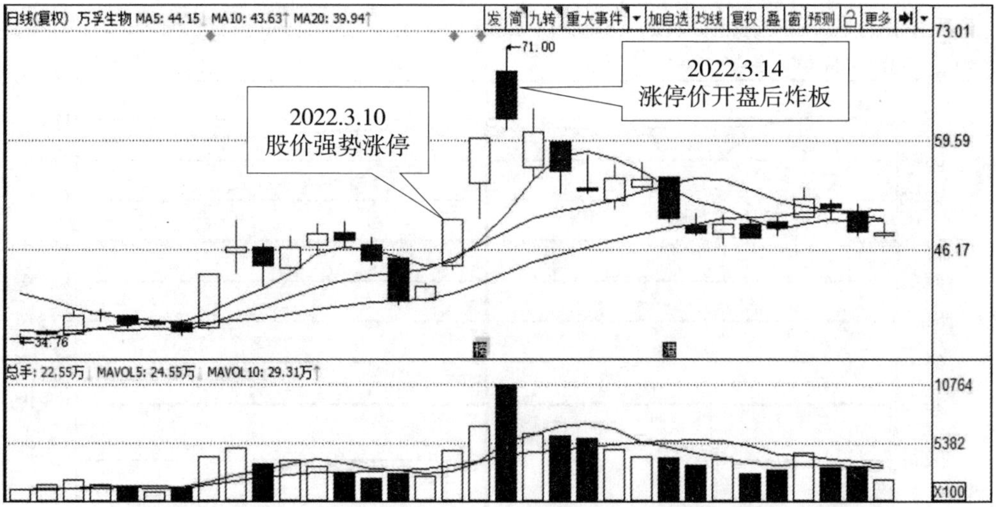

图1-11 万孚生物（300482）日K线走势图

次日（3月11日），该股股价高开之后，经过强势振荡再度封上涨停板。这对很多散户来说，又是一次强力的震撼。

3月14日（3月12日、13日周末休市），该股再度高开振荡，很多心存贪念的散户幻想股价会重复前两天的故事，于是纷纷选择买入股票。

如图1-12所示，万孚生物的股价在2022年3月14日延续了之前的强势走势，集合竟价时段股价高开达到16个点，在向下振荡一下后迅速向上拉升，给人一种股价即将涨停的感觉。

这种股票走势确实是非常吸引人的，尤其是对比前两个交易日的形态。事实上，3月14日的开盘价还要高于前两个交易日。总之，种种迹象表明，股价涨停的概率很高，这是散户很容易得出的结论，也是游资想要的效果。当股价逼近涨停位时，游资反手向下打压股价，将追涨的散户全部套牢在高位。参与这波炒作的就有知名游资杭州帮旗下的营业部，如图1-13所示。

游资在炒作股票的过程中，很多时候，股价上涨一段时间后，中途都会出现停顿，有时是在吸筹，后面则会出现更大的涨幅；有时则是在出货，后

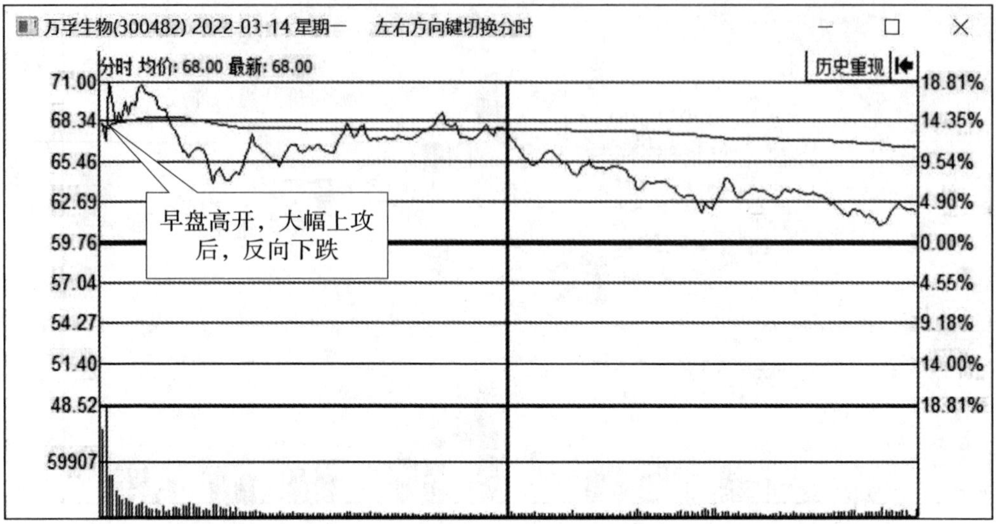

图1-12 万孚生物（300482）分时走势图（2022.3.14）

营业部名称	买入金额(元)	占总成交比例	卖出金额(元)	占总成交比例	净额(元)
深股通专用	6604.37万	3.07%	7052.92万	3.28%	-448.55万
中信证券股份有限公司西安朱雀大街证券营业部	5727.00万	2.66%	0.00	0.00%	5727.00万
中信证券股份有限公司杭州文三路证券营业部	3544.03万	1.65%	30.68万	0.01%	3513.35万
财通证券股份有限公司杭州上塘路证券营业部	3005.98万	1.40%	275.17万	0.13%	2730.81万
国金证券股份有限公司上海浦东新区梅花路证券营业部	2950.64万	1.37%	42.48万	0.02%	2908.16万
					买入总计：25272.63万元
申港证券股份有限公司深圳分公司	2.36万	0.00%	1.01亿	4.71%	-1.01亿
中国国际金融股份有限公司上海分公司	675.32万	0.31%	7650.17万	3.56%	-6974.85万
深股通专用	6604.37万	3.07%	7052.92万	3.28%	-448.55万
中信建投证券股份有限公司杭州庆春路证券营业部 杭州帮	377.60万	0.18%	2285.19万	1.06%	-1907.59万
机构专用	2385.33万	1.11%	2250.88万	1.05%	134.45万
					卖出总计：29721.65万元

图1-13 万孚生物龙虎榜数据（2022.3.10）

面大概率股价会下跌。这两种走势之间还是会有一些区别的，若停顿之前股价没有大幅放量，那么游资吸筹的概率就大一些；反之，若上涨过程中成交量一直走高，则游资出货的概率相对大一些。当然，具体情况还要具体分析，后面会逐步进行分析和研究。

第三节　游资基本交易理念

基本交易理念是游资交易实战的出发点。正是因为游资秉持这些交易理念，才让其更加青睐快进快出式的超短线交易。

一、长期趋势是难以把控的

长期趋势或市场走势是难以把握的，而短线焦点与市场情绪则是有章可循的。按照股市经典理论，股市就是整体经济的反映。中国国民经济GDP自2000年的1.21万亿美元到2021年年底的17万亿美元，翻了14倍有余，而上证指数从2000年年底的2073点振荡至2021年年底的3639点，仅上涨了75.5%。这是21年的涨幅啊！考虑复利的因素，可能连3%的复利都不到。如图1–14所示。

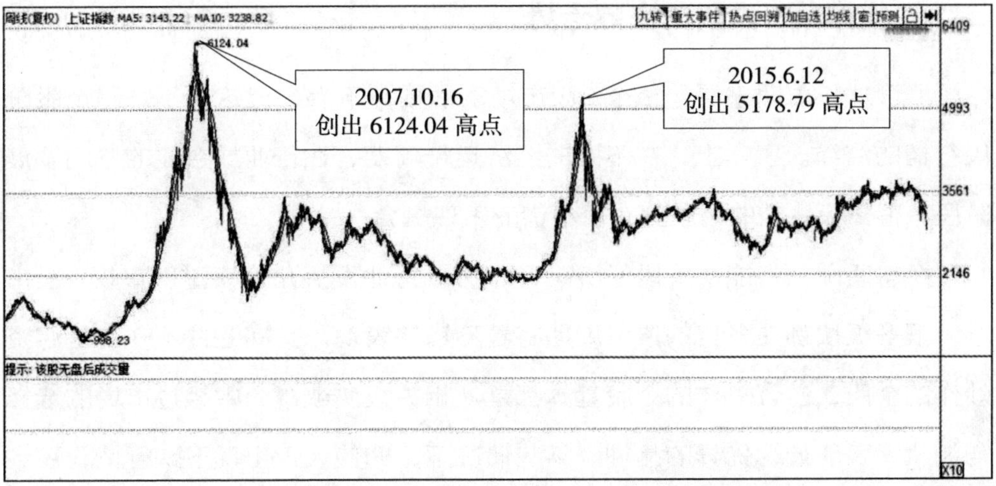

图1–14　上证指数（000001）日K线走势图

从图1－14中可以看出，上证指数在过去近20年的时间里，一直呈横向大幅振荡走势。大盘指数虽然也有过6124点和5178点的高点，但也有过998点的低位。到了2022年4月，居然还能看到大盘指数跌破3000点。

按理来说，上市公司都是国内企业中经营得比较好的企业，它们的经营发展情况要高于平均数值（GDP），但是，这个大盘却狠狠地打了所有人的脸。

也就是说，从以往的历史来看，A股市场走势与整个国民经济发展轨迹是存在一定背离的。当然，这不仅与上市企业的经营稳定性和财务质量有关，也与A股市场的投资者中散户占比过高有很大的关系。特别是相对于欧美发达国家，我国企业在内部治理方面、长期稳定经营方面都存在不足，这就使得A股上市企业的经营与发展都不是十分稳定，也使得上市企业的股票价格波动往往都非常大。

正因如此，游资放弃了中长线持股的价值投资思路，而是专注于寻找短线存在上攻动能的股票。从股价短线波动中获利，是游资整个操作的精髓。

二、短线振荡：A股的主要走势

尽管从长周期来看，整个A股市场的涨幅并不大，但这并不妨碍个股阶段行情的演绎。事实上，在不同的经济运行周期，在行业或企业的不同发展阶段，很多板块内的个股都有着不错的表现机会。

换句话说，若能从阶段经济运行态势或行业发展角度来重新审视A股市场，很多板块都在各自的景气周期有着不错的表现。其实这并不一定是游资炒作的个股，游资炒作的个股基本都是从相关板块或概念中经过市场的选择与淘汰，表现最为优异的品种。某些情况下，即使大盘出现下跌行情，还会有一些板块逆势上扬。比如，2020年新冠疫情爆发后，整个国民经济都受到了很大影响，A股市场整体表现不佳，但是在中医药板块、新冠检测与治疗板块，甚至口罩板块内的很多股票都有不错的表现。当投资者参与到这些短线走强的板块中时，即使没有抓到大龙头，也还是会有不错的收益的。

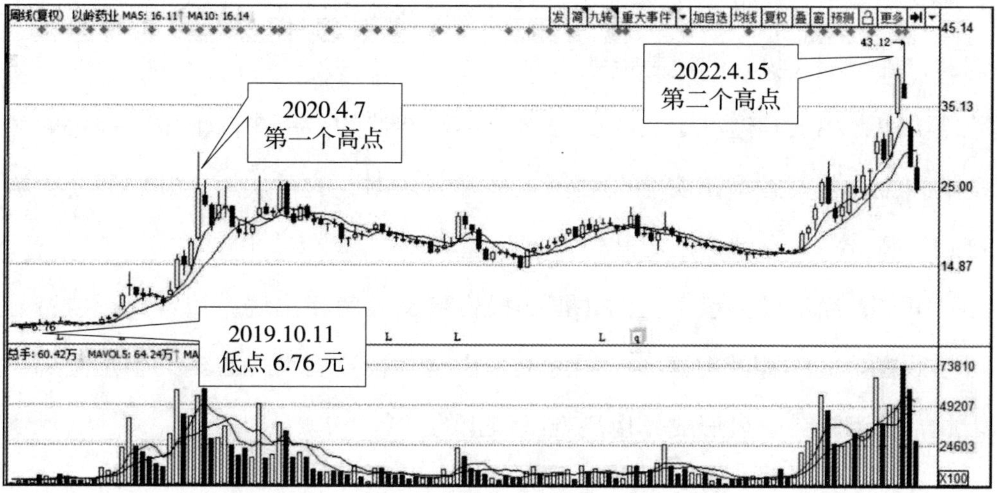

图1–15　以岭药业（002603）周K线走势图

从图1–15中可以看出，在2019年10月到2022年4月两年多的时间里，以岭药业的股价从6.76元的低点上涨到2022年43.12元的高点，涨幅达到6倍有余。也就是说，在这两年多的时间里，只要不是在2022年4月中旬买入，都是可以盈利的。

三、情绪化：A股的典型特征

散户众多是A股市场与欧美发达国家股市最显著的区别，这一特征也决定了A股市场的运行充满了情绪化。

情绪化最明显的表现包括这样几点。

第一，在赚钱效应影响下，越来越多的投资者会强烈地看多后市，并积极入场。这种情况下，无论是个股还是大盘走势都会受到较大的影响。进入牛市行情，期间即或偶尔出现看空信号，也很难影响投资者看多做多的决心。当然，投资者并非一直坚定地看好后市，只是因为随着牛市行情的展开，获利越来越多，投入的资金量也越来越多，这就使得这些投资者除了看多未来已经别无选择。很多投资者在牛市结尾和熊市初期，甚至会产生孤注一掷的情绪。这就使得无论是个股股价还是大盘指数，每次上升行情走到末期时，都会陷入疯狂的拉升模式。

快速大幅上升这种走势模式必然是不可持续的。每次向上拉升都需要更多的资金，当新的增量资金无法满足拉升需求时，这种快速上升局面就会被打破，股价与大盘就会由上升转入下跌趋势。

第二，当市场持续下行时，很多投资者又会争相出局，很容易形成资金踩踏效应。此时即使有再多的利好消息出现，投资者首先想到的也是出局。因此，下跌趋势一旦形成，也是难以停止的。

从A股的历史走势来看，牛短熊长是其主要特征。一波大牛市持续个一年到两年的时间，而熊市则可以持续六七年的时间。

正因为存在这种情绪化的特点，深度影响了整个市场的股票交易活动，使得整个市场的股票价格走势充满了情绪化色彩。

这种情绪化在日常操作层面的表现包括以下几点。

第一，频繁地短线交易，追涨杀跌。受这种情绪的影响，投资者都会倾向于买入短线走强的股票，卖出短线走弱的股票。当然，这种强与弱有时只是瞬间的感觉，有时只是几个小时内的板块热点轮动，但投资者对此却趋之若鹜。

第二，追着资金跑，缺少对股票基本面的研究与判断。对个股的分析与研究很少，有时只是从市盈率、市净率等简单的财务数据来看股价高低。总是以资金流向来选择股票，没有针对自身的投资理念或方法。

总体来说，这是一种非常被动的操作方法，相当于自身没有任何的投资或交易理念，被市场牵着鼻子走。正因为市场上这类投资者非常多，才使得游资能够在操作中屡屡得手。

游资也很清楚自己的市场影响力，即很多散户都在追踪游资的操盘路径，跟着游资买卖股票。也就是说，游资可以借助各路信息，拉升某一概念或板块的股票，调动散户情绪，吸引投资者跟风。当股价上攻至很高的高点，参与的投资者情绪被充分调动，越来越多的投资者参与进来后，游资就会择机在高点出货。

正是利用这一策略，游资在市场上屡屡得手。

四、万事万物都处于循环变化之中

万事万物总是处于不断的运动与变化之中，股价的上涨与下跌也同样遵循这一规律。当股价短期涨幅巨大时，必然会出现大幅回落，反之亦然。从投资收益最大化的角度出发，游资短期内将股价推升至高位后，就没有任何理由继续持有这些股票，因为这些被推高的股价短线都存在回调的需求。这是规律，也是必然。

前面曾经说过，游资推动股价上扬凭借的基础就是市场情绪。在散户情绪高涨的情况下，推高股价是非常容易的。股价进入高位后，由于散户情绪高涨，股票的换手率极高，游资出手股票很容易；反之，若股价出现回落，赚钱效应减弱，散户入场的意愿就会大大降低，在一定程度上影响游资出货，此后游资要想出逃，就必须向下寻找承接盘者，从而进一步推动股价下跌。

也就是说，随着股价的波动，换手率也会呈现如此的动态循环效应，即从低换手率到高换手率，再回到低换手率，如此循环不断。

从出货难易程度考虑，游资都会在换手率高的时候卖出股票。当然，也有另外一些游资，会将此阶段看成较佳的入场时机（毕竟换手率高，股价还具备较高的上攻动能），然后在更高的换手率出现时卖出股票。

第二章

游资及其经典交易策略

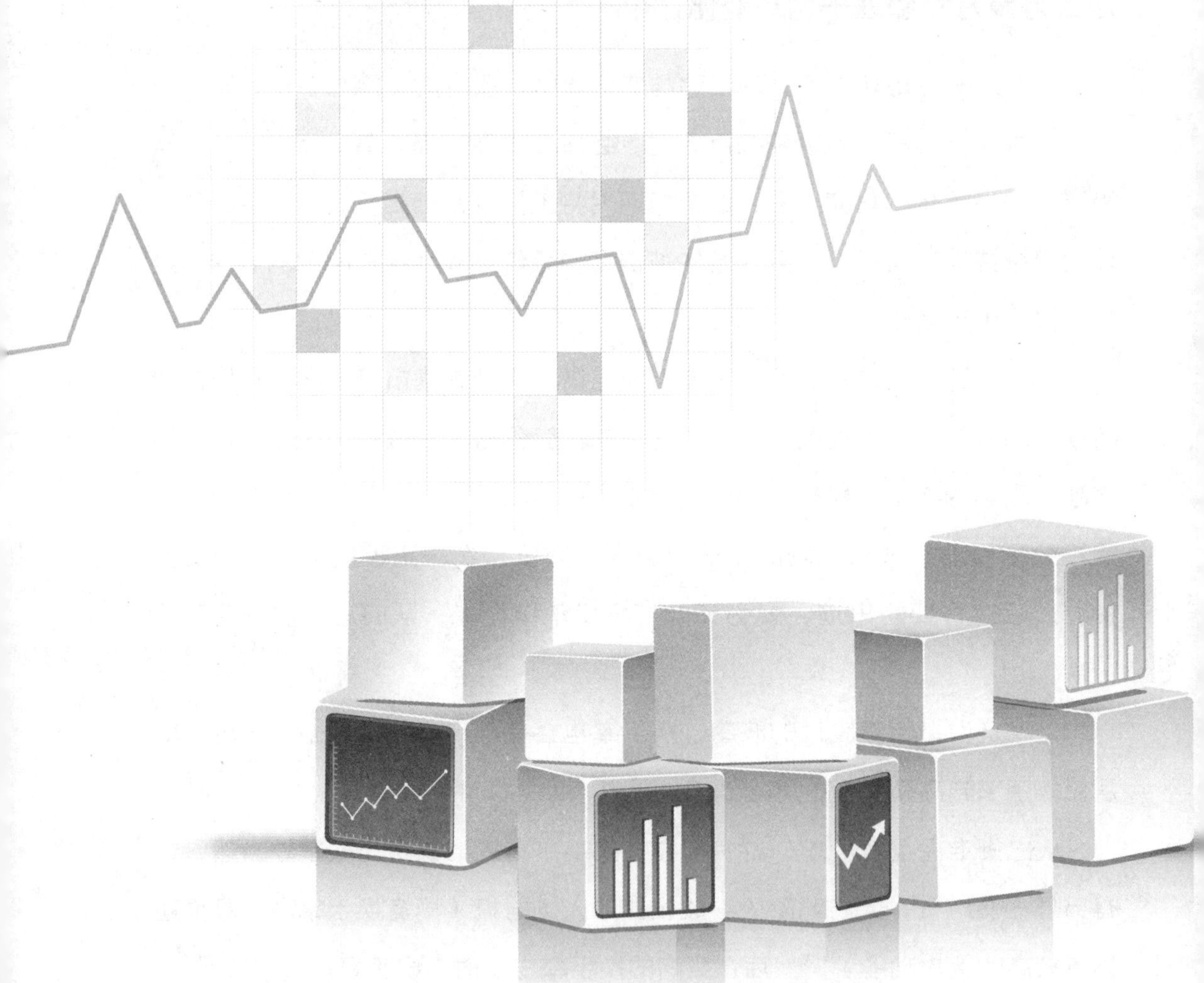

国内顶级游资营业部在短线交易者的心目中总是带有一丝神秘色彩。本章重点向读者介绍一些国内顶级游资经常出没的营业部及其底层操作逻辑。

第一节 江湖上关于游资的传说

江湖上关于游资的传说很多，有些顶级游资的炒作经历被传得有些神奇甚至离奇。当然，很多相关传说也是为了满足普通投资者的猎奇心理编写的，不能太当真。

市场上目前比较活跃的顶级游资包括赵老哥、章盟主、孙哥、乔帮主、炒股养家、邱宝裕等，同时还有一些顶级游资帮派，如杭州帮、深圳帮、佛山系、苏南帮、宁波帮等。这些顶级游资在市场上都拥有较大的号召力，往往能够引发很多投资者跟风炒作。不过，由于这些顶级游资使用的营业部很多，所以追踪起来相对困难，而且一般只有股票登上龙虎榜后才便于追踪，这就使得投资者追踪到的信息或游资炒作痕迹都带有严重的滞后性。有时候，投资者追踪到的信息恰恰是这些游资想要给投资者看到的，因此，投资者在研究和追踪游资时，应该注意研究游资的选股思路与方法，而非一味地追踪其操作的股票。

一、赵老哥：华泰证券浙江分公司

华泰证券股份有限公司浙江分公司，一般认为是国内顶级游资赵老哥（赵强）交易席位所在的营业部。

赵老哥，2010年毕业于浙江某财经学校。2007年前后以10万本金入市，至2008年年底，资金翻倍至20万元（2008年为A股典型的大熊市）。2009年年初，据传他曾出现过资金被腰斩的情况，此后闭关三天悟道。到2009年年底，他的资金量突破200万元，此后的交易一路顺风顺水。2015年，因操作“中国中车”大获成功，资金量突破10亿元大关，因此，“八年一万倍”成为其标签。

1.核心观点

第一，有新题材，坚决抛弃老题材；

第二，市场差不怕，量小也不怕，就怕题材多；

第三，大龙头是多点共振的结果；

第四，只做龙头，只做主升，只做惯性。

2.偏好股票

赵老哥操盘时，偏爱以下这样几类股票。

第一，市场上的人气股，即成交量大的股票。这类股票也可能是超级大盘股，尽管涨跌波动小一些，但由于流动性极好，有利于资金流入与流出。

第二，市场曾经的人气股，比如回调到位的妖股。赵老哥喜欢二次拉升这类曾经的人气股，这类股票相比其他股票更容易聚集人气。

第三，主线龙头，强势反包龙头。一般多是市场上的超级人气股。

北玻股份是赵老哥2022年3月参与的一只牛股，下面来看一下该股的走势情况。

如图2–1所示，北玻股份的股价在3月初经过一段时间的横向振荡后，在游资拉升前，还出现了经典的洗盘形态（多方炮），此后该股股价一路上升。在拉升阶段，股价分时线几乎是呈现直线上升封住涨停板的，基本不给其他投资者进场的机会。很多游资都会采用这种拉升方法，赵老哥更是深谙此道，如图2–2所示。

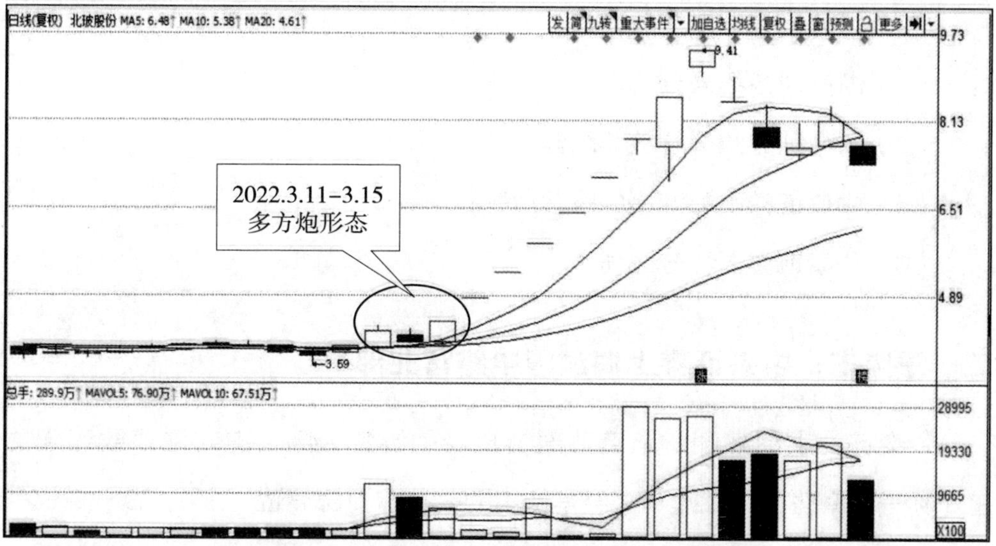

图2-1　北玻股份（002613）日K线走势图

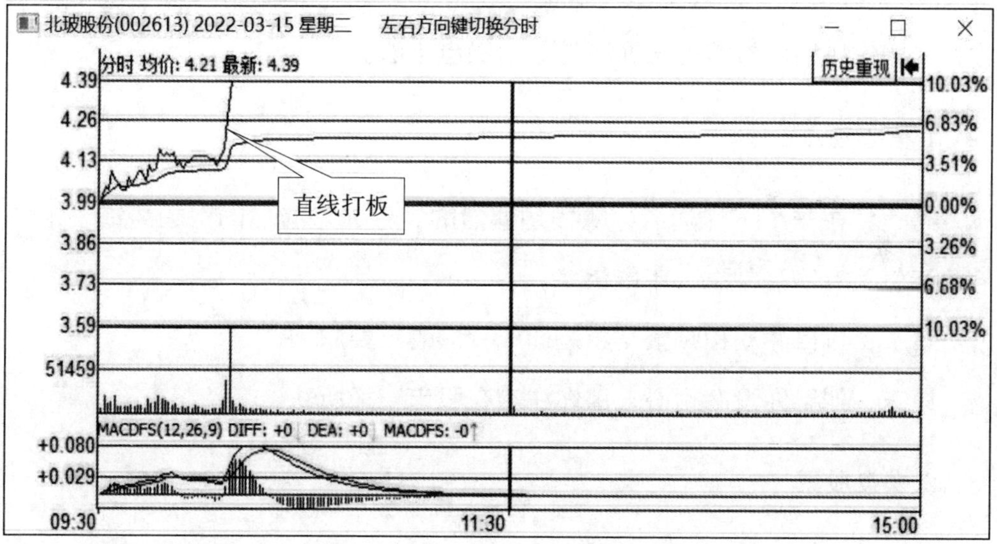

图2-2　北玻股份（002613）分时走势图（2022.3.15）

3.赵老哥常用的营业部

顶级游资赵老哥经常使用的营业部席位包括但不限于以下几个。

（1）银河证券绍兴营业部；

（2）银河证券绍兴解放北路；

（3）浙商证券绍兴分公司；

（4）浙商证券绍兴解放北路营业部；

（5）中信证券上海淮海中路营业部；

（6）华泰证券浙江分公司。

二、章盟主：中泰证券上海建国中路营业部

中泰证券上海建国中路营业部，是老牌游资大鳄、有“涨停敢死队之王”称号的章盟主（章建平）经常使用的一个营业部席位。

章建平，1996年以5万元资金入市，1999年达到500万元的规模。到了2007年，其资金量高点超过了20亿元。在市场上，章盟主素有“善庄”之称，其操作风格比较接近于典型的主力操盘手法。

1.核心观点

第一，在一个下降通道，赚钱是偶然的，亏钱是必然的。趋势错了，赚到是运气，亏钱是常态，不能侥幸。

第二，盲目冲动和频繁交易是造成亏损的主要原因。

第三，如果你没有耐心，那你注定在股市一无所获。

2.操盘股票

章盟主的操作手法为经典的涨停板敢死队战法，喜欢在新股、强势股上反复操作。由于其资金量很大，出手大气，有时也敢于操作大盘蓝筹股。

下面来看一下锋尚文化的案例，如图2-3所示。2021年12月9日，游资开始大幅入场，一波连续的上攻止于12月14日。此后，资金离场时股价并未大幅回落，而是呈现了振荡调整态势，这属于典型的章盟主打法。而且在股

价拉升过程中，很多时候采取的并非直线拉升，而是振荡上升直至涨停板的打法，如图2-4所示。

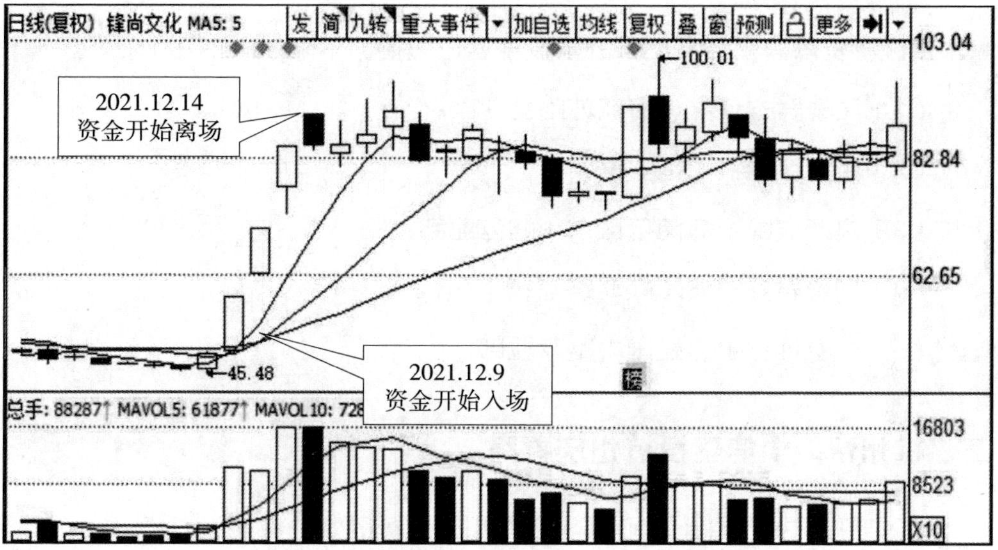

图2-3　锋尚文化（300860）日K线走势图

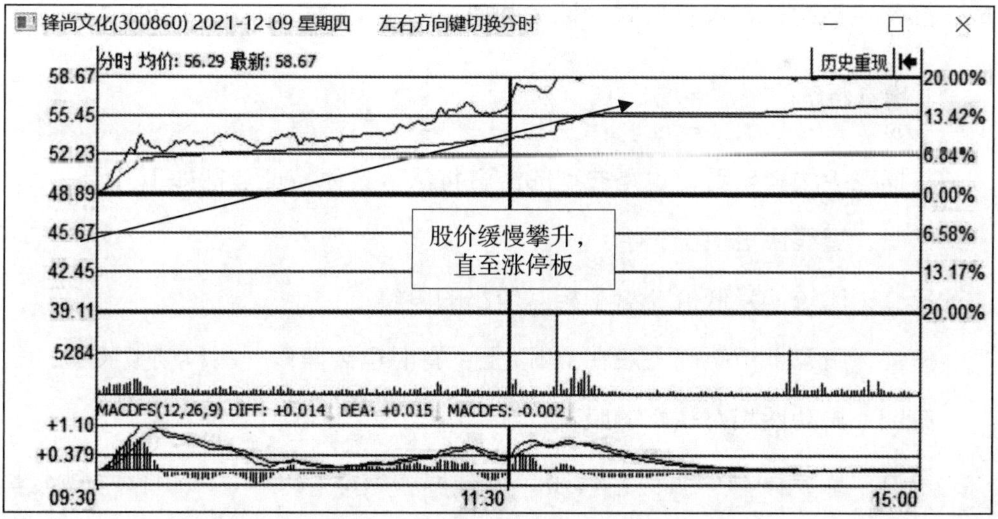

图2-4　锋尚文化（300860）分时走势图（2021.12.9）

对比锋尚文化的股价走势图可以发现，无论是股价拉升过程中还是出货阶段，都为其他投资者预留了充足的入场或离场时间，这也是章盟主常常被称为“善庄”的原因。

3.章盟主常用的营业部

顶级游资章盟主经常使用的营业部席位包括但不限于以下几个。

（1）国泰君安证券上海江苏路营业部；

（2）中信证券杭州延安路；

（3）申万宏源上海闵行区东川路营业部；

（4）国泰君安宁波彩虹北路等；

（5）中泰证券上海建国中路营业部。

三、杭州帮：中信建投杭州庆春路

中信建投杭州庆春路营业部属于杭州帮成员的营业部之一。

杭州帮属于目前比较活跃的游资团体之一，由多个联动证券营业部构成，操作风格比较相近，且联动性较强。

1.操盘特征

从操盘手法上来看，也是典型的游资打法，具体特征包括如下几点。

第一，短线快进快出；

第二，比较偏爱低价、盘子相对较小的股票；

第三，股票上市时间一般在3年以上，有时也会操作一些科创板股票；

第四，流动性相对较好的股票；

第五，在底部启动阶段，经常呈现经典的看涨K线形态，如多方炮、上升三法等。

下面来看一下北大医药的走势情况。如图2-5所示，北大医药的股价3月初经过一段时间的横向振荡后，在游资拉升前，还出现了经典的洗盘形态

（多方炮），此后该股股价一路上升。在拉升阶段，股价分时线几乎是呈直线上升封住涨停板的，基本不给其他投资者进场的机会，这是杭州帮的典型操作手法，如图2-6所示。

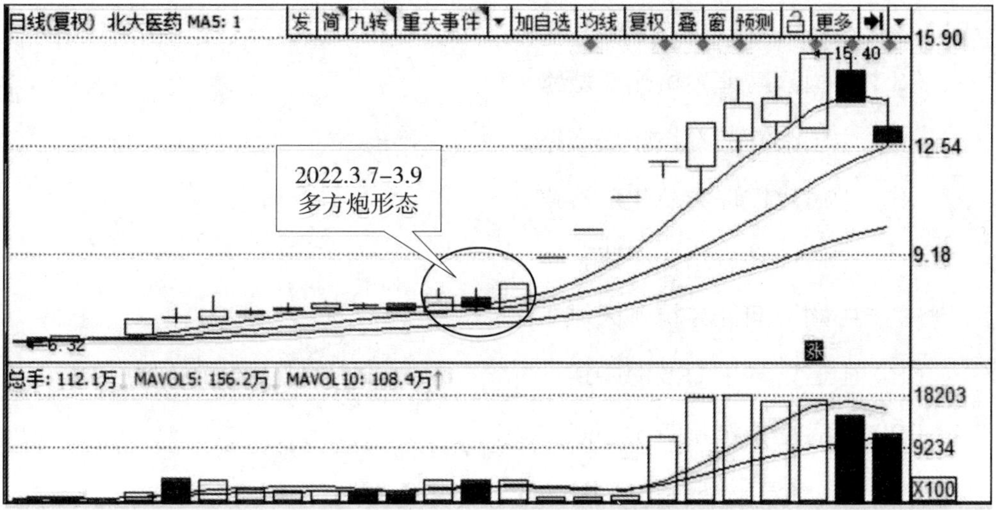

图2-5　北大医药（000788）日K线走势图

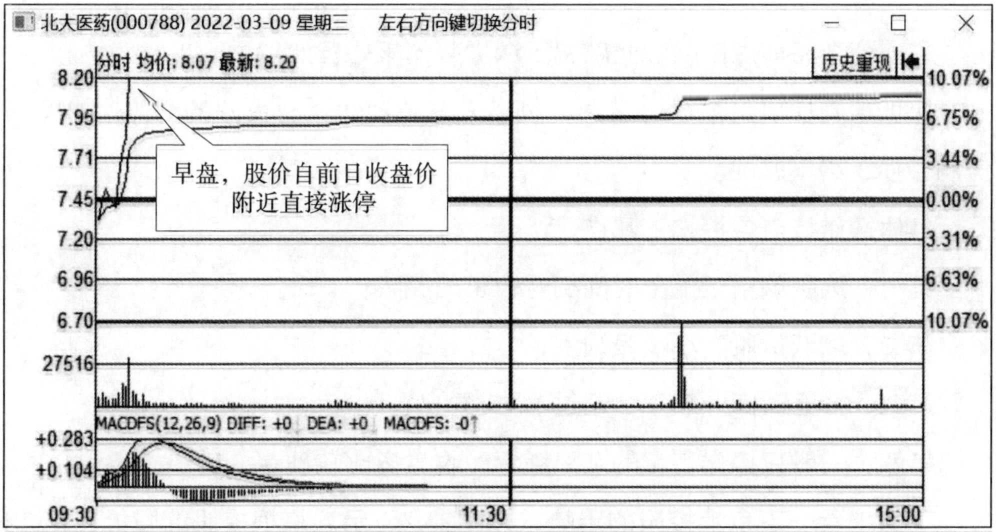

图2-6　北大医药（000788）分时走势图（2022.3.9）

2.杭州帮联动营业部

杭州帮联动营业部包括但不限于以下几个。

（1）西南证券杭州庆春东路；

（2）光大证券杭州庆春路；

（3）中国银河证券杭州新塘路；

（4）中国银河证券杭州庆春路；

（5）中信建投证券杭州庆春路；

（6）中信证券杭州庆春路；

（7）中国银河证券杭州天城东路；

（8）中信证券上海淮海中路；

（9）浙商证券杭州萧山恒隆广场；

（10）国泰君安证券上海分公司。

四、益田路：华鑫证券深圳益田路营业部

华鑫证券深圳益田路营业部属于深圳帮的核心营业部之一。

深圳帮同样以打法激进著称，风格偏好超短线，有良好的纪律性，无论盈利亏损，绝不恋战。

具体操作特点包括如下几点。

第一，选股偏重于上市时间相对较长的股票；

第二，以低价股、小盘股为主；

第三，持仓时间一般不会超过3个交易日；

第四，一般只操作特定的几只股票，收盘多比较理想。

下面来看一下京粮控股的走势，如图2-7所示。京粮控股的股价在2022年3月下旬出现了一波强势拉升走势。深圳帮曾强势介入该股。

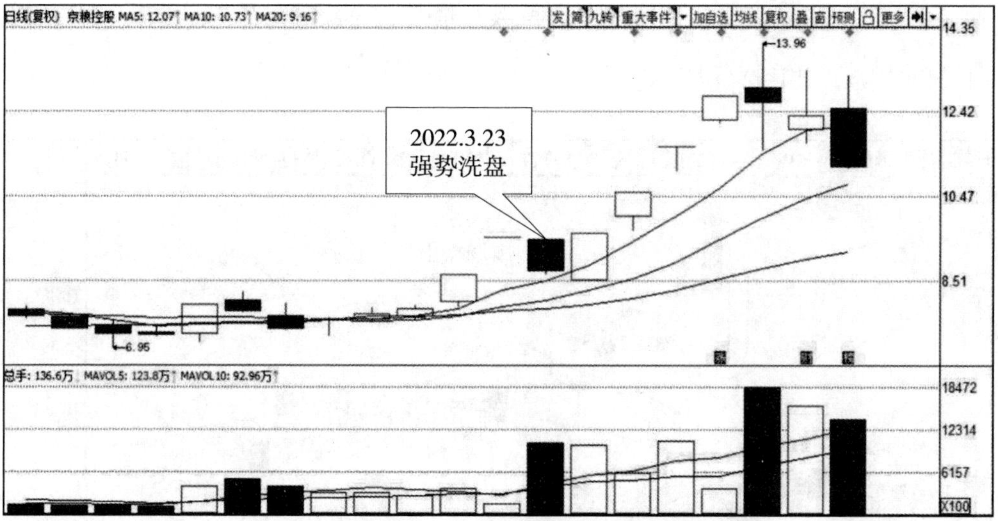

图2-7　京粮控股（000505）日K线走势图

从该股的K线走势可以看出，无论是上攻还是洗盘，都充满了强势，大幅上攻与大幅下跌交互出现，这是非常符合深圳帮打法的一种走势形态。

除了华鑫证券深圳益田路营业部外，深圳帮的席位还有华泰证券福州北五一路证券营业部等。

五、佛山系：光大证券佛山绿景路营业部

光大证券佛山绿景路营业部是佛山系常用的营业部之一。

佛山系是目前市场上最为活跃的游资之一。至于佛山系游资的组成成员，很难说得清，只知道其曾以“李奥”的化名接受过采访，至于真名到底为何，就无从得知了。总之，整个资本市场对佛山系是又爱又恨。

1.操盘特点

从操盘的角度来看，佛山系的打法非常凶悍，在买入股票时，常常一笔打到涨停板，根本不给其他资金上车的机会。次日或最多两三个交易日，其他资金想要追涨的时候，又悄然撤退。总是来也匆匆，去也匆匆。

主要操盘手法包括封板新股、超跌反弹、反包板等。下面来看一下新晨科技的走势，如图2–8所示。

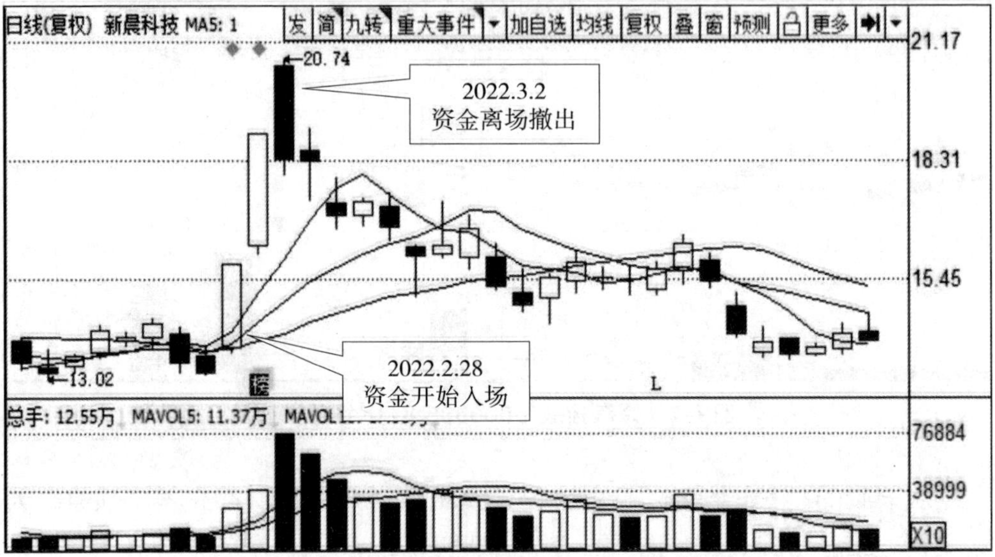

图2–8　新晨科技（300542）日K线走势图

如图2–8所示，新晨科技的股价在2022年2月28日到3月2日期间出现了短线一波流走势。2022年2月28日和3月1日启动上攻走势，而在3月2日其他各路资金追涨时，主力资金则趁机开溜，这就是典型的佛山系路数。2月28日和3月1日，该股分时线的上攻形态也是相似的。

如图2–9所示，新晨科技的股价在早盘高开之后，直接一波流封住涨停板。在此期间，基本没有给其他资金机会，这也是佛山系游资典型的操作手法。

2.协同营业部

佛山系游资出没的营业部较多，比较频繁的包括如下几个。

（1）光大证券佛山绿景路营业部；

（2）光大证券佛山季华六路营业部；

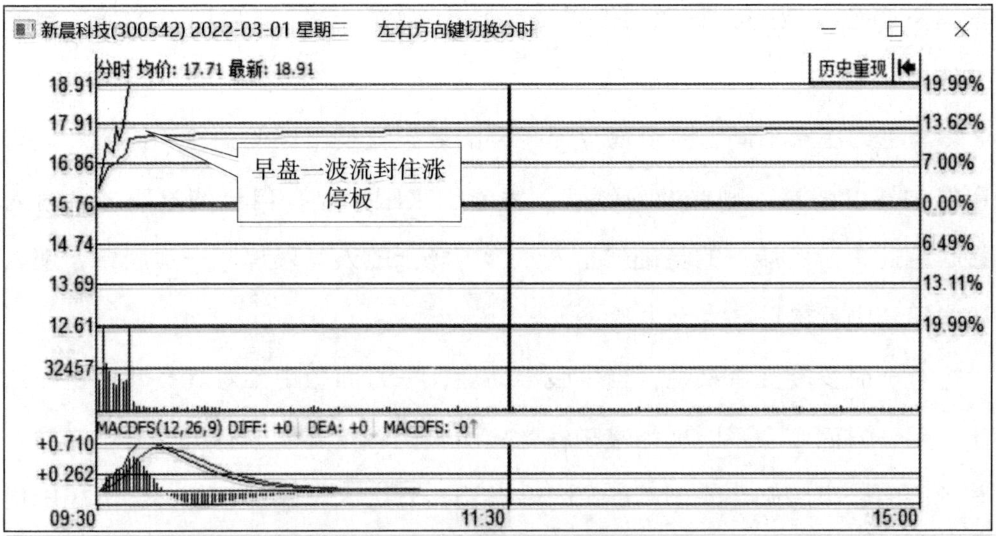

图2-9　新晨科技（300542）分时走势图（2022.3.1）

（3）长江证券惠州下埔路营业部；

（4）海通证券广州珠江西路营业部。

（5）华泰证券广州兴民路营业部。

第二节　游资底层操作逻辑

底层操作逻辑，更近似于一种操作哲学。国内顶级游资的所有操作手法，其实都没有超越这些最底层的操作逻辑。

一、人心所向，牛股所聚

人气是游资交易成败的关键。大家观察游资操作与主力庄家操盘的特点可以发现，二者之间存在一个显著的区别。主力庄家运作股票时，很少会采用涨停板的拉升方式，除非迫不得已，或者已经进入拉升尾声，否则主力庄家是不愿意打板的，毕竟打板需要耗费较多的资金，还会引发各路资金的关注。

与主力庄家不同，游资操盘最想要的效果就是市场的关注和热度。只有市场关注度够高，赚钱效应够强，才能引来跟风盘，自己的筹码才会有人接，因此，游资炒作的基础就是人气。市场上的人气聚焦于一类股票，那么这类股票中就容易产生大牛股。

对于很多投资者来说，当牛股启动后，一方面散户会对其高股价望而却步，另一方面则会不断地为其赚钱效应所吸引，希望能够有机会分一杯羹。与此同时，牛股则每天创下新高。在游资拉升进入末端时，势必会考虑出货与离场，因此，盘中的振荡与尾盘涨停就会不断出现。这给很多投资者带来一种假象，认为自己只要在盘中进入，至少能够享受一波涨停的红利，哪怕次日再出来也有得赚。其实，游资鼓励的就是散户的这种想法。

如图2–10所示，2022年年初，数字货币和移动支付概念成为市场上的炒作热点，而翠微股份则成为整个市场炙手可热的大龙头。

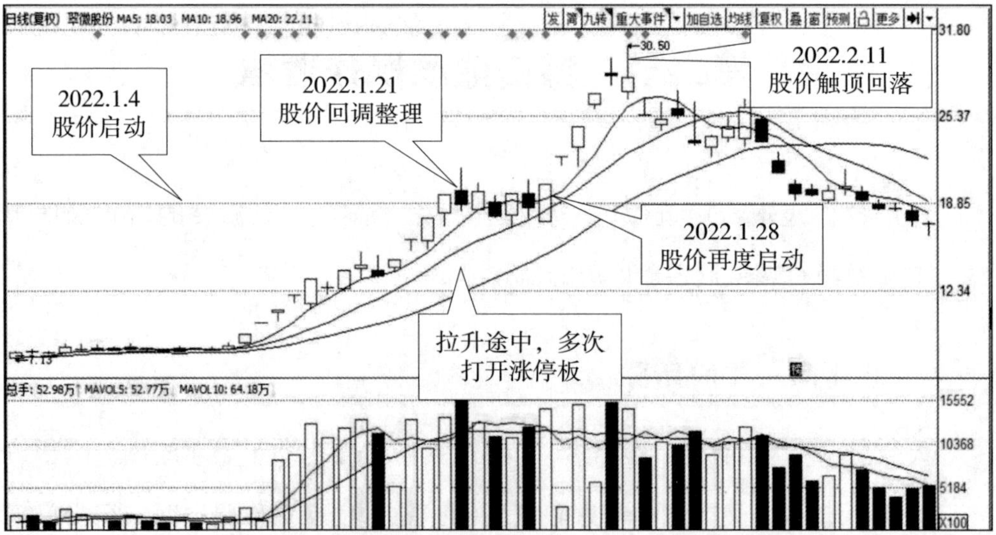

图2–10 翠微股份（603123）日K线走势图

翠微股份的股价自2022年1月4日启动上攻，期间自1月21日开始出现短暂的横向调整。1月28日，该股股价再度爆发第二波上涨走势，并在2月11日触顶回落。至此，此波行情算是彻底终结。

该股上攻过程中，曾有多路游资参与到该股的炒作，包括顶级游资光大证券股份有限公司深圳金田路证券营业部、光大证券股份有限公司宁波解放南路证券营业部等。

回顾翠微股份的炒作过程可以发现，该股股价上攻过程中，投资者若想入场，其实也是有很多机会的。游资每天都给投资者入场的机会，股价每天都在上涨，这就具有了典型的赚钱效应。市场上关注该股的人越来越多，人气都被这只股票吸引，游资操作起来就会越发容易。

该股票在拉升中途有个调整期。在此期间，有些游资退场了，而另外一些新的游资入场后，又启动了拉升。当然，并不是所有的牛股都会有二度拉升。游资是否会对之前的牛股进行二度拉升，主要还是看市场的人气情况。如果整个市场赚钱效应较差，没有出现什么特别好的炒作概念，而之前的股票聚拢起来的人气还没有消散，这些游资就会二度拉升之前炒作的牛股。反之，若人气已经消散，则不会再次拉升了。若人气不足，游资可能面临没有下家接盘的窘境，这是他们不愿意看到的。

二、多维共振，龙头出世

市场上几乎每隔一段时间就会诞生一只超级大牛股。这只大牛股几乎会吸引市场上所有投资者的目光，成为整个市场的明星。于是乎，很多投资者都在为错过这只大牛股而懊恼不已，并极度羡慕持仓大牛股的投资者和游资。

其实，即使是主导大牛股拉升走势的游资，在开始拉升前，也不清楚这只股票到底能不能成为大牛股，股价到底能走多远。大牛股上攻过程中，往往会经历多轮炒作，需要不断地有新的利好消息刺激、新的增量资金入局，这样股价才能继续走高。很多游资也是走一步看一步，越是到了拉升的尾声，游资越会警惕。一旦人气不足，游资就会坚决离场。换句话说，大牛股的诞生，是多重利好消息共振，加上游资的不断炒作、散户的持续关注共同作用的结果。当然，在炒作大牛股的过程中，一方面需要板块的协同效应，也就是说，整个板块都受到市场的关注，这是大牛股诞生的一个基础；另一方面，市场上被炒作的热点题材也不能太多，若题材过多，会分散大牛股的关注度，这也不是大牛股诞生的理想环境。

下面在看一下2021年度大牛股九安医疗的走势情况。

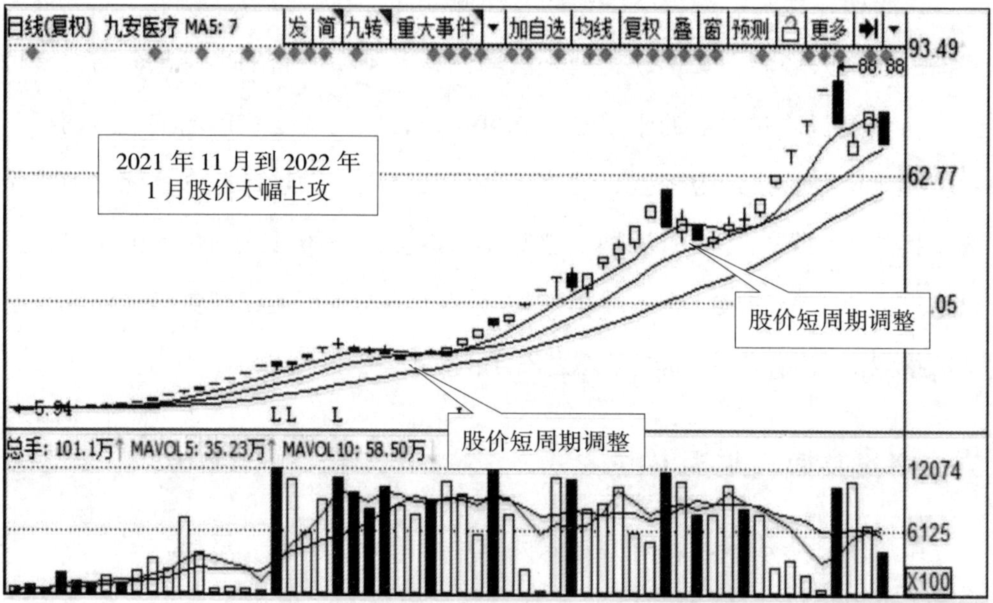

图2-11 九安医疗（002432）日K线走势图

如图2-11所示，九安医疗的股价自2021年11月中旬开始启动上升走势。期间，由于新冠疫情持续，九安医疗的股价连续上攻，各路游资接连入场，形成了游资接力的态势。在股价上攻过程中，也曾出现多次回调。

在此期间，有几个情况需要投资者特别关注。

第一，随着新冠疫情的持续，新冠检测概念成为市场上为数不多的亮点。九安医疗接连拿下美国市场大单，且美国疫情持续不见好转，这就为持续炒作九安医疗提供了支持。

第二，随着九安医疗炒作的火爆，整个新冠检测板块都出现了大幅上升走势。九安医疗、明德生物、奥泰生物都出现了大幅上攻走势，这为概念赚钱效应的延续提供了支持。

第三，当时整个A股市场环境并不理想，特别是2022年年初阶段，整个市场出现了大幅回调走势，这使得市场上的投资者更愿意关注市场上仅有的一个热点板块，使得该板块受到了更多的关注。

三、引导散户情绪至疯狂

要让一个人灭亡，必先让其疯狂。在游资的世界里，要想让散户接盘，最好的方法就是让其失去理智。通过不断地刺激散户的贪欲让其入局，并不断地拉升股价，创造外围利好气氛来让散户享受持股获利带来的舒适感，让散户的情绪逐渐步入疯狂。

通常情况下，在股价拉升初期，很多散户都会保持一定的理性，即使参与，也是非常小量的试探性参与。当股价持续大幅上攻并进入顶部时，股价几乎每天都有涨停板出现，很多散户就会渐渐失去理智，想要“搏一把”。其实游资鼓励的就是这种思想。顶部游资操作股票最主要的逻辑，并不是看股票本身的质地或者未来涨幅空间有多大，而是要看能否成功地引导散户的情绪。只要散户情绪起来了，游资的操作就有可能成功；反之，若散户始终保持理性和观望的态度，游资的操作就很难成功。

下面来看一下天保基建的案例，如图2-12所示。2022年3月中旬，很多城市开始对房地产限购政策进行调整，很多房地产股票开始借势反攻。天保基建就是其中最具代表性的一只股票。

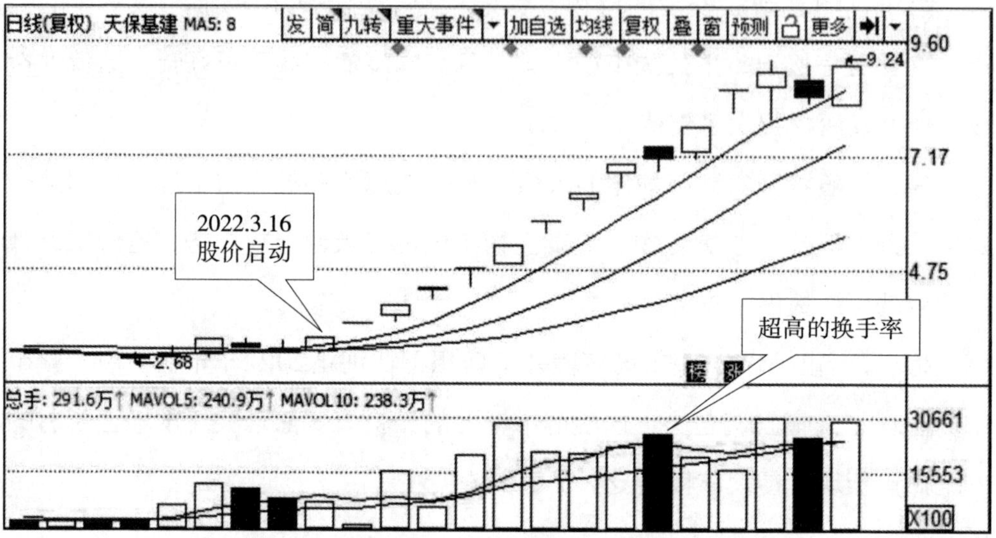

图2-12　天保基建（000965）日K线走势图

观察该股股价走势可以发现，股价出现涨停板当日，几乎都存在理论上买入或卖出的机会。同时，在上攻过程中，股价大部分时间都是以涨停报收的。强大的赚钱效应，对场外的散户是有极强的吸引力的。即使先前考虑“今日进，明日出”的散户，在买入股票后，也会因为持续赚钱忘记出来，从而成为彻彻底底的“接盘侠”。这种股票在最后上涨阶段就如同击鼓传花一样。大家都知道，游戏的本质就是寻找“最后的倒霉蛋”，但大家又都自信地认为自己不会是那个“倒霉蛋”。

随着入场的散户越来越多，游资进出变得更加容易，一些新的游资也会进入分一杯羹，游资接力的局面就形成了。股价还在持续涨停，散户更加疯狂。当没有新的游资入场时，一般也是外围环境发生变化、聚集人气变得开始困难的时候。原来的游资出逃后，只剩下散户，股价就难以继续上攻了，于是顶部就出现了。

四、流水的交易，铁打的纪律

游资最终盈利靠的是什么？其实是铁打的纪律。

不同的游资有不同的操盘风格，也会据此制定严格的操盘计划，该止盈时坚决止盈，该止损时坚决止损，绝不犹豫。

从以往追踪的游资交易记录来看，游资操盘的成功率也不是特别高，但盈利却大都比较高。比如在五次交易中，可能亏钱的会占到三次，持平一次，盈利一次。不过，盈利这一次的获利额会远远超过三次亏损的亏损额。

第三节 游资陷阱

游资想要将账面的利润兑现，就必须想方设法地让散户入场接盘，这是所有操作的出发点。因此，游资操作过程中会为散户设置若干个陷阱。

一、明修栈道，暗度陈仓——龙虎榜

龙虎榜是普通投资者跟踪游资操盘路径的主要参考。查看哪路游资参与股票炒作，也主要是通过查看龙虎榜数据来分析或估计的。毕竟，出于保护投资者的目的，交易所并不会公布个股交易的具体投资者。

1.龙虎榜以及登榜规则

目前，A股市场上各个板块内的股票登陆龙虎榜的条件有所不同。

（1）沪深A股市场龙虎榜上榜条件。

第一，日价格涨幅偏离值±7%；

第二，日换手率达到±20%；

第三，日价格振幅达到±15%；

第四，连续三个交易日内，涨幅偏离值累计达到20%。

沪深主板股票选取前三名上龙虎榜。

（2）创业板股票龙虎榜上榜条件。

第一，股票当日收盘价格与对应指数涨跌幅之间的偏离值达到±15%以上；

第二，股票日内价格振幅、日内换手率均为30%。

创业板股票选取前三名上龙虎榜。

（3）科创板股票龙虎榜上榜条件。

第一，日收盘价格达±15%以上；

第二，连续三个交易日内收盘价格涨跌幅偏离值累计达到±30%；

第三，中国证监会或者交易所认定属于异常波动的其他情形。

科创板股票选取前五名上龙虎榜。

2.龙虎榜解读

从设置规则来看，龙虎榜主要是为了公布一些波动异常的股票，如涨跌幅度较大、换手率较高的股票。一般而言，股价波动正常的股票很少有能够登上龙虎榜的，而游资攻击的目标却都是龙虎榜的常客。

投资者利用龙虎榜查看游资出击的路径时，游资也在利用龙虎榜来吸引跟风的投资者。在介绍游资的操作策略时曾经谈及，游资将引导散户情绪看得非常重要。游资操作的股票能否顺利盈利，主要看能否有足够的跟风盘入场，龙虎榜就给了游资展示自己的机会。特别是国内的顶级游资，追随者和跟风者众多，只要这些游资现身某只股票的龙虎榜，就会有一大批散户跟风涌入，这就为游资顺利出货创造了条件。

游资登陆龙虎榜前，自己都是心中有数的，他们登上龙虎榜有时就是为了一现真身，以便吸引散户追踪。换句话说，很多时候游资登陆龙虎榜就是明修栈道、暗度陈仓的一种手法。

下面来看一下中岩大地的股价走势情况。

如图2-13所示，中岩大地的股价在2022年1月底2月初出现了大幅振荡上升走势。2月7日，该股股价强势涨停，不过并没有登上龙虎榜。

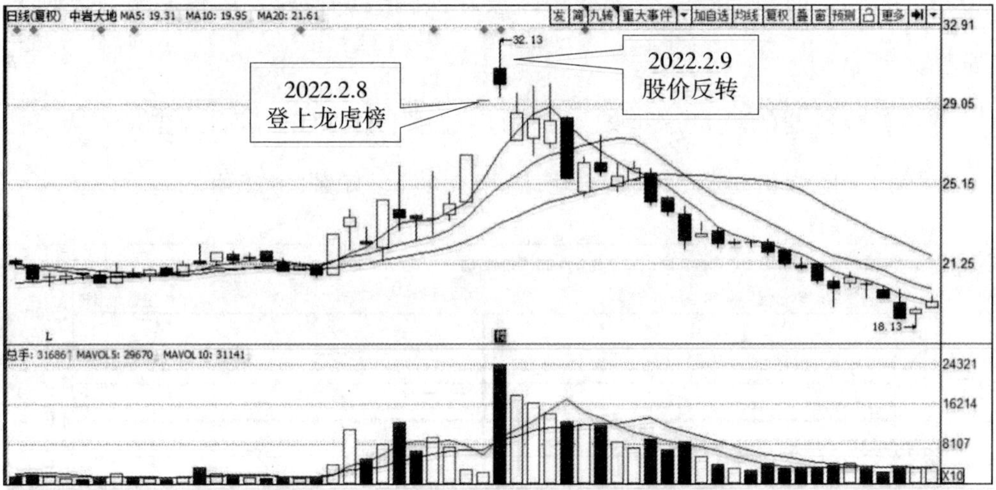

图2-13　中岩大地（003001）日K线走势图

2月8日，该股股价直接一字线涨停，并成功登陆龙虎榜，如图2-14所示。

上榜原因：连续三个交易日内涨幅偏离值累计达20%的证券　　更多个股解读>>

营业部名称	买入金额(元)	占总成交比例	卖出金额(元)	占总成交比例	净额(元)
湘财证券股份有限公司上海共和新路证券营业部	2891.50万	9.23%	0.00	0.00%	2891.50万
华鑫证券有限责任公司上海分公司	2319.33万	7.40%	564.56万	1.80%	1754.77万
华鑫证券有限责任公司上海自贸试验区分公司	983.69万	3.14%	1.02万	0.00%	982.67万
华宝证券股份有限公司上海东大名路证券营业部	684.40万	2.18%	33.35万	0.11%	651.05万
东亚前海证券有限责任公司上海分公司	676.21万	2.16%	0.00	0.00%	676.21万
					买入总计：8259.92万元
财通证券股份有限公司杭州东湖南路证券营业部	4.78万	0.02%	1065.19万	3.40%	-1060.41万
国海证券股份有限公司北京第一分公司	2.43万	0.01%	594.67万	1.90%	-592.24万
华鑫证券有限责任公司上海分公司	2319.33万	7.40%	564.56万	1.80%	1754.77万
机构专用	441.22万	1.41%	540.92万	1.73%	-99.70万
东方财富证券股份有限公司拉萨团结路第二证券营业部	256.36万	0.82%	409.63万	1.31%	-153.27万
					卖出总计：3209.34万元
					买卖净差：5050.58万元

图2-14　中岩大地（003001）龙虎榜（2022.2.8）

从图2-14中可以看出，中岩大地登陆龙虎榜的原因是三个交易日累计涨幅达20%以上。在2月8日的龙虎榜上，有一个龙虎榜常客，即华鑫证券上海分公司。从龙虎榜数据来看，该席位买入的金额（2319.33万元）远远超过了卖出金额（564.56万元）。这就给了散户一个强有力的信号，即游资刚刚入场，因此，很多追踪游资的散户就会在次日入场抢筹，毕竟股价开始刚刚强攻。

其实游资要的就是这种效果，散户追涨，他们正好可以出货。从次日（2月9日）的股价走势来看，更可印证这一点，如图2-15所示。

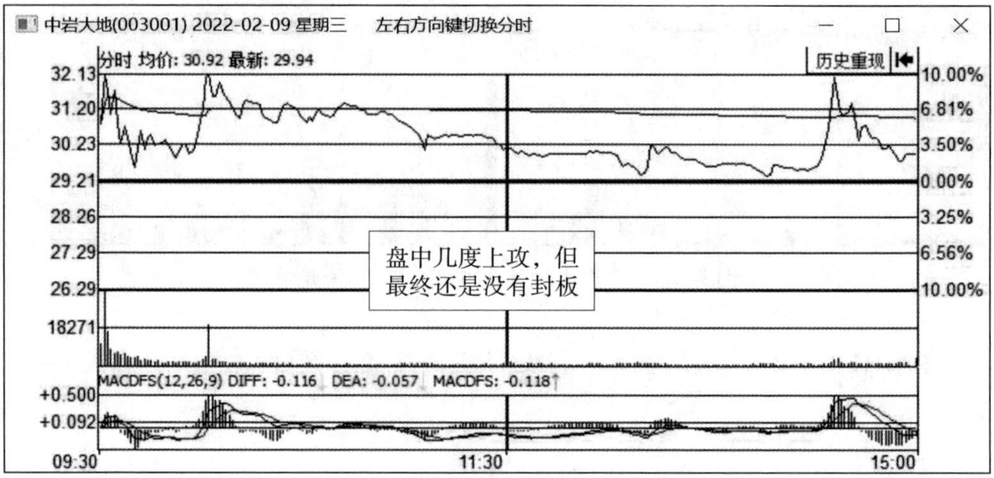

图2-15　中岩大地（003001）分时走势图（2022.2.9）

从图2-15中可以看出，中岩大地的股价在2022年2月9日开盘后，几度露出上攻迹象，但都没有成功封板。大家需要清楚一件事，如果游资想要封板，是没有封不住的（特别是这种小市值股票，根本不存在资金实力不足的情况），而此时股价没有成功封板，只是游资刻意为之，即游资想通过诱多来吸引散户进场接盘。再来看一下2月9日的龙虎榜情况，如图2-16所示。

从图2-16中龙虎榜的卖出位置可以看出，2月8日龙虎榜前四位悉数出现在2月9日卖出前五名的位置，华鑫证券上海分公司也在其中。这就意味着，这几路游资所用的套路几乎是相同的，即通过2月8日现身龙虎榜引诱散户入场接盘，然后趁机撤出。

上榜原因：日换手率达20%的证券　　更多个股解读>>

营业部名称	买入金额(元)	占总成交比例	卖出金额(元)	占总成交比例	净额(元)
东方财富证券股份有限公司拉萨东环路第二证券营业部	1016.31万	1.35%	475.91万	0.63%	540.40万
东方财富证券股份有限公司拉萨东环路第一证券营业部	869.28万	1.16%	379.79万	0.51%	489.49万
东方财富证券股份有限公司拉萨团结路第二证券营业部	792.10万	1.05%	461.28万	0.61%	330.82万
东方财富证券股份有限公司拉萨团结路第一证券营业部	673.34万	0.90%	362.90万	0.48%	310.44万
东方财富证券股份有限公司拉萨东城区江苏大道证券营业部	614.49万	0.82%	369.77万	0.49%	244.72万
					买入总计：4394.48万元
湘财证券股份有限公司上海共和新路证券营业部	24.25万	0.03%	3011.46万	4.01%	-2987.21万
华鑫证券有限责任公司上海分公司	103.29万	0.14%	2152.41万	2.86%	-2049.12万
华鑫证券有限责任公司上海自贸试验区分公司	285.91万	0.38%	1039.93万	1.38%	-754.02万
财通证券股份有限公司杭州东湖南路证券营业部	15.51万	0.02%	977.89万	1.30%	-962.38万
华宝证券股份有限公司上海东大名路证券营业部	0.00	0.00%	795.65万	1.06%	-795.65万
					卖出总计：10026.99万元
					买卖净差：-5632.51万元

图2-16　中岩大地（003001）龙虎榜（2022.2.9）

总之，游资大摇大摆地登陆龙虎榜，显示自己买入股票是假，真实的目的是便于次日卖出股票，这才是这些游资登陆龙虎榜的真正意图。

二、从天堂到地狱——天地板

天地板是指股价直接以涨停开盘，随后炸板，并以跌停价收盘。对于早盘抢涨停板买入的投资者来说，当日的亏损幅度要超过20%。

高位炸板，对于散户来说是让人很受伤的一件事，几乎在一瞬间就感受到了从天堂坠落到地狱的感觉。由于A股“T+1”交易规则的约束，使得游资这一杀招对散户构成极大的杀伤力。

从表面情况来看，天地板是各路游资争相出局引起踩踏造成的一种结局。对于游资来说，这种结果也并非有利的结局，但对于先前入局的游资来说，当行情不利时，及时获利了结也是不错的选择，毕竟先出来的，其获利幅度还是非常高的。此时在涨停板位置排队买入的单子也是很多的，尤其是前一天以涨停价报收的股票更是如此。

其实，有些情况下的“天地板”确实也是游资设的一个局，其操作依据如下。

第一，前两个交易日的涨停板（一字板更佳）已经足以调动散户的入场情绪，很多散户已经对股价产生了更多的期待。

第二，前一交易日无量涨停，让很多投资者认定，只要抢入了涨停板，至少还可以再收一到两个涨停。

第三，前一交易日该股股票已经登上龙虎榜，并有知名游资机构入局，这也是引发散户追涨的基础。

下面来看一下瑞康医药的案例。

如图2-17所示，2022年4月初，随着中医药在抗击新冠疫情中发挥的作用越来越明显，市场上掀起了一波中医药炒作热潮，瑞康医药就是其中比较有代表性的一只股票。

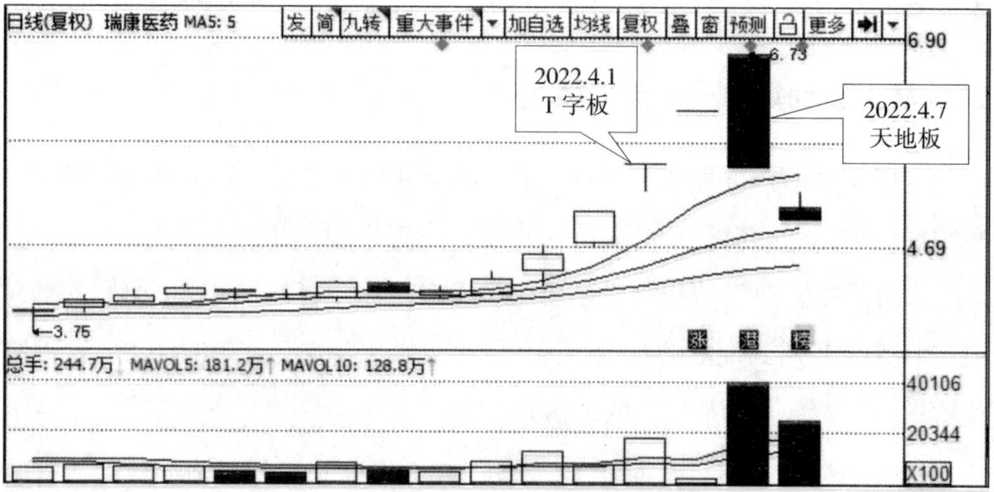

图2-17　瑞康医药（002589）日K线走势图

4月1日，该股在前一交易日涨停的基础上，直接以涨停价开盘，并最终以T字板报收，强势尽显。当日瑞康医药的龙虎榜上，一些一线游资强势上榜，如图2–18所示。

上榜原因：连续三个交易日内,涨幅偏离值累计达20%的证券					更多个股解读>>
营业部名称	买入金额(元)	占总成交比例	卖出金额(元)	占总成交比例	净额(元)
财通证券股份有限公司杭州上塘路证券营业部	4176.18万	2.25%	96.35万	0.05%	4079.83万
兴业证券股份有限公司上海金陵东路证券营业部	2781.72万	1.50%	14.02万	0.01%	2767.70万
华鑫证券有限责任公司上海银翔路证券营业部	1897.35万	1.02%	1706.02万	0.92%	191.33万
华泰证券股份有限公司浙江分公司（赵老哥）	1489.90万	0.80%	25.05万	0.01%	1464.85万
首创证券股份有限公司杭州杭行路证券营业部	1421.86万	0.77%	0.00	0.00%	1421.86万
					买入总计：14107.4万元
华鑫证券有限责任公司上海银翔路证券营业部	1897.35万	1.02%	1706.02万	0.92%	191.33万
浙商证券股份有限公司江西分公司	2200.00	0.00%	1650.20万	0.89%	-1649.98万
深股通专用	788.39万	0.43%	1465.94万	0.79%	-677.55万
湘财证券股份有限公司武汉友谊大道证券营业部	439.55万	0.24%	1211.66万	0.65%	-772.11万
华鑫证券有限责任公司上海凯旋北路证券营业部	1112.23万	0.60%	1200.29万	0.65%	-88.06万
					卖出总计：7369.53万元
					买卖净差：6737.87万元

图2–18 瑞康医药龙虎榜（2022.4.1）

从图2–18中可以看出，4月1日，国内顶级游资大佬赵老哥强势入驻瑞康医药，这就为投资者继续追涨瑞康医药提供了动力。不过，4月6日（4月2日—5日清明休市）该股以一字线报收，投资者根本没有买入的机会。通常来讲，出现一字线，往往意味着股价还存在继续上攻的动能。特别是有了顶级游资的加持，会强化散户追涨的信心，因此，4月7日该股股价高开时，诸多投资者开始入场追涨该股。

如图2–19所示，瑞康医药的股价早盘延续了之前的强势，直接以涨停开盘，很多散户也顺势将买单设置在涨停位置，一切看起来都是十分自然的。不过，盘中时段风向突变，很多医药股都出现了下跌。游资趁势紧急出货，很多散户在不知不觉中成了“接盘侠”。当然，其中也会有部分准备接力的游资被套其中。

三、玩的就是心跳——暴利抢筹

对于游资来说，大幅拉升股价前如何获得足够的筹码，也是其要重点考

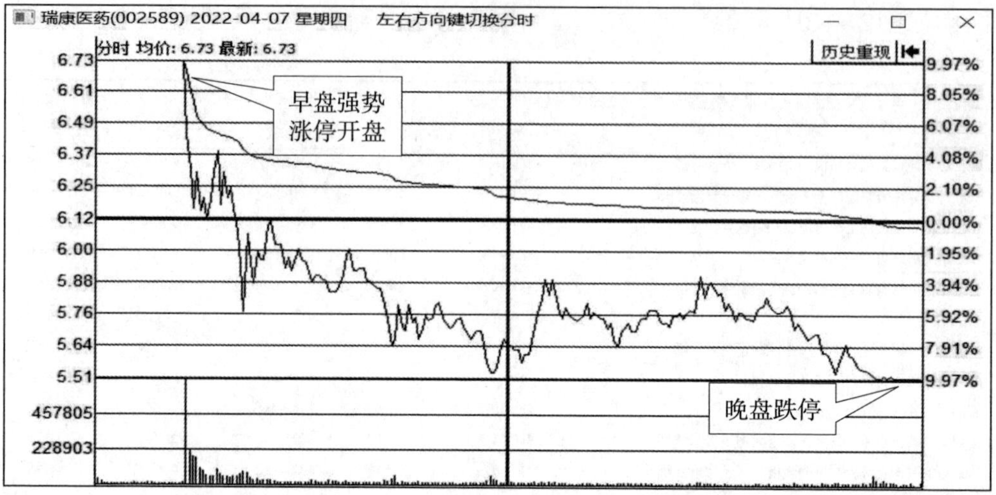

图2-19 瑞康医药（002589）分时走势图（2022.4.7）

虑的事项。游资与散户不同，在大幅拉升股价前，需要掌握足够多的筹码才行，若过早暴露拉升企图，收集筹码就会变得十分困难。因此，有时候游资不得不采取直接拉升至涨停板的抢筹方法，但这种方法的风险相对较高，因为持仓成本较高。若时间允许，这些游资肯定也希望能够降低持仓成本。由于游资毕竟是短线资金，不可能像主力庄家那样缓慢地建仓，因而一些暴利洗盘式的建仓手法，在股价大幅拉升前就会屡屡出现。一些经典的K线起涨形态，如多方炮、叠叠多方炮、上升三法等形态，经常出现在游资建仓阶段。

暴利洗盘的目的是让散户无法辨别股价的运行方向。在这一阶段，股价拉升和打压的幅度都是非常大的，其目的都是为了吸筹。

该形态具有如下几个典型特征。

第一，持续时间较短，一般为3到5个交易日；

第二，股价波动非常剧烈，涨停板频繁出现；

第三，股价下跌时，跌势也比较凶猛，有时甚至可能会跌停。游资就是靠这种招式逼迫散户交出手中筹码的。

下面来看一下国机通用的案例。

如图2-20所示，国机通用的股价在2021年12月一路出现振荡上扬。在12月22日大幅上攻的基础上，23日和24日连续出现大幅调整走势，两天的跌幅超过了10%，给人一种股价即将开启下行趋势的感觉。

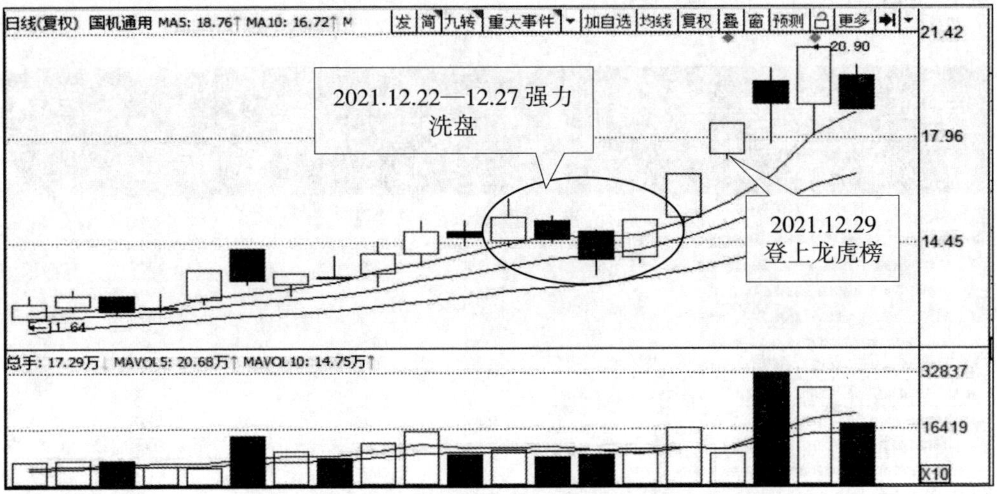

图2 20　国机通用（600444）日K线走势图

12月27日，该股股价高开后很快就封上了涨停板，强势尽显。由于前两个交易日该股股价连续下跌，且跌幅巨大，因此到了27日，尽管该股股价到达涨停板，但也不符合登上龙虎榜的条件。直至12月29日，该股才登上龙虎榜。

如图2-21所示，在卖一位置是本书反复出现的一个游资席位，即华鑫证券上海分公司。由于之前两个交易日涨停，该股没有达到登上龙虎榜的标准，因而投资者也无从得知该席位是何时买入股票的。但有一点可以确认，在12月29日当日卖出国机通用的持股者，获利肯定是颇丰的。

参考12月23日和24日的股价下跌，可以作出以下几点研判。

第一，之前股价下跌属于典型的游资借助打压股价来实现抢筹的目标。从成交量上也可以看出，23日成交量虽有萎缩但不明显，而24日成交量却又出现了放大，这都是游资吸筹的证据。

第二，主力会充分利用龙虎榜的设置规则，即三个交易日波动幅度超过20%。通过前两个交易日大幅打压，使得股价在29日才达到登陆龙虎榜的条件。游资则充分利用了这两天的时间，让散户摸不清行情走势的头绪。等到散户找到游资时，其已经退出了。

国机通用龙虎榜数据

2021-12-29

日期：2021-12-29 总成交金额：55381.11万元，总成交量：3454.79万股

排序	营业部名称	买入金额/万	占总成交比例	卖出金额/万	占总成交比例	净额/万
买入金额最大的前5名 买入总计 **4628.34** 万元，占总成交比例 **8.36%**						
1	国泰君安证券股份有限公司昆明人民中路证券营业部	1509.60	2.73%	0.00	0.00%	1509.60
2	东莞证券股份有限公司浙江分公司	1076.13	1.94%	0.00	0.00%	1076.13
3	中国国际金融股份有限公司上海分公司	949.80	1.72%	0.00	0.00%	949.80
4	长城证券股份有限公司成都天晖中街证券营业部	559.63	1.01%	0.00	0.00%	559.63
5	中泰证券股份有限公司深圳泰然九路证券营业部	533.17	0.96%	0.00	0.00%	533.17
卖出金额最大的前5名 卖出总计 **5872.76** 万元，占总成交比例 **10.60%**						
1	华鑫证券有限责任公司上海分公司	0.00	0.00%	2192.81	3.96%	-2192.81
2	华泰证券股份有限公司总部	0.00	0.00%	1156.95	2.09%	-1156.95
3	光大证券股份有限公司深圳海德三道证券营业部	0.00	0.00%	980.32	1.77%	-980.32
4	中国国际金融股份有限公司上海分公司	0.00	0.00%	866.85	1.57%	-866.85
5	申万宏源西部证券有限公司大连中山路证券营业部	0.00	0.00%	675.84	1.22%	-675.84

买卖净差：**-1244.42**万元

图2-21　国机通用（600444）龙虎榜（2021.12.29）

第三，综合来看，游资抢筹的路数很多，以暴力打压最为狠毒。明明马上就要拉升股价了，还要让很多散户在最后一刻放弃手中的筹码。

四、昙花一现——一日游

市场上并不是总有大牛股的，同时大牛股也不是游资想做就做得出来的。在没有大牛股的日子里，游资也是要吃饭的，因此，短线操作一些股票也是他们经常干的事。由于很多散户喜欢追踪游资，这也为游资短线操作提供了机会，其中又以“一日游”操作最为典型。

该操作特点如下。

第一，游资介入与离场的间隔时间极短，当日进场，次日离场。

第二，从股价走势来看，第一个交易日一定是强势涨停（否则无法登上龙虎榜，游资没法现身，这是主力需要的条件）；次日股价高开或平开高走，以吸引散户跟风。但其后股价反转向下，直接将散户套牢在高位。

下面来看一下深城交的案例。

如图2–22所示，深城交的股价在2022年2月中旬前一直呈横向振荡态势。2月18日，该股股价突然大幅拉升，并以涨停报收。由于该股之前已经出现了较长时间的横盘整理，此时的涨停无疑给很多场外投资者增强了追涨的信心。同时，该股当日也强势登上龙虎榜，如图2–23所示。

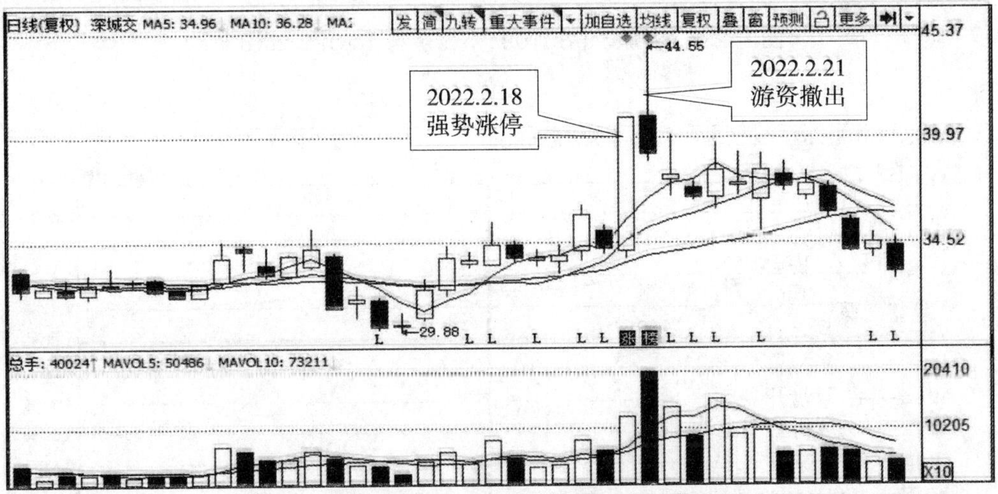

图2–22 深城交（301091）日K线走势图

从图2–23中大家又看到了一个熟悉的身影，即华鑫证券上海分公司的席位。当日，该席位强势买入3388.88万元，而卖出金额很少，这无疑会进一步增强散户买入的信心。特别是该股为创业板注册制发行的股票，涨停板为20%。这正是方便游资操作的有利条件。

下面来看一下该股下一个交易日（即2月21日）的分时走势情况。

如图2–24所示，深城交的股价在前日涨停的基础上小幅高开，之后直接上攻，给人一种股价还将涨停的感觉。很多散户也正是看到这种情形，纷纷入场追涨。

上榜原因：有价格涨跌幅限制的日收盘价格涨幅达到15%的证券　　更多个股解读>>

营业部名称	买入金额(元)	占总成交比例	卖出金额(元)	占总成交比例	净额(元)
华鑫证券有限责任公司上海分公司	3388.88万	7.36%	134.46万	0.29%	3254.42万
国泰君安证券股份有限公司岳阳南湖大道证券营业部	2494.29万	5.42%	0.00	0.00%	2494.29万
华鑫证券有限责任公司成都交子大道证券营业部	1088.38万	2.36%	0.00	0.00%	1088.38万
中国国际金融股份有限公司上海分公司	846.46万	1.84%	869.65万	1.89%	-23.19万
东亚前海证券有限责任公司上海分公司	719.06万	1.56%	0.00	0.00%	719.06万
					买入总计：9026.88万元
机构专用	10.59万	0.02%	1220.69万	2.65%	-1210.10万
中国国际金融股份有限公司上海分公司	846.46万	1.84%	869.65万	1.89%	-23.19万
海通证券股份有限公司芜湖黄山中路证券营业部	122.22万	0.27%	559.07万	1.21%	-436.85万
机构专用	357.00万	0.78%	519.87万	1.13%	-162.87万
机构专用	0.00	0.00%	507.66万	1.10%	-507.66万
					卖出总计：3811.4万元
					买卖净差：5215.48万元

图2-23　深城交（301091）龙虎榜（2022.2.18）

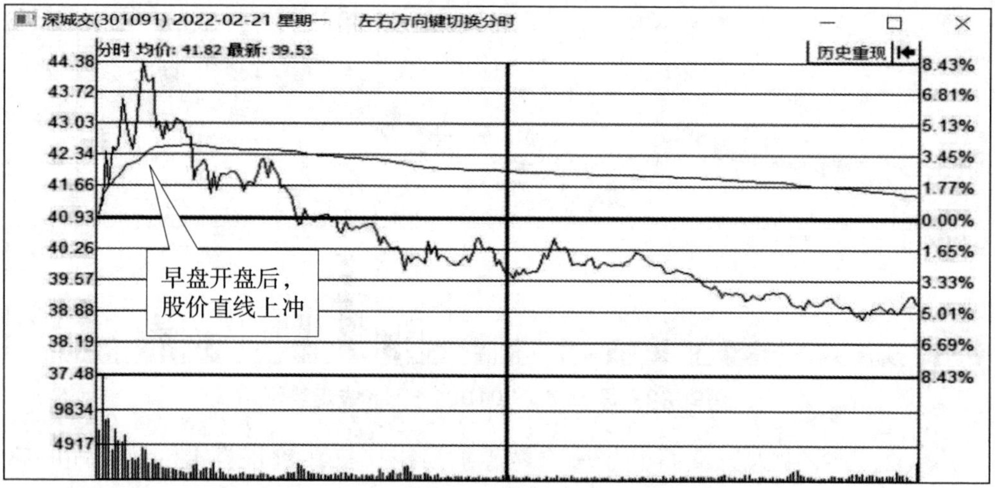

图2-24　深城交（301091）分时走势图

不过，该股股价在上冲至8%以上后反转下行，并振荡走低，说明游资很可能趁散户追涨的间隙出逃了。当日该股再度登上了龙虎榜，如图2-25所示。

从图2-25中可以看出，龙虎榜上的常客华鑫证券上海分公司又出现了，不过与上一交易日不同，这次是在卖出位置出现的。这次的卖出金额略高于之前的买入金额，这说明该席位在产生利润后基本全部卖出了，但也小幅买入了一些，这也是开盘阶段股价拉升时使用的资金。

上榜原因：有价格涨跌幅限制的日换手率达到30%的证券					更多个股解读>>
营业部名称	买入金额(元)	占总成交比例	卖出金额(元)	占总成交比例	净额(元)
光大证券股份有限公司上海世纪大道证券营业部	1327.07万	1.57%	328.94万	0.39%	998.13万
机构专用	948.76万	1.12%	474.44万	0.56%	474.32万
中信建投证券股份有限公司上海五莲路证券营业部	867.73万	1.03%	854.41万	1.01%	13.32万
中信建投证券股份有限公司福州鳌峰路证券营业部	864.27万	1.02%	865.79万	1.02%	-1.52万
东方财富证券股份有限公司拉萨团结路第二证券营业部	864.19万	1.02%	511.86万	0.61%	352.33万
					买入总计：6857.51万元
中国国际金融股份有限公司上海分公司	694.83万	0.82%	5030.86万	5.95%	-4336.03万
华鑫证券有限责任公司上海分公司	833.09万	0.99%	3438.86万	4.07%	-2605.77万
国泰君安证券股份有限公司岳阳南湖大道证券营业部	4200.00	0.00%	2506.80万	2.96%	-2506.38万
机构专用	457.15万	0.54%	1104.26万	1.31%	-647.11万
华鑫证券有限责任公司成都交子大道证券营业部	0.00	0.00%	1081.79万	1.28%	-1081.79万
					卖出总计：16198.01万元
					买卖净差：-9340.5万元

图2-25　深城交（301091）龙虎榜（2022.2.19）

尽管这类操作对于游资来说盈利并不高，但对于散户来说，若被套了高位，损失可能会相对较高。

总之，对于这类“一日游”的股票，还是要避而远之。

第三章
游资炒作策略与选材逻辑

游资炒作与选材，都是有其内在逻辑的。炒热点是其最主要的操作模式，但热点如何炒作，不同的游资往往会给出不同的答案。

第一节　游资基本炒作逻辑

概括起来说，游资的基本炒作逻辑大致包括四类，如图3-1所示。

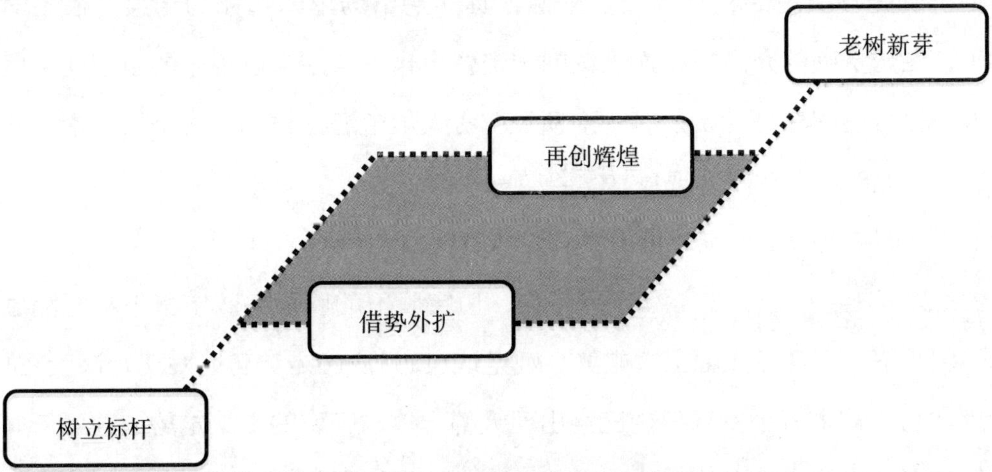

图3-1　游资的基本炒作逻辑

一、树立标杆

大龙头是一波行情的主心骨，市场上有这样一句话：龙头不倒，行情不死。只要龙头还在继续上攻，那么整个板块的行情就还有继续炒作的可能和继续的希望。这也是各路游资不遗余力塑造龙头，对龙头进行接力炒作的原因。

10%涨跌停板的股票，仍是龙头股的主要来源。A股市场上主板的涨跌停幅度为10%，创业板和科创板都已经放大至20%。20%的涨跌幅限制将会成为未来的一个趋势，这也为游资拉升股价增加了难度，毕竟20%的幅度还是很高的，中间出现变数的概率也是很大的。翻看现在每日的涨停板可以发现，主流仍是以10%的涨停板为主。这也意味着，游资目前的选股还是比较偏好于10%涨跌停板的股票，这也是游资控制风险的一种方式。从另一方面也可以看出，市场塑造一只龙头股也是非常困难的，并非游资想做就做得出来，需要天时、地利、人和的综合作用才能产生大龙头。

立标杆能否成功，是一波行情能否持续的关键。确立标杆，也并不完全是游资能够决定的，从本质上来说，其实是市场集体选择的结果。很多时候，在游资强势介入前，连入场的游资资金也不清楚自己手中的股票能否成为一轮行情的标杆龙头。有一个顶级游资大佬曾经这样说：一个板根本看不出什么龙头，龙头股的现身其实要在三个板以上。

下面来看一下恒宝股份的股价走势情况。

如图3-2所示，2022年1月下旬，恒宝股份的股价在数字货币利好消息的刺激下，出现了大幅上攻走势。观察该股1月底的走势可以发现，该股在1月28日涨停前五个交易日内已经出现大幅上攻与回调的交叉走势，这属于典型的启动前的洗盘态势。这也说明，股价大幅拉升前，游资还是有充分洗盘与吸筹的时间的，从另一方面也说明市场对该股并未取得一致性的认可，否则就不会给游资充分的洗盘时间。也就是说，当时准备拉升该只股票的为某一路游资。

2月8日，当该股股价再度高开并成功封板后，意味着该股的炒作将会进入新的阶段，毕竟该股在七个交易日内有5个涨停板，这说明该股已经成功进化到龙头股票的行列。此后，游资大佬章盟主经常使用的营业部“国泰君安证券上海江苏路营业部”正式入驻该股。随着一波一字板拉升，各路游资争抢入局，直接奠定了恒宝股份在数字货币领域的大龙头地位。

至此，恒宝股份才算正式确立了在数字货币行情中的绝对龙头地位。

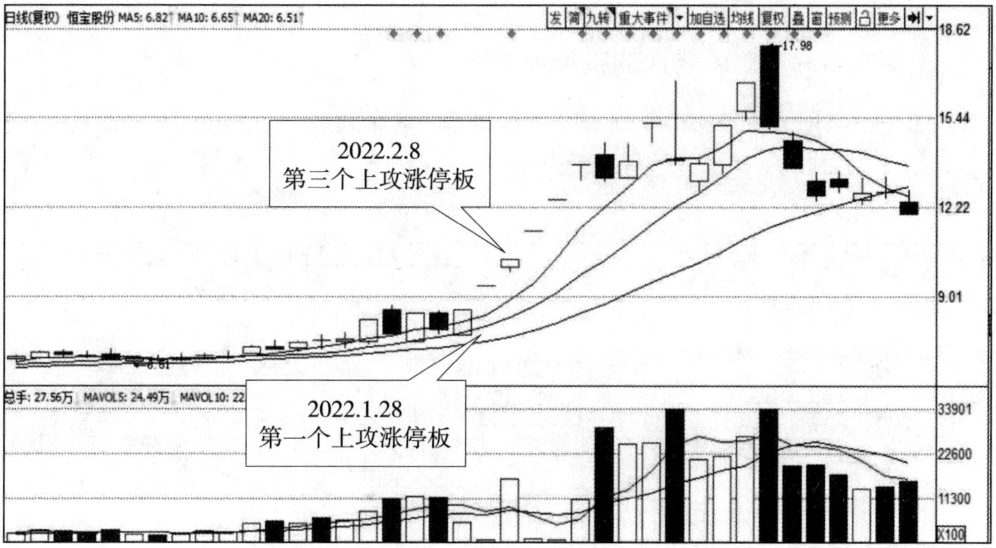

图3-2 恒宝股份（002104）日K线走势图

二、再创辉煌

很多大龙头都会有第二波炒作，对于游资来说，炒作第二波要比第一波更加安全。股价上攻第一波结束后，很多获利颇丰的游资会选择撤出，一些散户也有兑现利润的需求，这时股价就会出现回调走势。

之后股价能否再度上攻，还要取决于以下几方面因素。

第一，龙头股的市场热度。市场热度包括龙头股本身的热度、龙头股所处板块的热度等。只有热度保持良好的龙头股，才具备未来继续上攻的炒作基础。

第二，市场炒作题材情况。如果市场炒作的题材较多或者有新的热点题材出现，龙头股二度启动的概率就会降低；反之，则可能会提升。

第三，先前有被套牢其中的游资，可能出于自救目的借势发起一轮炒作行情。

第四，若市场消息面能够提供新的炒作故事或理由，龙头股就会更加容易掀起第二轮炒作行情。

下面来看一下以岭药业的股价走势情况。

如图3-3所示，2020年年初，新冠疫情突然袭来。由于市场普遍担心疫情会给经济带来较大的打击，股市同步出现了回落走势。

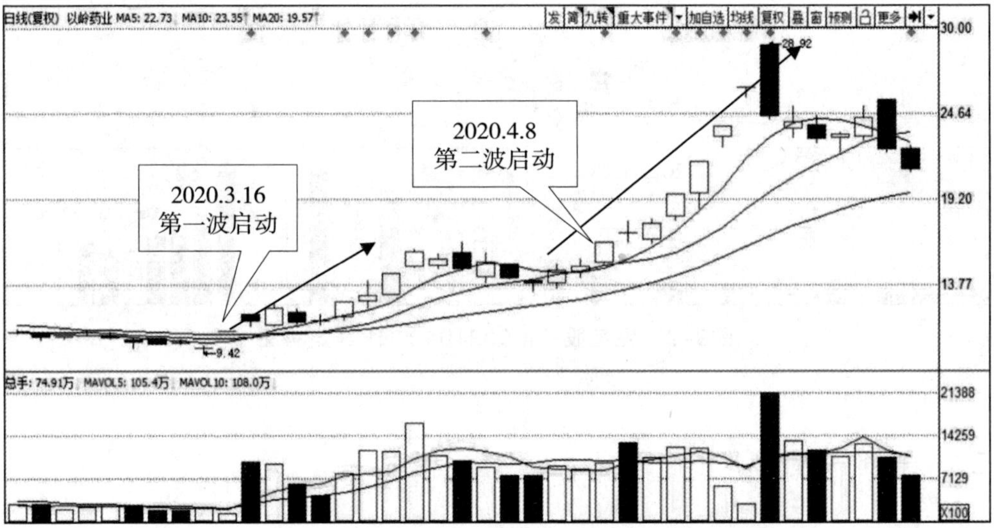

图3-3 以岭药业（002603）日K线走势图

3月中旬，在抗疫过程中，不断有专家提及连花清瘟胶囊（以岭药业拳头产品），并认为该药对新冠有一定的疗效，于是从3月16日开始，市场开始了对以岭药业的炒作。

经过一波拉升之后，该股股价出现了回调走势。由于此时整个社会均受到了疫情的冲击，股市中热点匮乏，而连花清瘟胶囊在抗疫过程中的作用被不断地提及，使得市场自2020年4月8日开始启动了第二波对以岭药业的炒作热潮。4月8日，国内诸多顶级游资出没于以岭药业的龙虎榜。

如图3-4所示，从以岭药业4月8日的龙虎榜上可以清晰地看到，国内顶级游资湖州路、溧阳路以及顶级游资赵老哥（赵强）全部现身于该股的龙虎榜。由此可见，多路游资齐聚以岭药业，该股股价未来想不涨都难。

以岭药业龙虎榜数据

2020-04-08

日期：2020-04-08 总成交金额：224048.10万元，总成交量：9506.69万股

排序	营业部名称	买入金额/万	占总成交比例	卖出金额/万	占总成交比例	净额/万
买入金额最大的前5名 买入总计 **27481.75** 万元，占总成交比例 **12.27%**						
1	华鑫证券有限责任公司湖州劳动路浙北金融中心证券营业部	5422.98	2.42%	0.00	0.00%	5422.98
2	中信证券股份有限公司上海溧阳路证券营业部	4943.35	2.21%	124.32	0.06%	4819.03
3	华泰证券股份有限公司上海静安区威海路证券营业部	4596.56	2.05%	31.56	0.01%	4565.00
4	兴业证券股份有限公司陕西分公司	4561.01	2.04%	33.21	0.01%	4527.80
5	中国银河证券股份有限公司绍兴证券营业部	2962.37	1.32%	46.76	0.02%	2915.61
卖出金额最大的前5名 卖出总计 **18202.25** 万元，占总成交比例 **8.12%**						
1	中国国际金融股份有限公司广州珠江新城证券营业部	0.00	0.00%	8942.06	3.99%	-8942.06
2	东方财富证券股份有限公司拉萨团结路第二证券营业部	1386.16	0.62%	2750.61	1.23%	-1364.45
3	深股通专用	2184.11	0.97%	2707.75	1.21%	-523.64
4	中信证券（山东）有限责任公司淄博世纪路证券营业部	24.53	0.01%	1788.26	0.80%	-1763.73
5	东方财富证券股份有限公司拉萨东环路第二证券营业部	1400.68	0.63%	1777.71	0.79%	-377.03
买卖净差：**9279.50**万元						

图3-4 以岭药业龙虎榜数据（2020.4.8）

三、借势外扩

龙头股的形成过程本身就是炒作情绪发散的过程，热点也会随龙头股票的上攻而不断向外扩展。反之，若某只股票爆发后，并不能有效地将炒作热情传递给本板块的其他个股，则这只股票也很难成为龙头股。

标杆龙头股票与板块之间存在相辅相成的关系。一方面，整个板块需要龙头股票的带动，通常情况下，龙头启动后，板块内的各只股票就会闻风而动；另一方面，龙头股也需要板块的启动来吸引投资者。若只有一只龙头股启动，那么很多投资者都会因为龙头价格过高望而却步。若整个板块都出现启动迹象，投资者就可以根据自己的判断选择其中的某只股票来操作。这样整个市场的投资热情就会被带动，龙头股票受到的关注自然也会更多，游资进出龙头股票就会更加容易。

2021年8月19日，国资委召开会议，从政策层面要求把科技创新摆在更加突出的位置，推动中央企业主动融入国家基础研究、应用基础研究创新体系，针对工业母机、高端芯片、新材料、新能源汽车等领域，加强关键核心技术攻关，努力打造原创技术“策源地”。

会后，“工业母机”概念横空出世。由于此前市场上并未提及过工业母机的概念，就使得该概念成为市场上的一个全新热门概念，各路资金摩拳擦掌，寻找龙头标的。华辰装备的股价当时一骑绝尘，率先启动，如图3-5所示。

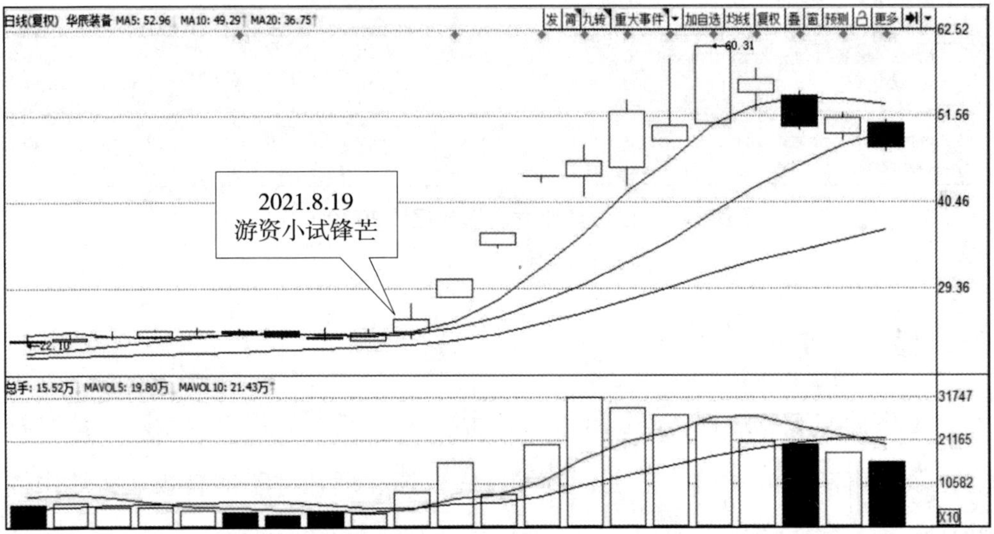

图3-5 华辰装备（300809）日K线走势图

从图3-5中可以看出，2021年8月19日，在“工业母机”概念出现的次日，市场上的游资并未确定主攻方向时，即使是对核心品种华辰装备，也是进行了试探性攻击，当日并未形成涨停板。出现这种情况有两方面原因：其一，市场并未确定主攻方向，游资的攻击带有试探性；其二，游资手中的筹码不多，需要借助大幅振荡来收集筹码。

8月20日，主力游资不再手软，而是直接高开高走封住了涨停板。由于华辰装备属于创业板股票，涨停幅度为20%，这种股票没有决心是很少有将其拉升至涨停板的。

如图3-6所示，从华辰装备2021年8月20日的龙虎榜上可以清晰地看到，国内顶级游资华鑫证券上海分公司、国金证券上海梅花路营业部等齐聚华辰装备的龙虎榜。华鑫证券上海分公司的席位是最近几年新晋的游资，于2019年5月首次出现在龙虎榜，一度被认为是量化操作的大本营。华鑫证券上海分公司的操作风格，偏重于主打机械设备、化工、医药生物、汽车、传媒等板块。

华辰装备龙虎榜数据

2021-08-20

日期：2021-08-20 总成交金额：45833.11万元，总成交量：1537.09万股

排序	营业部名称	买入金额/万	占总成交比例	卖出金额/万	占总成交比例	净额/万
买入金额最大的前5名　买入总计 **5478.96** 万元，占总成交比例 **11.95%**						
1	国金证券股份有限公司上海浦东新区梅花路证券营业部	1809.62	3.95%	16.33	0.04%	1793.29
2	华创证券有限责任公司上海第二分公司	1202.26	2.62%	0.00	0.00%	1202.26
3	宏信证券有限责任公司成都锦城大道证券营业部	827.54	1.81%	0.00	0.00%	827.54
4	华鑫证券有限责任公司上海分公司	823.37	1.80%	31.92	0.07%	791.45
5	海通证券股份有限公司泰州鼓楼南路证券营业部	809.26	1.77%	0.59	0.00%	808.67
卖出金额最大的前5名　卖出总计 **5329.59** 万元，占总成交比例 **11.63%**						
1	机构专用	0.00	0.00%	1309.30	2.86%	-1309.30
2	中银国际证券股份有限公司深圳中心四路证券营业部	6.91	0.02%	1215.89	2.65%	-1208.98
3	中泰证券股份有限公司南京中山南路证券营业部	0.00	0.00%	1099.70	2.40%	-1099.70
4	华西证券股份有限公司峨眉山光辉路证券营业部	0.00	0.00%	860.90	1.88%	-860.90
5	广发证券股份有限公司武汉沿江大道证券营业部	0.00	0.00%	794.96	1.73%	-794.96

买卖净差：**149.37**万元

图3-6　华辰装备（300809）龙虎榜数据（2021.8.20）

在2022年2月的16个交易日里，华鑫证券上海分公司的席位曾367次登上龙虎榜，成交额超过100亿元，排名第一。

有了华鑫证券上海分公司的持续买入，强化了华辰装备在工业母机板块的龙头位置，此后华辰装备连续涨停，工业母机概念得以成为市场上的热点板块，赚钱效应开始扩散到板块中的其他股票，青海华鼎就是典型代表，如图3-7所示。

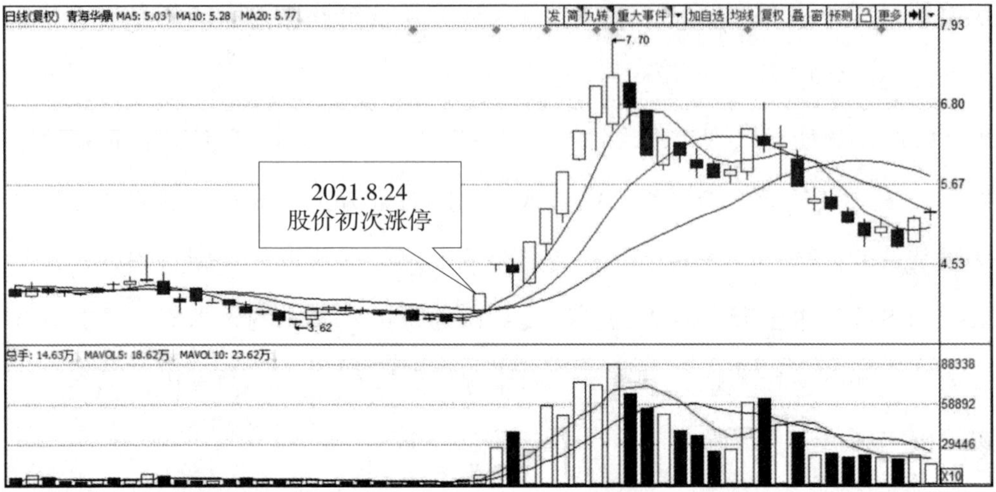

图3-7　青海华鼎（600243）日K线走势图

2021年8月24日，在华辰装备连续上攻三个交易日后，青海华鼎出现了第一个涨停板。查看当日的龙虎榜（如图3-8所示），可以发现以下几个信息。

营业部名称	买入金额(元)	占总成交比例	卖出金额(元)	占总成交比例	净额(元)
国泰君安证券股份有限公司成都北一环路证券营业部 成都系	1649.63万	2.85%	0.00	0.00%	1649.63万
华鑫证券有限责任公司上海分公司	1123.56万	1.94%	0.00	0.00%	1123.56万
华龙证券股份有限公司淄博柳泉路证券营业部	765.33万	1.32%	0.00	0.00%	765.33万
国盛证券有限责任公司宁波桑田路证券营业部 宁波桑田路	760.42万	1.31%	0.00	0.00%	760.42万
光大证券股份有限公司苏州苏惠路证券营业部	743.67万	1.29%	0.00	0.00%	743.67万
买入总计：5042.61万元					
国泰君安证券股份有限公司成都北一环路证券营业部 成都系	0.00	0.00%	1746.88万	3.02%	-1746.88万
中信证券股份有限公司广州临江大道证券营业部	0.00	0.00%	1241.41万	2.15%	-1241.41万
宏信证券有限责任公司成都紫竹北街证券营业部	0.00	0.00%	1182.31万	2.04%	-1182.31万
华鑫证券有限责任公司上海分公司	0.00	0.00%	878.84万	1.52%	-878.84万
国金证券股份有限公司厦门湖滨南路证券营业部	0.00	0.00%	843.60万	1.46%	-843.60万
卖出总计：5893.04万元					

图3-8　青海华鼎（600243）龙虎榜（2021.8.27）

第一，炒作华辰装备的华鑫证券上海分公司，在8月24日正式介入了青海华鼎，这说明工业母机概念开始扩散，市场正在寻找下一个华辰装备，这也是华鑫证券上海分公司要做的事，这也是与普通散户完全不同的操作思路。对于已经深度介入华辰装备的华鑫证券上海分公司而言，只有工业母机概念向外扩散，才能形成板块联动效应，华辰装备的大龙头地位才能稳固。否则只有华辰装备一只股票涨停，难以形成强大的赚钱效应，是很难吸引场外散户入局的。这就有点“一花独放不是春，百花齐放春满园”的意味了。

第二，追涨的游资更多。加入工业母机概念炒作的顶级游资除了华鑫证券上海分公司外，还有成都系、宁波桑田路等，这都属于国内的顶级游资。这些顶级游资的加入，无疑增强了工业母机板块的炒作动能，确保了工业母机概念的进一步扩散。

四、老树新芽

正常情况下，被炒作的龙头股在游资撤出后，这些游资一般是不愿意再回炉炒作的。主要有这样几点原因。

第一，每波行情炒作都会在高位套牢大量散户，若再度炒作这些龙头股票，先前被套牢的散户就会离场，这将极大地限制游资的拉升。也就是说，这时候游资炒作这些股票，有帮助散户“解放”的可能。

第二，高位套牢盘的存在限制了炒作空间。股价一旦拉升至前期高点位置，套牢盘涌出，游资只有把这些套牢盘全部吃掉才能继续拉升，这显然与游资“花小钱，办大事”的思路不符，因而也没有游资愿意这样做。

第三，游资炒作的本质是人气，是散户的情绪。过气的股票人气自然就会消散，再想聚拢这些人气也不是容易的事。因此，与其炒作这些老旧题材的股票，不如去寻找新题材的股票。

当然，在有些情况下，游资还是会尝试回炉这些老龙头的，以期实现老树发新芽的效果。一般来看，这些股票具有以下几个典型特征。

第一，市场热点的演绎又重新回到以前龙头板块的身上，这就很容易让人产生一定的联想。比如，以岭药业在2020年到2022年期间，被游资反复拉升了几波，主要是源于以岭药业的连花清瘟胶囊在抗击新冠中的作用，而且还被不断地发现新的功效，这都为游资提供了新的炒作理由。只要疫情没有彻底消灭，这种炒作一般就不会彻底结束。

第二，随着时间的推移，原来被龙头股票套在高位的散户已经割肉离场了。这时候，当新概念出现时，也可能再度引发炒作热情。

第三，被贴上“妖股”标签的个股。市场上有很多被频繁拉升大幅上攻的股票，可能没有理由或者某个不太沾边的消息都可能引发股价的大幅上攻。这类股票与大盘形势、外围环境毫不沾边，往往会被贴上“妖股”的标签。其实很多游资还是很喜欢操作这类妖股的，妖股必然自带妖气，很多散户即使不持有这类股票，也愿意跟踪这类股票，一旦妖风刮起，这些散户也愿意入场分一杯羹。比如，兰石重装等股票，就是在上市后经常被炒作的股票。

第四，次新股相对更容易引发二波炒作行情。通常情况下，新股上市后，即使引发了一波上升行情，但相对而言，套牢盘并不算多，而且由于新股或次新股的可流通股份相对较少，再度拉升相对比较容易。比如2019年的资金银行，2021年的华菱线缆等股票。

下面来看一下华菱线缆的股价走势情况。如图3–9所示。

2021年6月24日，华菱线缆正式登陆A股。相比该股的净资产与每股收益，该股3.67元的上市发行价是非常便宜的。不出所料，该股上市伊始就遭到了爆炒，短期内股价迅速走高。其实这也是预料之中的事，毕竟很多新股上市都出现了一波炒作热潮。7月8日，该股第一波最后一个涨停板出现后，股价开始进入回调整理行情中。这也是非常正常的一种走势，毕竟股价经过一波拉升后，都需要回归正常价位。

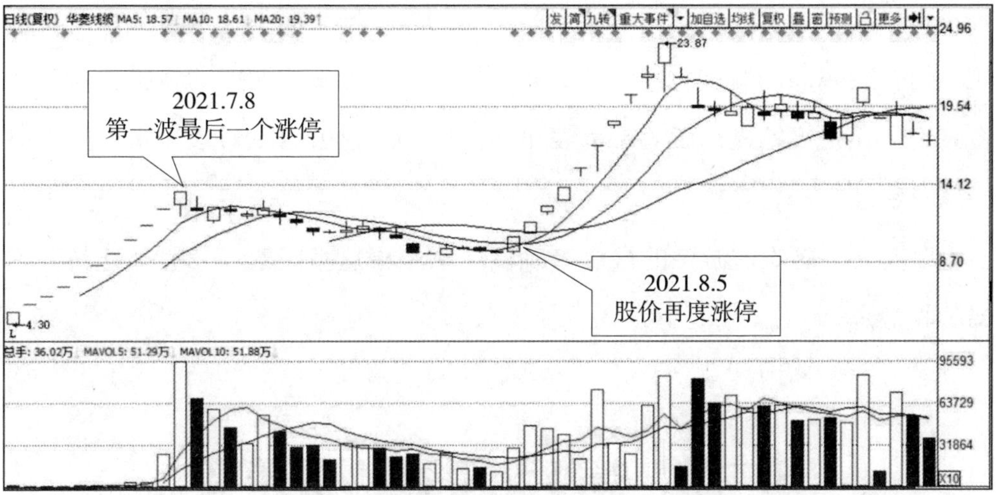

图3-9　华菱线缆（001208）日K线走势图

该股股价经过多日回调之后，成交量已经萎缩至极低的水平。2021年8月5日，该股股价再度强势涨停。复盘观察该股的龙虎榜可以发现一些异常，如图3-10所示。

华菱线缆龙虎榜数据

2021-08-05

日期：2021-08-05 总成交金额：29051.19万元，总成交量：2917.13万股

排序	营业部名称	买入金额/万	占总成交比例	卖出金额/万	占总成交比例	净额/万
买入金额最大的前5名　买入总计 **5241.49** 万元，占总成交比例 **18.04%**						
1	华鑫证券有限责任公司上海分公司	1228.12	4.23%	16.73	0.06%	1211.39
2	中国银河证券股份有限公司绍兴证券营业部	1124.93	3.87%	14.71	0.05%	1110.22
3	中天国富证券有限公司山东分公司	930.43	3.20%	0.00	0.00%	930.43
4	中国银河证券股份有限公司厦门嘉禾路证券营业部	702.26	2.42%	4.40	0.02%	697.86
5	机构专用	524.56	1.81%	255.69	0.88%	268.88
卖出金额最大的前5名　卖出总计 **1476.40** 万元，占总成交比例 **5.08%**						
1	平安证券股份有限公司浙江分公司	369.07	1.27%	387.89	1.34%	-18.82
2	中信证券股份有限公司深圳分公司	163.16	0.56%	305.38	1.05%	-142.22
3	机构专用	524.56	1.81%	255.69	0.88%	268.88
4	平安证券股份有限公司重庆分公司	34.86	0.12%	254.96	0.88%	-220.10
5	东方财富证券股份有限公司拉萨东环路第一证券营业部	164.10	0.56%	236.63	0.81%	-72.54

赵老哥

图3-10　华菱线缆（001208）龙虎榜数据（2021.8.5）

如图3-10所示，从华菱线缆8月5日的龙虎榜数据可以看出，不仅前面提及的华鑫证券上海分公司盯上了华菱线缆，国内顶级游资赵老哥同样看中

了华菱线缆。二者成为龙虎榜买入前两名的营业部，而且几乎没多少卖出金额，这就说明他们对该股走势的认可。考虑该股为上市初期的新股，对于游资来说，无论吸筹还是派筹都需要更多的时间，这就可以对该股未来的走势看高一线。

事实上，喜欢追游资的投资者确实可以考虑这类股票，一般都能获得不错的收益。

第二节　各路游资经典炒作策略

游资的资金量不同，秉持的交易理念不同，其炒作股票的方式和方法也各有不同。概括起来说，游资炒作的核心策略包括这样几类。

一、找热点

挖掘并追随市场热点，永远都是游资最主要的打法。尽管抢到大龙头获利最为丰厚，但由于游资同样也需要分散风险，需要控制单只股票的仓位，这也使得这些游资不得不对整个市场的热点板块进行随时监控。

消息就是游资的生命，游资对各方面消息的追踪和打探可以说是不遗余力。有些游资机构甚至成立了专门的信息部，来了解、处理和分析各方面的信息。同时，一些券商营业部为了留住各大游资机构，也会主动成为游资与上市公司之间的桥梁，帮助游资沟通上市公司，获得所需的信息。很多顶级游资所处的营业部都成了市场传闻与信息的集散地，一些内部传阅的文件或材料，都是属于高度保密的信息，外人花钱也是难以买到的。

在市场消息方面，游资是十分贪婪的。游资机构的侧重点不同，对市场消息的参与度也有所不同：有的游资资金量比较大，因而参与的范围十分广泛，几乎会参与全部的主流题材炒作。有的游资由于资金实力有限，往往喜欢参与一些特定题材的炒作。

1.基本的热点炒作路线

通常情况下，游资对热点题材的炒作基本遵循这样的路数。

第一步，收集信息情报，预判近期可能出现的热点。

第二步，找寻合适的目标股票，即题材要贴切，盘子大小要适中，流通性要好。这里有一点需要注意，每一波行情涨势最好的股票，可能并非是大家认为的题材最接近、受益最大的股票。很多情况下，往往是市场上最受关注的股票才会涨得最好。投资者在追涨热点时，也要考虑这方面的因素，不要按照自己固有的思维去找股票，而要根据市场动向和热点方向来找。

第三步，潜伏资金，静待花开。有时候这种信息可能是上市公司发布的利好消息，有时候也可能是国家相关部委出台的某些政策、规划等。当然，有时候这些游资还可能会利用一些专家、股评家、分析师等人的观点或文章大造舆论，以达到诱导散户追涨的目的。

第四步，拉升股价，观望后再出货。股价被拉升起来后，游资还会根据市场的反应随时调整操盘计划。当市场风向不对时，可能会反手做空，将追涨散户套在半空中，有时也会一气呵成，直接封死涨停板等。若发现自己拉升的股票有成为龙头的潜力时，有些游资可能会直接锁仓，有些则会在股价上升一段距离后抛出一部分。

2.寻找热点板块

游资操作的热点一般涵盖两大类别，即中长期可持续热点与当日盘面热点。

（1）中长期可持续热点。这是需要游资下大力气去研究和分析的领域。事实上，每年的股市中都会有一些贯穿很长时间段的题材热点，如2021年前后的新冠题材、碳中和题材、国产自主可控题材等；2022年的新能源题材、新能源汽车题材等。这些题材都是在相当长的时间内反复被炒作。很多游资都是围绕这些热点进行反复操作，适时进行低吸高抛操作的。

（2）当日盘面热点。除了关注中长线热点题材外，每日盘面的热点也是游资重点关注的方向。游资喜欢通过观察每日涨幅榜，特别是竞价时段的涨幅榜来分析当日盘面热点方向。一般来说，其分析角度包括以下几点。

第一，涨幅榜涨停个股越多，说明大盘越强势，越有利于短线操作。

第二，涨幅榜涨停个股所属的板块越少，说明热点越集中，越有利于短线操作。

第三，一般来说，涨停越早，封板越坚决的股票，越可能是龙头。其后，若板块内其他个股也随之上扬，甚至多只个股先后达到涨停板，则意味着该板块走势较强，甚至有进一步延伸的可能。

第四，若涨停个股很少甚至没有，而跌停股很多，则意味着盘面极为弱势，投资者最好规避风头，不要入场交易。

二、抢龙头

一波行情起来后，最终只会塑造一到两只大龙头股，这只龙头股就是这一波段炒作的风向标，板块内其他个股的炒作都会看这只龙头股的眼色。前面曾经提过，很多游资在入场时并不能确认自己持有的股票是否能够成为一波行情的大龙头，因而当行情演绎几个交易日后，真正的大龙头现身时，很多先前没有介入的游资就会入场抢筹。

当然，按照游资的操盘理论，真正持续性较好的大龙头，并非是那种一开始就天天一字板的股票，而是上升初期每天都有入场和离场机会的股票。只有这样，游资才能产生接力效应，才有成为大龙头的可能。在游资的意识中，所谓的龙头股，都是股价连续三个交易日以上涨停后才能看出来的，其实这时候是很多投资者因畏惧高点而不敢介入的时刻，这就是普通散户与游资最大的差距。不过，这并不意味着抢入这类股票有多安全，事实上，很多游资抢入股票的仓位都不是很大。

比如，龙虎榜上的常客赵老哥抢入很多股票涨停板的资金额度也就两三千万元的水平，除非特别看好的股票才会过亿。对于散户而言，这个资金量已经很大了，但对于这些顶级游资来说，这个资金量可能连总仓位的5%都不到。说到这里，大家应该明白游资是如何控制亏损或回撤的了吧。很多时候，这些游资并不按照个股股价回调几个点作为止损点，而是通过仓位控制来回避风险的。你想想，一只股票的总仓位不到5%，即使股价下跌幅度有多大，也不会对总资金产生太大的影响。普通散户在操盘时总是会一时冲动全仓介入，一旦出现判断错误，就要全仓被套，这种情况下，他还敢抢龙头吗？这就是差别。

当然，抢龙头也并不是看见有三板以上股票就可以抢，还要考虑当时概念的发酵程度。最简单的方法是看涨幅榜上该热点板块内涨停个股的数量、板块整体涨幅情况等。只有整个板块涨停个股数量增加并且关联的领域不断被挖掘，才能说明这个概念还将延续，这时候才能考虑抢大龙头的情况。

比如，2021年超级大牛股九安医疗就是这种情况。2021年下半年，新冠疫情愈演愈烈，很多国内医疗器械公司生产的新冠检测产品通过了美国相关部门的认证与许可后，开始在美国市场销售，于是新冠检测概念成为当时的热点概念，九安医疗成为市场的热门品种。

如图3-11所示，九安医疗的股价自2021年11月11日起开始启动了上升走势。11月15日、16日，该股更是连续两个交易日涨停，开始显现龙头特色。11月16日，九安医疗的龙虎榜上出现了很多顶级游资的身影，如图3-12所示。

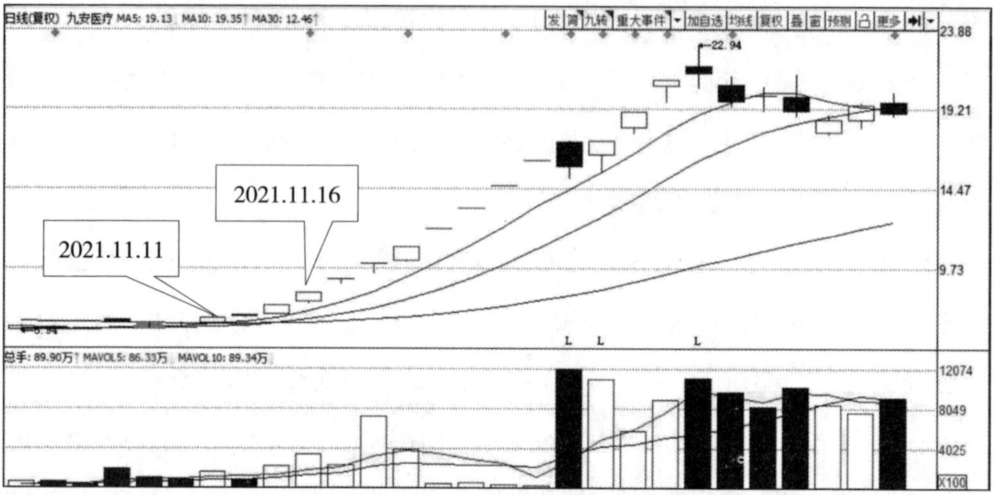

图3-11　九安医疗（002432）日K线走势图

九安医疗龙虎榜数据

2021-11-16

日期：2021-11-16 总成交金额：48323.25万元，总成交量：6317.40万股

排序	营业部名称	买入金额/万	占总成交比例	卖出金额/万	占总成交比例	净额/万
买入金额最大的前5名 买入总计 **9342.70** 万元，占总成交比例 **19.33%**						
1	中国中金财富证券有限公司厦门湖滨东路证券营业部	2297.23	4.75%	0.00	0.00%	2297.23
2	华泰证券股份有限公司浙江分公司	1464.03	3.03%	0.78	0.00%	1463.25
3	华鑫证券有限责任公司上海分公司	1438.34	2.98%	13.79	0.03%	1424.55
4	浙商证券股份有限公司绍兴解放北路证券营业部	1411.85	2.92%	1.55	0.00%	1410.30
5	东方财富证券股份有限公司拉萨东环路第一证券营业部	978.26	2.02%	202.72	0.42%	775.54
卖出金额最大的前5名 卖出总计 **3876.88** 万元，占总成交比例 **8.02%**						
1	粤开证券股份有限公司南通工农路证券营业部	0.00	0.00%	1013.88	2.10%	-1013.88
2	财通证券股份有限公司杭州九堡九乔街证券营业部	812.81	1.68%	867.89	1.80%	-55.07
3	广发证券股份有限公司珠海柠溪路证券营业部	0.33	0.00%	710.28	1.47%	-709.95
4	中国银河证券股份有限公司厦门嘉禾路证券营业部	683.03	1.41%	693.45	1.44%	-10.41
5	招商证券股份有限公司深圳招商证券大厦证券营业部	256.81	0.53%	372.55	0.77%	-115.74
买卖净差：**5465.82**万元						

图3-12　九安医疗（002432）龙虎榜（2021.11.16）

在11月16日的龙虎榜上，国内顶级游资赵老哥常用的营业部浙商证券绍兴解放北路、华泰证券浙江分公司的席位双双进入买入榜前两位，说明该只股票已经显露了龙头本色。赵老哥笃定该只股票未来还拥有较大的上升空间，于是率先开启了抢龙头之路。

此后，该股股价一路狂飙。

三、玩接力

游资接力一般只发生在热点板块，以大龙头和次级龙头为主。游资愿意参与接力的股票，肯定是其非常看好的、特别具有上涨潜力的股票。

这是一个让散户十分不理解的形态。游资参与接力，就意味着后进入的游资要接盘前面进入的游资，此时股价已经被大幅拉升，介入的风险可想而知。不过，从股市实践来看，愿意接力买入的游资还是挺多的。

参与接力的游资包括以下两类。

第一，持续看好热点板块以及龙头股。

这是游资继续抢筹和参与接力的基本依据。一般来说，只要板块热度还维持在很高的程度，龙头股依然后劲十足，每日的热搜排名仍能高居前三名，就说明仍有很多场外资金在关注这只股票，该只股票的上攻动力和情绪仍然可以维系股价的继续上行。如果游资发现龙头股仍有大量的利好消息有待公布，与此同时盘面上的其他热点较少，市场更容易将所有注意力聚焦于这只股票。

凡此种种，共同促成了游资对高价龙头股的接力。通过这种接力，更易引爆市场情绪，让更多散户入局。

第二，游资自导自演剧情，以骗取散户入局。限于监管规定，很多游资都使用了“马甲”。游资通过自买自卖的方式让股价持续涨停，这是很多“妖股”后期为了寻找“接盘侠”采取的策略。这种方式形成的涨停，一旦涨停结束，股价很可能会大幅下跌。

四、跟风走

板块热度起来后，尽管很多游资都想去抢龙头，但龙头只有一个，有的能抢到，有的抢不到，而且游资资金量比较大，除了龙头股外，他们还需要找新的目标股票，这时与龙头股有关联的同板块股票甚至延伸板块，都可能成为游资攻击的重点。这也是龙头股起涨后，其他相关个股也会同步起涨的原因。

相对而言，这些跟风板块具有如下几个特点。

第一，这些跟风板块多会看龙头股的眼色，在龙头起涨后跟随起涨。有些走势较强的个股可能也会封上涨停板，那些相对较弱的个股，可能只是象征性地拉升后就会回落。投资者需要避开这类走势较弱的股票。

第二，相对于龙头板块，跟风板块的涨幅不大，但跌幅不一定会小，这一点投资者要清楚。龙头股涨幅大，跌幅不一定是最大的。所以在很多游资眼中，龙头股才是相对安全的操盘标的，跟风股票则不一定安全。

第三，市场上跟风股票的数量以及涨幅，也可以帮助投资者判断热点的持续情况。若跟风股票较多，且涨幅较高，则说明板块热度较好，未来有望进一步持续；反之，若跟风股票越来越少，且涨幅越来越小，则说明市场对该热点反应一般，投资者不宜再介入。

比如，在2022年4月15日盘中，“东数西算”概念被大幅炒作，东数西算的龙头股美利云在盘中直线拉升，如图3–13所示。

从图3–13中可以看出，美利云的股价在2022年4月15日开盘后曾经有一波冲高，之后出现回落，其后分时线一直处于横向盘整走势中。

11:20，美利云的分时线拐头向上直线拉升，此后经过一波振荡后再度向上拉升。13:58，分时线封上了涨停板。

美利云拉升的同时，东数西算板块内的其他个股也跟随出现了上冲走势。有些上涨的势头明显要弱于美利云，比如奥飞数据。如图3–14所示。

从图3–14中可以看出，在东数西算龙头美利云的带领下，奥飞数据自11:21开始直线拉升，不过最终拉升的幅度要远远小于美利云。

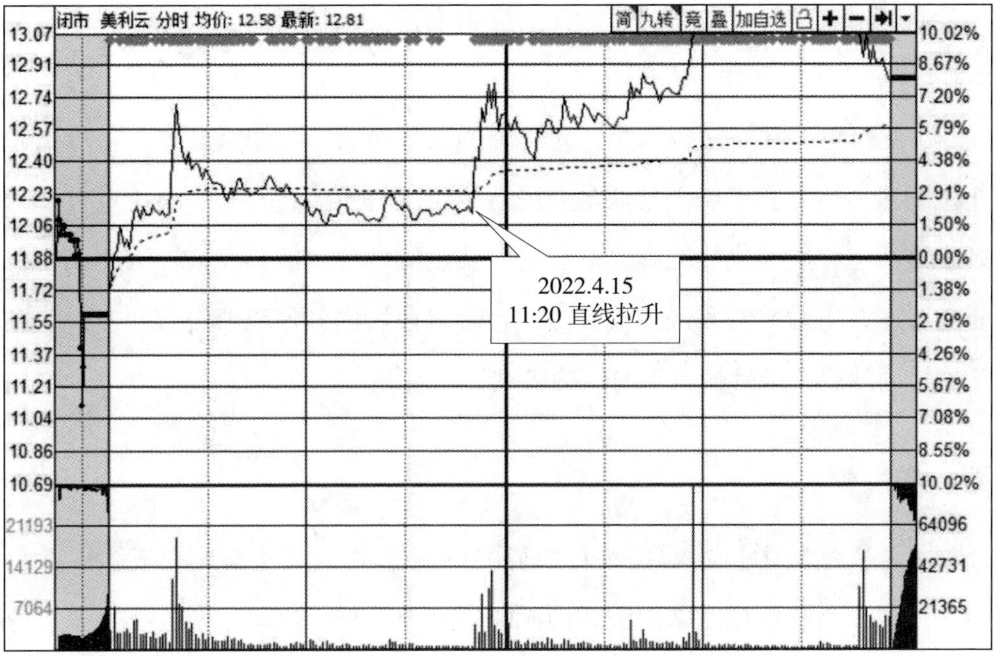

图3-13　美利云（000819）分时走势图（2022.4.15）

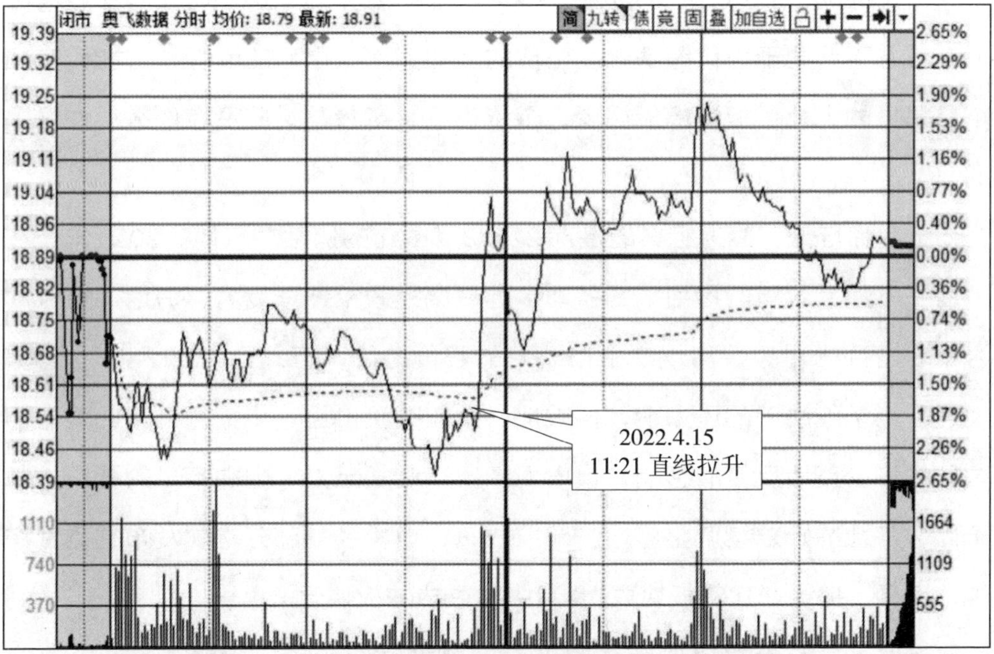

图3-14　奥飞数据（300738）分时走势图（2022.4.15）

临近收盘时段，在美利云炸板的影响下，奥飞数据的股价又出现了一波下跌。

由此可见，在一波行情中，龙头股的走势要远远强于跟随者。不过，龙头股的强势也需要板块内其他各只股票的协同与支撑，若一个板块只有一两只股票涨停，则板块热度难以持续，龙头股的地位也很难保证。因此，在有些情况下，主力游资攻击龙头股时，也会对板块内其他股票进行冲击，以便产生协同效应，维持板块与龙头的热度。

五、做反弹

在游资领域中，其实是没有搏反弹的概念的，只是当某一板块深跌之后，存在强烈的价值回归需求，而此时恰好有一把火烧了一下，于是一波行情就此点燃了。

也就是说，反弹之所以发生，游资追求的更多的是某一内在起涨逻辑出现，这并不等同于股价深跌之后出现的反弹。深跌之后的反弹，可能会有几个交易日的上升，但涨停板很少，游资也不愿意参与这些没有什么炒作缘由的反弹。

做反弹行情，最为经典的是2022年3月中旬的房地产行情。2021年，在“房住不炒”政策的指引下，各地房地产调控政策逐渐发力，房地产企业成为首要的冲击对象，房地产上市公司的股价持续下行。到了2022年，在房地产“三条红线”的压力下，各大地产企业的股价进一步下行。与此同时，国民经济受疫情反复的影响，也出现了出口增长乏力、内需不足的情况。基于此，各地开始陆续调整房地产调控政策，放松了一部分之前发布的监管措施，于是，房地产建筑板块成为3月中旬最热的板块之一。

当然，从整个投资逻辑角度来看，更可以看清这一问题。长期以来，国民经济发展主要是靠“三驾马车”推动的，即出口、需求与投资。受疫情影响，出口和需求双双增长乏力，此时就剩下唯一一个可依赖的领域，即投资。房地产投资历来是国民经济发展的基础和支柱之一，在这种情况下，很多游资机构已经率先预判到了房地产政策的调整，于是纷纷入场抢筹房地产股票。在房地产板块热炒行情中，阳光城成为其中的大龙头之一。

如图3-15所示，阳光城的股价经历了相当长时间的下跌后，在诸多利好地产消息的刺激下，3月17日早盘高开高走，强势封上涨停板。

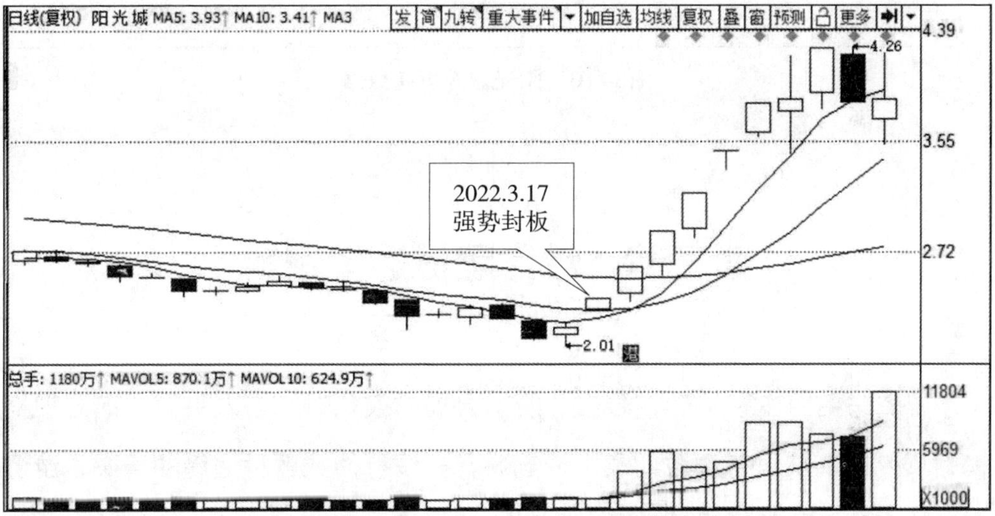

图3-15　阳光城（000671）日K线走势图

此后该股连续多日上攻，并多次封上涨停板。从该股的走势上也能够看出，这属于典型的游资打法，而且阳光城就是此波段房地产股票的大龙头。3月21日，阳光城强势登上了龙虎榜，如图3-16所示。

从图3-16中可以看出，在阳光城的这波拉升行情中，湖州劳动路、宁波解放南路等国内顶级游资都参与到了该股的炒作。这也说明为房地产松绑并非某一游资的独家观点，而是在圈内形成了某些共识，也是国民经济面临下行风险时的必然选择。

阳光城龙虎榜数据
2022-03-21

日期：2022-03-21 总成交金额：268601.36万元，总成交量：102542.31万股

排序	营业部名称	买入金额/万	占总成交比例	卖出金额/万	占总成交比例	净额/万
买入金额最大的前5名 买入总计 **22657.50** 万元，占总成交比例 **8.44%**						
1	华鑫证券有限责任公司深圳分公司 湖州劳动路	8424.06	3.14%	3008.85	1.12%	5415.21
2	深股通专用	4548.86	1.69%	14961.20	5.57%	-10412.34
3	东亚前海证券有限责任公司深圳分公司	3693.17	1.37%	11.94	0.00%	3681.23
4	中国国际金融股份有限公司上海分公司 量化基金	3050.29	1.14%	2819.04	1.05%	231.25
5	光大证券股份有限公司宁波解放南路证券营业部 宁波解放南	2926.01	1.09%	43.39	0.02%	2882.62
卖出金额最大的前5名 卖出总计 **29935.52** 万元，占总成交比例 **11.14%**						
1	深股通专用	4548.86	1.69%	14961.20	5.57%	-10412.34
2	机构专用	0.00	0.00%	5902.51	2.20%	-5902.51
3	海通证券股份有限公司深圳金田路证券营业部	15.11	0.01%	3188.61	1.19%	-3173.50
4	华鑫证券有限责任公司深圳分公司	8424.06	3.14%	3008.85	1.12%	5415.21
5	中国国际金融股份有限公司上海分公司	3050.29	1.14%	2819.04	1.05%	231.25

买卖净差：**-7278.03**万元

图3-16　阳光城龙虎榜数据

第三节　炒作题材选择逻辑

游资与主力庄家不同，游资一般不会提前很长时间潜入股票，而是根据题材展开的情况进行推波助澜。说到底，一波行情或题材演绎的情况，游资自身也不清楚能够推进到何种程度，也要根据市场情况和散户情绪的变化及时进行调整。从这一点上来看，游资的临场应对能力、交易纪律的执行能力都是十分出众的。当然，这并不意味着游资不会仔细选择炒作标的，事实上，游资在选股时都有其各自的基本逻辑。

一、题材：旧不如新

旧题材不如新题材。游资大佬赵老哥曾说：新题材就是印钞机。新题材是指那些在市场上没有经过炒作，没有被深度挖掘的题材。

这些题材具有这样几个特点。

第一，之前没有被提及，这些新题材就拥有了更大的炒作空间，因而游资都愿意参与炒作。

第二，由于属于新题材，自然会有更大的想象空间。

第三，新题材必然有更多待挖掘的领域或板块，这就为其他游资提供了炒作机会。

当然，新题材的炒作同样也伴随着风险。新题材炒作的风险来自于以下几个方面。

第一，题材热度不及预期，没有得到很好的发酵。通常情况下，游资会在消息正式出现前介入个股，消息出现后，游资借势推动股价上攻。其后，其他各路游资也会争相涌入新题材，散户也会追涨入场。但是若题材热度不及预期，这些游资就无法顺利出货，最后可能不得不割肉离场。

第二，市场环境突变。比如国际地缘政治冲突或者其他突发事件，导致整个市场充满恐慌，此时就没有散户或资金愿意入场接盘，这些新题材也就缺乏继续向上炒作的基础。

第三，新题材的延展性与持续性不及预期。新题材要想在市场上立足，一方面需要树立一个超级大龙头，吸引足够的关注度；另一方面还需要对题材相关的板块或概念进行深度挖掘。两个方面缺一，都无法达到预期的炒作效果。

下面来看一下元宇宙概念的炒作情况。

元宇宙是利用科技手段进行链接与创造的与现实世界映射和交互的虚拟世界，具备新型社会体系的数字生活空间，此前一直存在于影视作品里的概念，如今成为市场关注的热点。

元宇宙概念横空出世，由此市场上掀起了一波“元宇宙”概念的炒作热潮。

2021年3月份，元宇宙概念第一股罗布乐思（Roblox）在美国纽约证券交易所正式上市；2021年5月份，Facebook表示将在5年内转型成为一家元宇宙公司。不过此时A股市场上并未出现关于元宇宙的炒作行情。

2021年9月6日，中青宝微信公众号披露：中青宝致力打造一款能映射玩家内心世界到元宇宙的模拟经营类游戏，将虚拟世界的体验感做得更真实。在这种发展大趋势和实现元宇宙所需技术完备的前提下，《酿酒大师》有了强势入局元宇宙游戏之势。

由此，A股市场的“元宇宙”概念横空出世。由于国外市场已经有很多大型互联网公司介入元宇宙领域，因此该概念一经出现，就引发了市场的疯狂追捧，中青宝在2021年9月6日强势涨停。

如图3-17所示，中青宝在发布介入“元宇宙”的消息后，该股股价直线封上涨停板，此后股价连续大涨。不过，由于此时中青宝并不符合登上龙虎榜的条件，所以投资者无法判断哪路游资已经入场。到了9月8日，中青宝登上龙虎榜。

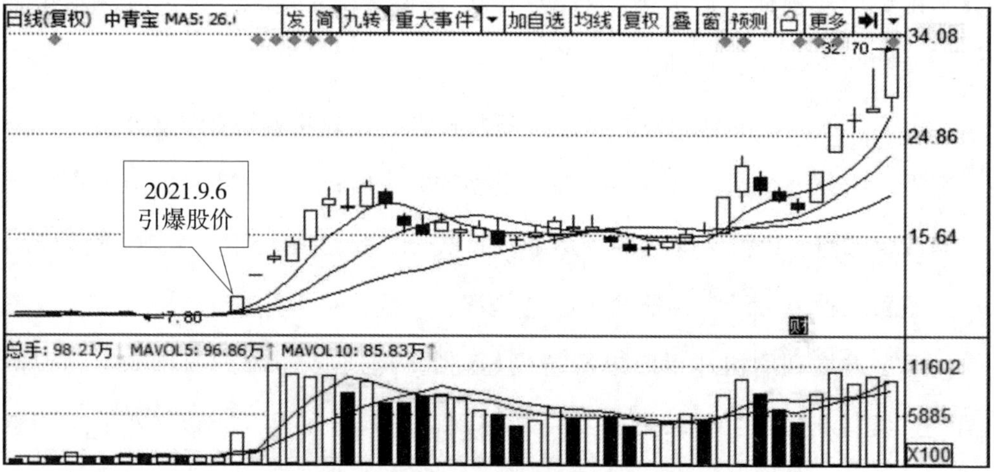

图3-17 中青宝（300052）日K线走势图

如图3-18所示，中青宝在2021年9月8日登上龙虎榜。从该龙虎榜上看到了“华鑫证券上海分公司”这个自2021年开始风光无二的游资席位。9月9日，国内顶级游资席位“中信证券上海粟阳路”同步追涨进入龙虎榜买盘第一位。

中青宝龙虎榜数据

2021-09-08

日期：2021-09-08 总成交金额：57835.84万元，总成交量：5830.63万股

排序	营业部名称	买入金额/万	占总成交比例	卖出金额/万	占总成交比例	净额/万
买入金额最大的前5名　买入总计 **16942.19** 万元，占总成交比例 **29.29%**						
1	财通证券股份有限公司杭州上塘路证券营业部	6258.30	10.82%	0.00	0.00%	6258.30
2	华鑫证券有限责任公司上海分公司	2546.15	4.40%	88.10	0.15%	2458.05
3	国金证券股份有限公司上海浦东新区梅花路证券营业部	2465.41	4.26%	11.54	0.02%	2453.87
4	中国中金财富证券有限公司无锡人民中路证券营业部	2038.67	3.52%	5.49	0.01%	2033.18
5	宏信证券有限责任公司西昌月海路证券营业部	1699.07	2.94%	0.98	0.00%	1698.09
卖出金额最大的前5名　卖出总计 **2901.03** 万元，占总成交比例 **5.02%**						
1	中信证券股份有限公司北京紫竹院路证券营业部	1204.12	2.08%	740.77	1.28%	463.35
2	湘财证券股份有限公司台州祥和路证券营业部	726.98	1.26%	603.25	1.04%	123.73
3	华泰证券股份有限公司江阴福泰路证券营业部	3.48	0.01%	532.33	0.92%	-528.84
4	中国中金财富证券有限公司中山小榄升平东路证券营业部	0.00	0.00%	492.00	0.85%	-492.00
5	申万宏源证券有限公司上海黄浦区新昌路证券营业部	0.00	0.00%	426.56	0.74%	-426.56
买卖净差：**14041.16**万元						

图3-18　中青宝（300052）龙虎榜数据（2021.9.8）

此后，元宇宙概念在市场上愈演愈烈，掀起了多轮炒作热潮。对于较早入场的游资来说，这一概念确实是他们的“印钞机”。

二、盘子：大不如小

相对于散户，游资确实具有很大的资金优势，但面对主力庄家，游资的资金量也并不是很大。特别是目前的A股市场，很多上市公司的市值动辄上千亿，游资的资金量相比上市公司体量并不是很大的，因此，游资选择炒作标的时肯定会对股票的盘子（市值大小）有所考虑。与盘子一起考量的还有流通性的问题。

一般来说，游资考虑盘子大小时，比较关注这样几点。

第一，盘子相对较小。这里的盘子主要指的是股票的流通盘而非总股份数。大盘股往往有大量的主力基金和庄家驻守，游资很少参与这类股票。但游资挑选的股票，也并非盘子越小越好。若盘子过小，流通性可能就会不足，这样游资进去拉升之后，很可能短期内找不到接盘的，自己就炒成了股东，这并不是游资想要的效果。因此，盘子的大小肯定要适中，这里的“适

中"，主要是在考虑游资自己实力水平的前提下定义的。一个只有几千万资金的游资和十几亿资金的游资，所选的盘子肯定是不一样的。

第二，流动性要好。回顾一下之前讲解的几只游资拉升的股票就可以发现，这些股票的流动性极佳，在拉升后期，每日换手率高达20%以上，这样游资想要进出就会变得很容易。大家需要清楚一件事，游资炒作股票的主要目标是盈利，是能够兑现的盈利，而不是将股价拉升至高位。其实，对于这些游资来说，将股价拉升起来相对比较容易，但如何才能出局才是关键的。

什么样的股票流动性好？就是市场上的那些热门股票。对于一些游资来说，股票流通性的重要性甚至要高于盘子的大小。

比如国内顶级游资赵老哥曾经买入过万科A。按说万科A的盘子可是相当大了，游资一般是不碰的，但由于赵老哥这边的资金量很大，进出很多股票并不容易。当万科A成为市场的热门股票时，操作万科A就相对容易一些。尽管盈利的幅度相对其他小盘股可能少一些，但由于资金量大，小幅盈利也能获得不错的绝对收益。

同理，一些大牛股即使一波上攻结束，股价也不会很快下跌，而是出现较长时间的横向盘整，这时先前介入的游资就可以从容撤出。另外一些股票即使短线出现了暴涨，但很快又跌回来了，由于在高位持续时间过短，就会有很多游资困在其中。也就是说，不仅散户不喜欢这类股票，就是游资也不喜欢这类股票。

总之，一般来说，游资还是比较偏好流通市值在50亿元左右的股票。市值过低，容易造成流通不畅，市值过高，游资拉升也有困难。

比如，2022年4月初的化肥股票行情中，六国化工与云天化同属于化肥板块，云天化无论业绩还是知名度均要高于六国化工。不过，游资还是将六国化工作为主要的拉升对象。下面来看一下二者的走势情况，如图3-19、图3-20所示。

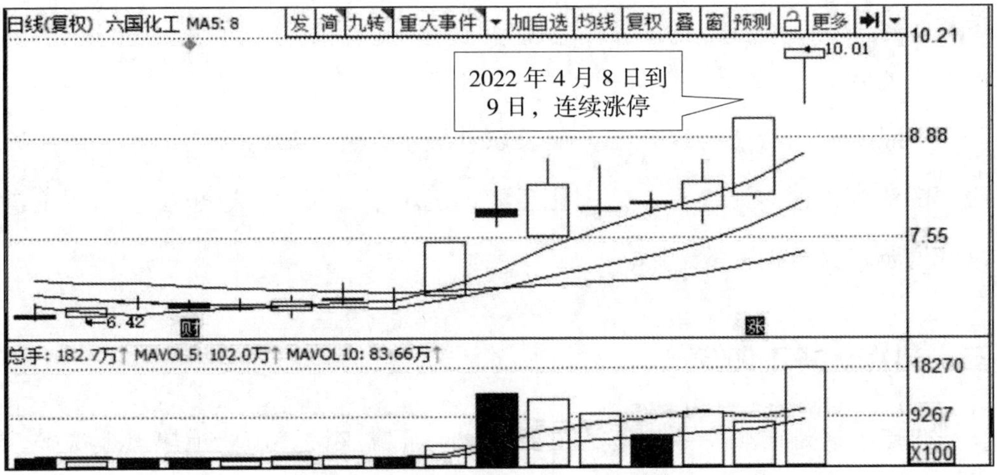

图3-19　六国化工（600470）日K线走势图

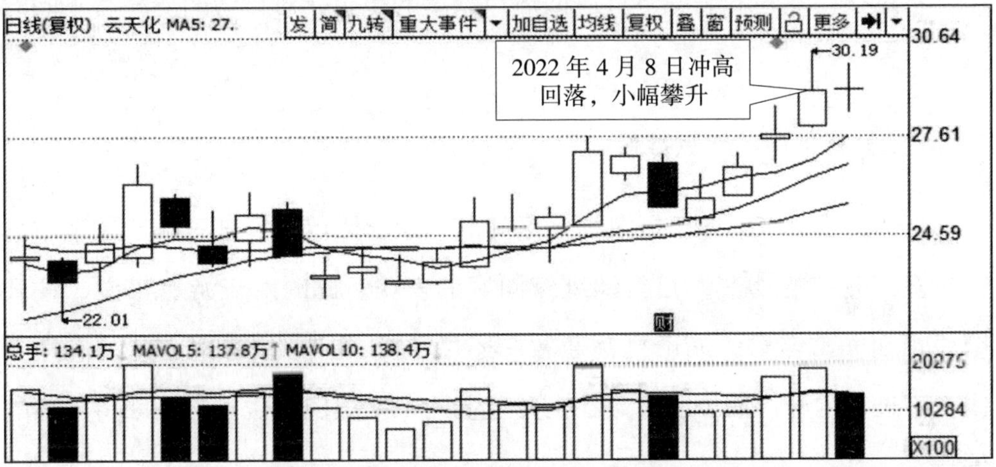

图3-20　云天化（600096）日K线走势图

通过图3-19与图3-20的对比可知，在2022年4月8日之前，六国化工与云天化的走势基本相近。不过，4月8日，在化肥股走强的刺激下，六国化工强势涨停。与此同时，云天化的股价冲高回落，次日更是平收。从二者走势的对比来看，六国化工显然就是游资眼中的“菜”。

其实，对比二者盘子的大小，就可以发现其中的端倪。截至2022年4月11日，六国化工的总市值为52.21亿元（全部都属于流通股），其中大股东持股25%左右。截至2022年4月11日，云天化的总市值为528.4亿元（其中流通市值为493.6亿元），其中大股东持股在44%左右。

一般来说，若无特殊公告，大股东一般不会轻易减持股票。从上述两只股票的流通市值对比来看，六国化工要远远小于云天化，这也是六国化工常常成为游资目标猎物的原因。

三、热点：多不如少

热点板块是市场资金追逐的主要对象。通常来说，市场上热点板块多，说明资金参与炒作的热情较高，是行情看涨的信号；反之，则说明行情不佳。不过，在不同的情况下，盘面热点数量的多少，对行情的演绎有不同的意义。

1.上升行情中的热点数量

第一，整个市场处于振荡上升区间时，盘面热点多，则意味着整个市场存在多点开花的情况，是行情继续向好的表现。此时对于游资来说，拉升个股也会非常容易。无论是普通散户还是游资，都比较容易在此期间挣到钱。不过，这种行情一般都是在上升行情的末期出现，也是行情即将见顶的信号。

第二，若市场处于振荡上升区间，盘面热点较少，则说明整个市场的资金是围绕若干主题展开的，这种走势比较容易延续，后市向好的概率更大。对于游资来说，这种走势更加有利于操作。由于热点题材相对较少，游资拉升个股时，容易引发其他投资者的追捧，这也是游资最喜欢的一种情况。很多游资大佬常说，他们最害怕的不是盘面热点少，而是太多了。热点题材一多，势必会分散散户的注意力，就难以聚拢人气，不利于出货。

2.下降行情中的热点数量

第一，在下降行情中，若出现热点数量众多的情况，则说明各个热点的延续性极差，且热点轮动较快。也就意味着，无论是散户还是游资，参与这类行情都很难挣到钱。游资也不喜欢这类行情。

第二，在下降行情中，若出现热点数量较少的情况，也是游资可以接受的，甚至是最喜欢的一种情况。由于市场处于下行状态，若游资连续拉升某只股票，势必会受到整个市场的关注，这就比较有利于游资聚拢人气。当然，这种下降行情也不能是暴跌行情，否则就没人敢入场接盘了。

四、时机：把握要恰当

游资与散户相似，在拉升个股前，也需要对介入时机进行研判。通常来说，介入时机不正确的话，可能为游资带来以下几方面风险。

1.介入过早

尽管游资不会像主力庄家那样提前很长时间介入个股，但一般也会比普通散户早一步得到相关消息面的信息，因此，很多游资会提前埋伏在一些个股中。不过，过早介入个股同样会面临很多风险。

第一，消息面发酵不达预期，市场关注不达预期。

第二，由于某些特殊原因，预期的利好消息没有兑现，游资就可能无法全身而退。

第三，因其他事件或原因，导致利好消息兑现后盘面情况出现变化，市场热点和焦点转移，游资无法凝聚散户的注意力。

2.介入过晚

在这一点上，游资与散户也比较相近，介入过晚，游资也可能成为“接盘侠”。不过，游资介入过晚，情况与散户还有所不同。

游资介入过晚，主要是指游资介入后，外围投资者的情绪发生了改变，游资无力继续向上拉升股价，或者拉升股价时跟风买入者少，卖出盘增加，因此，游资不得不改变原有的操作思路，投子认输。

一些顶级游资在介入操作股票时，往往会采取初期广撒网、后期重点捞鱼的操作策略。也就是说，在大牛股形成前，游资也不确定哪只股票可能成为一波行情的大牛。因此，在具体介入个股方面，游资往往会采取以下策略。

首先，在消息面信息发酵前，游资不能确认行情的主要攻击方向时，会考虑在可能的方向上布局一些个股，但仓位都不会太重。很多游资在一波行情的初期可能会介入多只股票，而后再根据行情演绎情况适当调整持仓。

其次，行情展开后，一般三个交易日左右，市场上的龙头股就可能渐渐显露出“真面目”，这些游资才会以相对较多的资金抢筹龙头股票。

第四章 游资经典做盘模式

尽管游资操盘时并不会按照技术分析方法或理论来运作股票，但出于外界环境的限制或隐蔽踪迹、引诱散户等需要，在盘面上总会留下一些比较经典的形态。顺着游资留下的这些蛛丝马迹，投资者可以追踪到游资的踪迹，透析其操盘策略。

第一节　经典启动形态

游资在大幅拉升股价前，总会有一些或吸筹、或洗盘的动作，这些动作又会在盘面上形成经典的启动形态。

一、增强版上升三法

上升三法是K线上升形态中非常经典的一种。经典的上升三法，一般由两个中到大阳线和三根小阴线组成，三根小阴线属于上升途中的洗盘形态。增强版上升三法，一般由两根光头大阳线（后一根应为涨停阳线）和两到四根小阴（阳）线组成，且这几根小阴线或小阳线多为带长上下影线的小实体K线。如图4-1、图4-2所示。

增强版上升三法属于典型的看涨信号，通常是主力游资在拉升前清洗浮筹常用的方法，是非常强烈的看涨信号，次日股价存在进一步挑战高点，甚至走出涨停板的可能。

增强版上升三法的形态特征如下。

第一，前后两个交易日的涨停阳线是主力游资进攻的信号，也是坚决做多的一种态度，只是最后一根涨停阳线未必会给散户太多的入场时间，许多游资还喜欢在盘中搞个偷袭。

第二，中间洗盘的长上下影线阴线与阳线实体大小并不重要，数量一般为两根到四根，有时可能会更多一点，这并不影响形态的成立。通常情况下，这几个交易日股价的波动幅度会非常大，目的就是将意志不坚定的散户吓退。

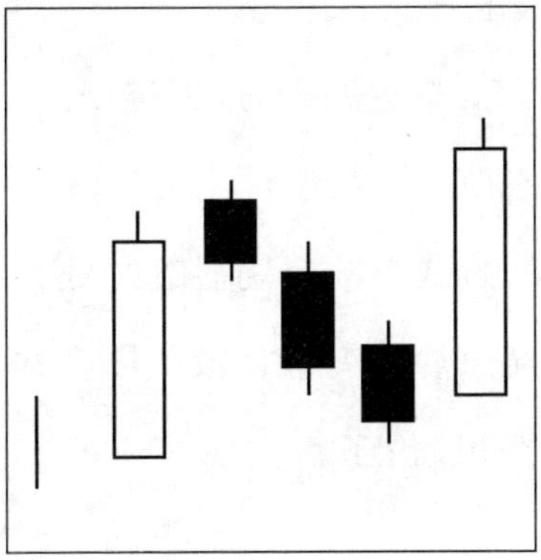

图4-1　上升三法

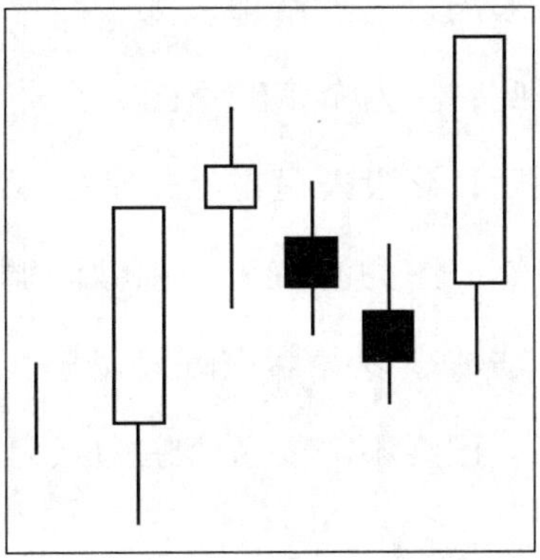

图4-2　增强版上升三法

第三，最后一根光头阳线是整个形态成立的关键，这根阳线必须以涨停板收盘。

下面来看一下中岩大地的走势情况。

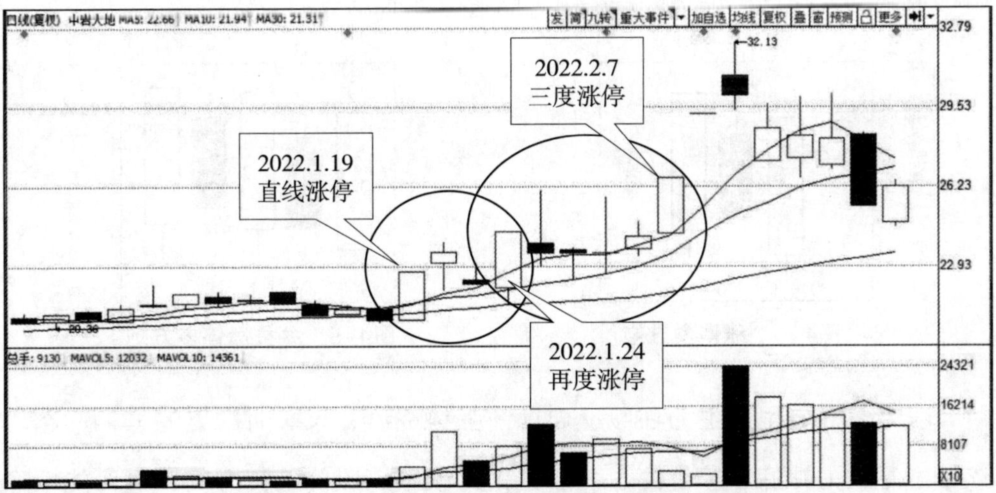

图4-3　中岩大地（003001）日K线走势图

如图4-3所示，在基建热炒的背景下，2022年1月19日，中岩大地强势涨停。其后两个交易日，该股股价出现强势振荡。1月24日，该股股价再度涨停，增强版上升三法形态正式成立。

不过此后该股股价并未出现大幅上升，而是重新进入调整区间。2月7日，该股股价三度涨停，即二度形成增强版上升三法形态。

至此，主力游资的意图已经非常明显，即继续拉升，别无选择。

此后，该股先是封上一字板，接着又来了一次冲高。

当然，主力游资采用涨停回调再涨停的方式有一个明显的好处，即可以避开龙虎榜，以免暴露踪迹。毕竟，在基建热炒行情下，板块热度本身就比较高了，已经不需要游资主力亲自现身来带动股价了。

二、涨停多方炮

涨停多方炮，本质上也是多方炮形态。涨停多方炮是多方炮形态中看涨意义更强的一种形态，由两根涨停大阳线和一根大到中阴线共同组成。有时涨停多方炮还会出现一种变形，即叠叠涨停多方炮，由三根涨停大阳线夹杂着两根中到大阴线组成，如图4-4、图4-5所示。

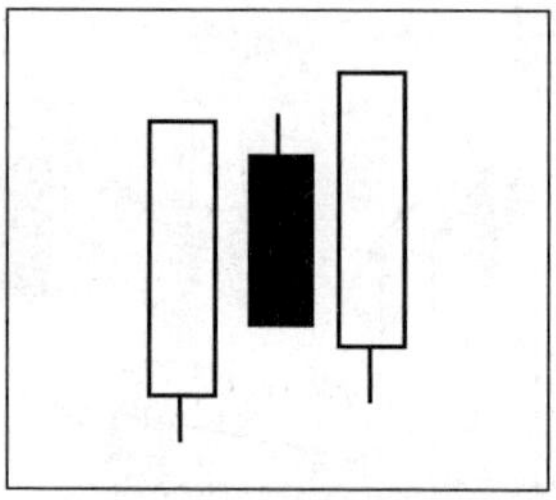

图4-4　涨停多方炮

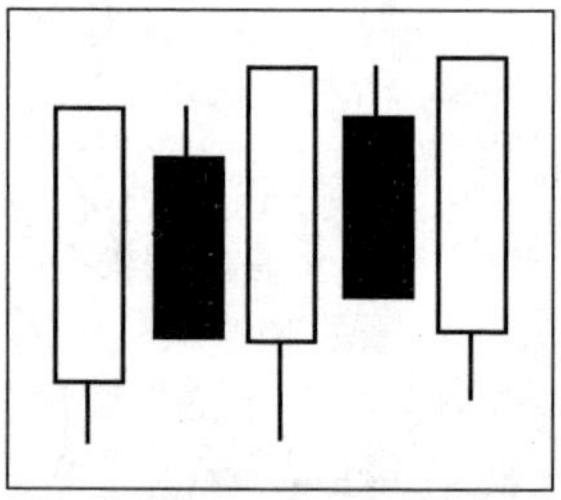

图4-5　叠叠涨停多方炮

涨停多方炮也是主力在股价启动前强势洗盘、吸筹时常见的一种形态。该形态是主力在底部吸筹时，为了让散户摸不清股价运行方向，尽可能地降低持仓成本而采用的急拉与急打相结合的一种建仓方式。无论是拉升至涨停板，还是拼命向下打压股价（有时甚至会出现跌停板），都是为了尽可能地在低位吸到足够的筹码。

该形态的典型特征如下。

第一，出现涨停大阳线，是该形态最主要的特征。

第二，通常来说，股价涨停次日多会惯性冲高，而该形态涨停次日，股价却直接走出了大幅下跌的态势，让前一交易日入场的投资者叫苦不迭。很多人不得不割肉离场，这恰恰是主力游资想要的效果。

第三，涨停多方炮是否会演变成叠叠涨停多方炮，并非是主力游资事先策划好的，而是根据市场环境、手中筹码情况而定的。若整个市场已经相当看好这只股票，主力游资已经掌控了一定数量的筹码，主力就会直接向上拉升，不再向下打压，形成叠叠多方炮；反之，若手中筹码不够，则会继续强势振荡。

下面来看一下栖霞建设的案例。

如图4-6所示，栖霞建设的股价在2022年3月下旬随着基建的走高而出现了上升态势。2022年3月30日，该股股价大幅上攻，其后经历了短暂的调

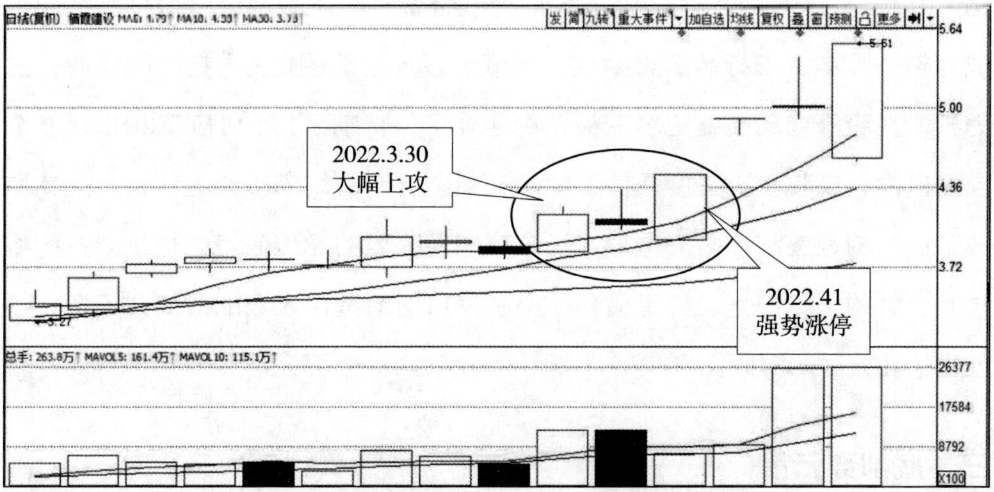

图4-6 栖霞建设（600533）日K线走势图

整。4月1日，该股股价再度强势涨停。至此，涨停多方炮形态正式形成，也意味着股价继续看涨的可能性极高，此后游资主力连续大幅向上拉升股价。

作为数字货币行情的大龙头，恒宝股份的股价在启动前走出了叠叠涨停多方炮形态。

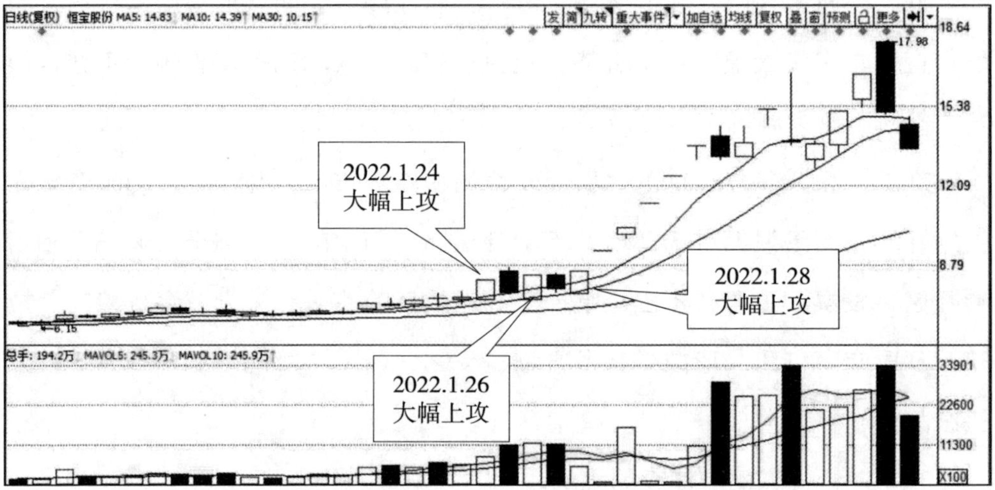

图4-7　恒宝股份（002104）日K线走势图

如图4-7所示，恒宝股份在2021年年底到2022年年初期间出现了一波振荡上升走势。到了1月底，由于数字货币概念被热炒，恒宝股份异军突起，成为整个数字货币行情的大龙头。回顾该股启动前的K线走势可以发现，主力游资在股价启动前就已经积极布局建仓了。特别是1月24日至28日，五个交易日内，该股股价三度涨停，中间又夹杂着两次规模较大的下跌，这就构成了经典的叠叠涨停多方炮形态。该形态为强烈的看涨信号，也是游资即将拉升股价的一个信号。只是最后一个涨停日留给散户入场的时间并不多，可能也就几分钟的时间。

三、底部穿云箭

底部穿云箭是指处于加速下跌趋势中的股价，突然出现一根低位涨停大阳线，且这根大阳线不仅收复了前一根大阴线的跌幅，还同步向上突破了多条短期均线。如图4-8所示。

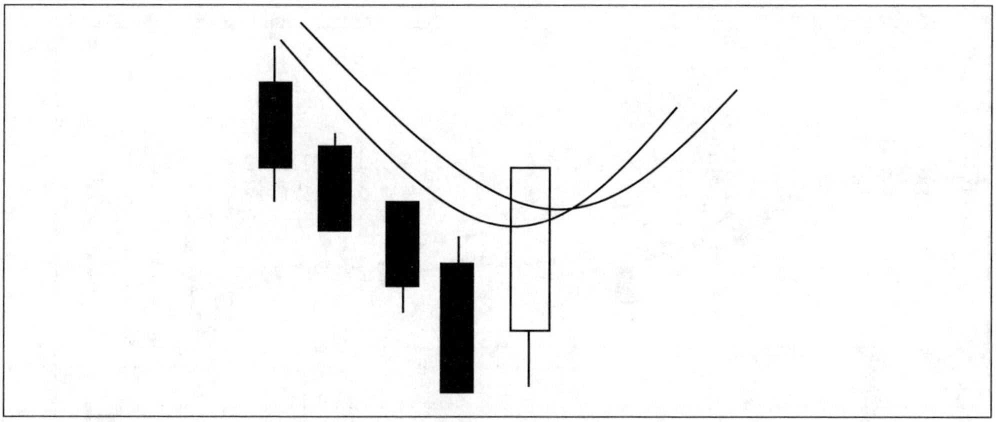

图4-8 底部穿云箭

出现该形态多是由于主力游资借势吸筹后，在利好消息刺激下，行情快速逆转形成的。

正常情况下，若是能够在下跌时段吸筹，肯定是主力最喜欢的事，毕竟这时不但能够吸到大量的筹码，同时还能降低持仓成本。

该形态的典型特征如下。

第一，大阳线出现前，股价处于深度下跌趋势，且下降趋势还有加速态势，这是游资主力要让投资者产生绝望的感觉，迫使其抛出手中的筹码。

第二，大阳线出现前，前一个交易日的大阴线形成时，若成交量出现了大幅放量，则更可印证有大资金入场的可能。

第三，大阳线出现当日，K线同步向上突破多条均线的阻力，说明主力已经开启拉升模式。

下面来看一下宇环数控的案例。

如图4-9所示，宇环数控的股价在2022年4月初呈现了明显的振荡下跌走势。到了4月11日，该股股价下跌加速，在K线图上留下了一根大阴线，成交量相比前一个交易日略有放大。

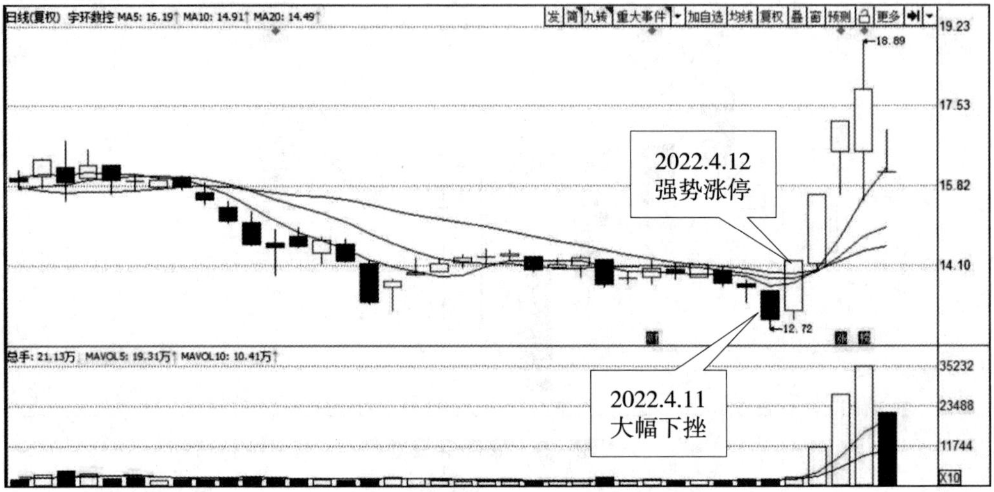

图4-9　宇环数控（002903）日K线走势图

次日，即4月12日，该股股价在工业母机概念热炒的背景下高开高走，强势涨停。

由于工业母机概念在当时并非新概念，因此4月11日的下跌不过是主力游资提前入场时采用打压方式建仓而已。其后有多路游资入场抢筹宇环数控（包括国内顶级游资赵老哥），该股股价也在短期内出现了大幅上攻走势。

四、空中加油

空中加油是指股价在跳空上升后，受到了空头的强力打压，股价K线以阴线报收，成交量同步放大。如图4-10所示。

出现该形态一般由两种情况导致：其一，游资主力吸筹不充分，有必要通过大幅回调振荡完成吸筹操作；其二，游资之间的接力操作，前一波游资获利撤出后，后一波游资进入接力拉升行情。

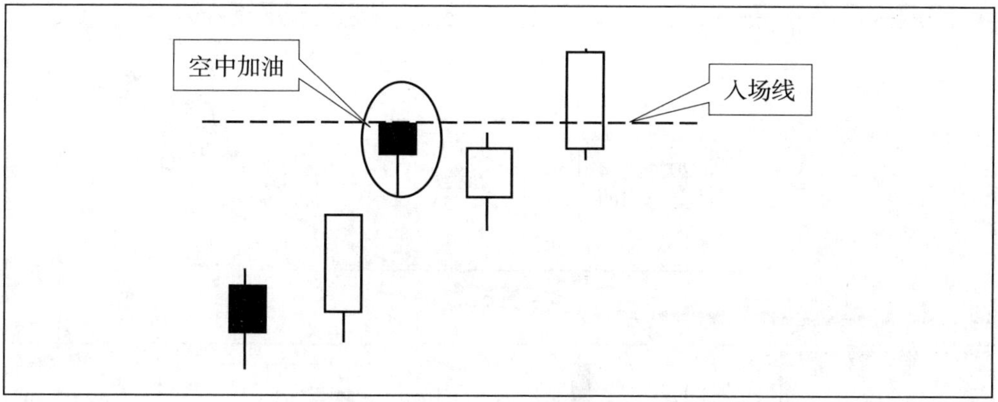

图4-10　空中加油

该形态的操作要点如下。

第一，股价在前一交易日大涨（通常为涨停）的基础上大幅高开后回落，给人一种抛盘众多、股价即将回撤的感觉。

第二，空中加油形态出现当日，成交量通常会比前一交易日放大数倍以上，这属于典型的资金运作痕迹。

第三，空中加油形态出现在股价启动初期，一般为看涨信号。当股价重新向上突破空中加油形态最高点，即为入场信号。

下面来看一下法尔胜的案例。

如图4-11所示，法尔胜的股价经过一段时间的振荡上扬后，于2021年1月12日强势涨停，1月13日更是走出了“一字板”形态，强势尽显。

1月14日，该股股价高开后出现放量走低态势，给人一种主力正在出货的感觉。此时投资者可保持关注，不可轻易入场。作为散户，当时是无法判断游资是出货还是换手接力的。

1月22日，该股股价强势启动，并向上突破了1月14日的最高价，这意味着空中加油形态正式成立，股价未来将会延续上升态势。

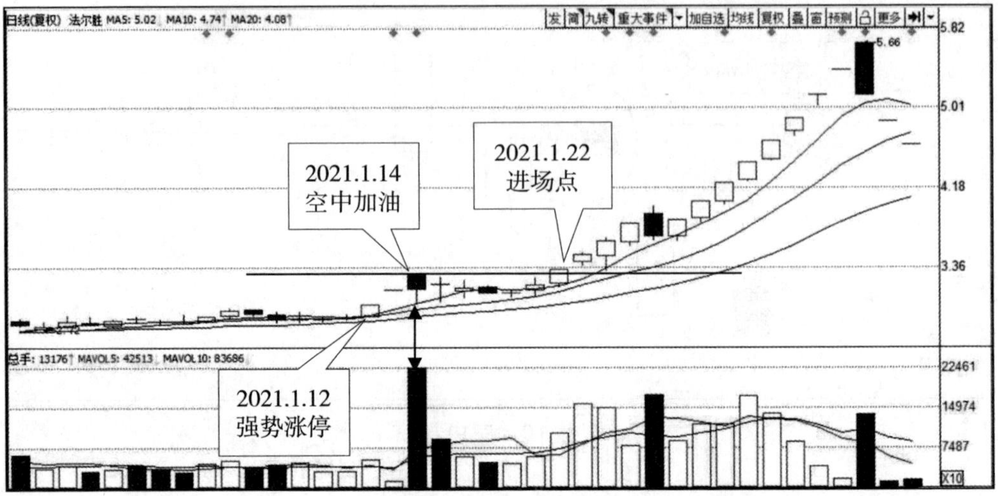

图4-11 法尔胜（000890）日K线走势图

五、直线启动式拉升

直线启动式拉升是一种最直接的拉升方法，往往也是游资最为无奈的选择。其基本拉升形态如图4-12所示。

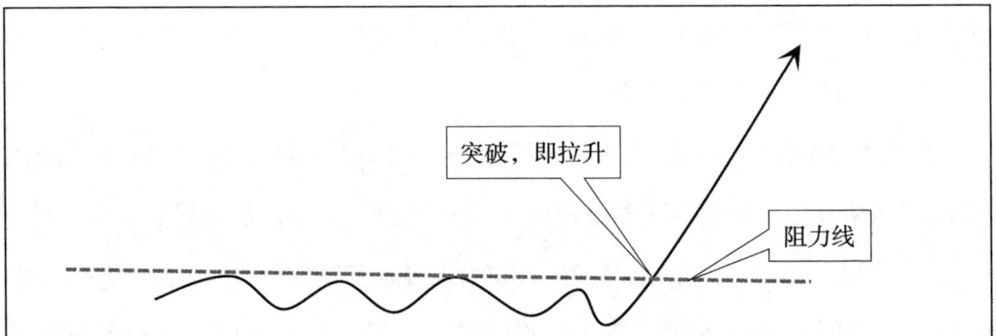

图4-12 直线启动式拉升

1.股价拉升时的典型特征

直线启动式拉升在股价启动前后，盘面上会呈现如下几个典型特征。

第一，从股价K线上来看。股价可能会经历一波时间较长的横向盘整，其一直受到某一阻力位压制，不能实现有效突破。实战中，也可能会呈现出各类价格整理形态，如楔形、旗形、三角形等。

第二，从成交量来看。股价启动前，成交量会呈现振荡萎缩态势。在股价启动前夕，成交量基本已经达到了阶段最低点，比如百日低量（最近几个月内的成交量极低值）。

第三，股价突破阻力位时，成交量会呈现明显的放大态势，但不能出现天量（最近几个月或一年内的成交量极大值）。

第四，各类技术指标可能会发出明显的买入信号，如MACD指标金叉、均线金叉等。

第五，股价K线完成对阻力位的突破后，有时还会出现一次回调动作，但其最多回调至阻力位上方就会因受该位置支撑而再度上攻。

2.股价拉升的动因

从理论上来说，这是最典型的股价盘整起涨形态，但对于游资或主力来说，这种方式还是有明显弊端的，即很多投资者都可以根据自己掌握的量价知识判断主力的意图。也就是说，从战术上来讲，这是一种失败的选择。毕竟市场上的散户都能看得懂，这不利于主力后面的派筹和洗盘。

当然，游资选择这种方式往往也有其不得已的原因，包括这样几种。

第一，市场环境已经全面倾向于看涨，若再向下打压股价，很可能会有其他资金入场抢筹，这样会对自己不利。

第二，个股利好突发，市场已经不允许游资或主力再采取慢慢吸筹的行动了，只能借助快速拉升将股价带离自己的成本区。其实，脱离成本区不仅可以让散户感到更加安全（毕竟手中的股票已经盈利了），也会让游资或主力感到安全，他们可以更加从容地选择拉升或者派筹。

3.投资者操盘要点

对于投资者来说，这类拉升方式的操作是比较容易把握的。

投资者可在股价放量完成对阻力位的突破时执行第一次买入操作，待股价脱离成本区后，根据股价的进一步走势决定加仓还是清仓。

下面来看一下青海华鼎的案例。

如图4–13所示，青海华鼎的股价在2021年7月到8月期间出现了底部横盘振荡走势。该股股价振荡过程中，股价波动范围逐渐减少，成交量也同步出现萎缩态势，MACD指标也一直低位运行。

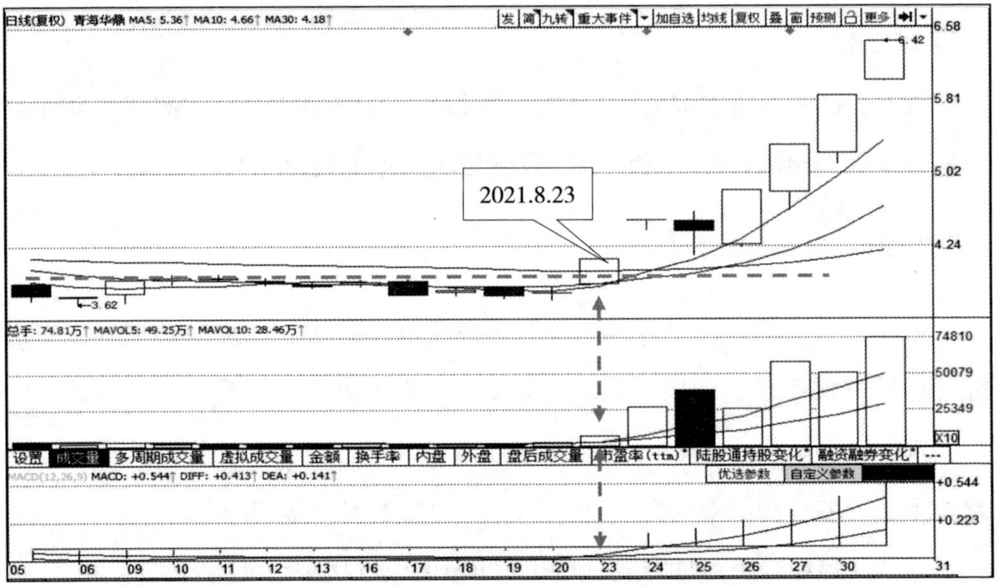

图4–13　青海华鼎（600243）日K线走势图

2021年8月23日，随着“工业母机”概念被热炒，青海华鼎的股价被大幅拉升，并以涨停报收。股价K线温和放量突破整理区域，MACD指标同步形成低位金叉，这属于典型的看涨信号，投资者可积极入场建仓。

六、先抑后扬式拉升

这是游资最喜欢使用的一种拉升方法，往往也是游资使用最多的一种方法。其基本拉升形态如图4-14所示。

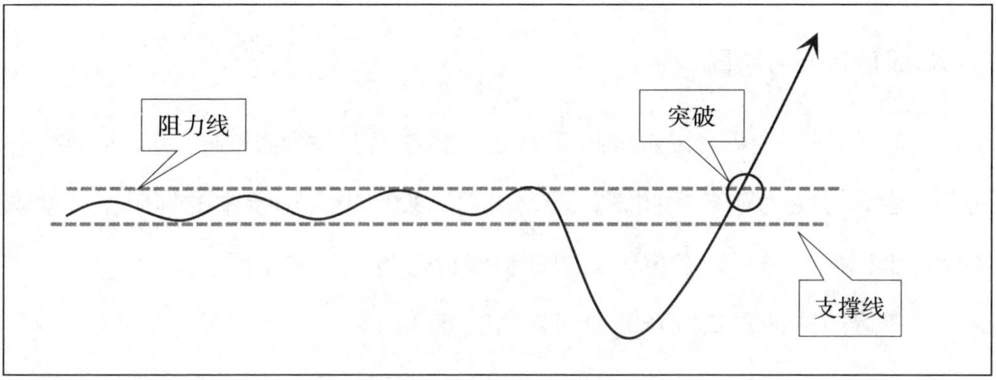

图4-14 先抑后扬式拉升

1.股价拉升时的典型特征

先抑后扬式拉升在股价启动前后，盘面上会呈现如下几个典型特征。

第一，从股价K线来看。股价经过一段时间的横盘后，当很多投资者都以为股价即将启动上涨时，股价却反向大幅向下打压。一般来说，这波打压的时间往往比较短，但力度很大，目的就是要在心理上给散户以震撼，逼迫散户交出手中的筹码。

第二，从成交量上来看。股价盘整末期，成交量会呈现振荡萎缩态势；当股价出现大幅打压态势时，成交量会呈现放大态势。只有成交量出现较大规模的放量时，股价才有可能止跌，这也是游资或主力打压股价的目的所在。

第三，股价经过一段时间的打压后，当所有投资者都对股价不抱希望时，股价就可能出现反向大幅上攻态势。

第四，一般来说，股价重新反向上攻所需的时间也非常少，可能几个交易日内就会迅速向上突破阻力线，这时成交量也会出现明显放量。

第五，各类技术指标可能会发出明显的买入信号，如MACD指标金叉、均线金叉等。

2.股价拉升的动因

从某种程度上来说，这种拉升方式是最符合兵法规则的，即明明要拉升股价，游资或主力偏偏先向下打压，以逼迫投资者交出手中的筹码。待意志不坚定者出清筹码后，游资就会快速将股价带离这一成本区。

游资选择这种方式拉升的原因包括以下几点。

第一，市场情绪面并未出现明显的看多迹象，这就给了游资或主力较多的操作时间和机会。

第二，个股突发利空，游资或主力则借利空顺势向下打压股价。有些投资者可能会觉得非常奇怪，为何主力想要打压股价时，利空会不期而至。其实，在这些游资的操盘计划中，事先已经了解了很多标的股票的情况，至于利空，自然也会先一步掌握。这也是很多利空出现后，股价经历一波打压会迅速拉升的原因。并非个股基本面发生了多少变化，而是这一切都是主力计划好的。

3.投资者操盘要点

对于投资者来说，主力采用这类拉升方式时，是很难做到收获最大利润的。捕捉该类形态的难点包括这样几个。

第一，散户是很难确认主力向下打压股价是假摔还是真出货的。尤其是股价假摔时，成交量也可能出现放大态势，这就为散户判断主力意图制造了困难。

第二，股价触底反弹时，投资者也无法识别股价反弹的真假。

总之，当股价放量向下运行时，从投资安全的角度出发，投资者一般不宜入场，而是要静观股价的变化。待股价重新向上突破阻力线时再建仓跟进。也就是说，放过第一波涨幅，把握第二波涨幅，这才是交易这类股票的明智之举。

下面来看一下巨化股份的案例。

如图4-15所示，巨化股份的股价在2021年6月到7月期间出现了低位横向振荡态势。2021年6月底，该股股价的振荡幅度越来越小，成交量萎缩至极点。这是股价即将选择突破方向的信号，投资者宜谨慎。

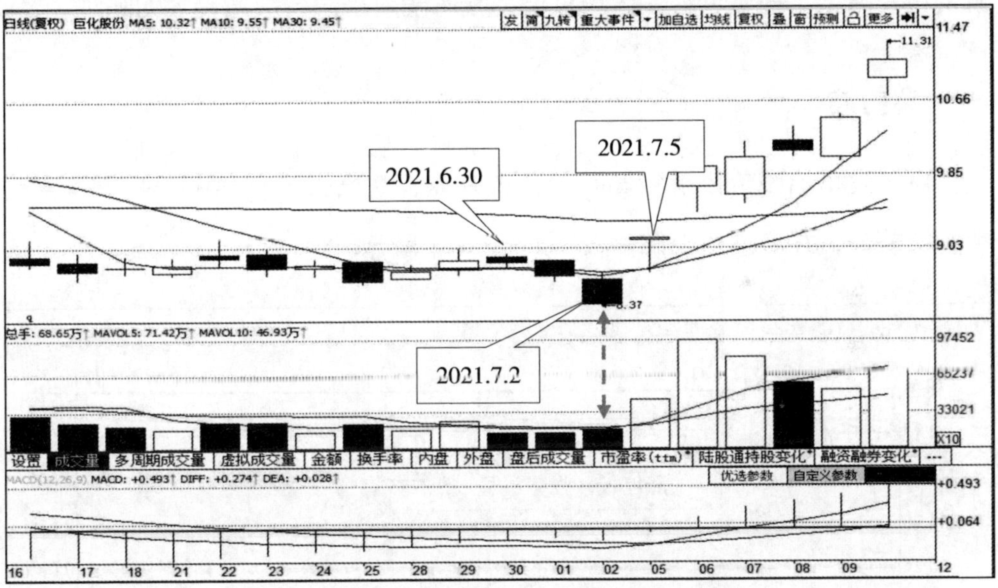

图4-15　巨化股份（600243）日K线走势图

2021年6月30日至7月2日，该股股价连续下挫，阴线实体越来越长，成交量也同步出现放大态势，给人一种股价开始启动下跌的感觉。此时，投资者宜观望。

其后，该股股价不跌反涨，而且是直接跳空高开高走，并以涨停报收，股价K线同时向上突破了横向振荡整理区域，这是典型的股价走强信号，投资者宜立即跟进建仓。

当然，投资者入场建仓时，需要合理控制自己的仓位。

第二节　游资拉升经典分时形态

游资向来以打法强悍、凶猛著称。在拉升股价方面，多数游资都会采用非常激进的拉升方式，这也是防止其他资金入场抢筹的一种方法；反之，若游资拉升时给了投资者很多入场机会，就可能属于游资故意设下的陷阱了。

一、缺口波

缺口波是指股价以跳空高开的方式开盘，在当天的交易中，股价一直没有回补缺口，并最终封上涨停板。如图4-16所示。

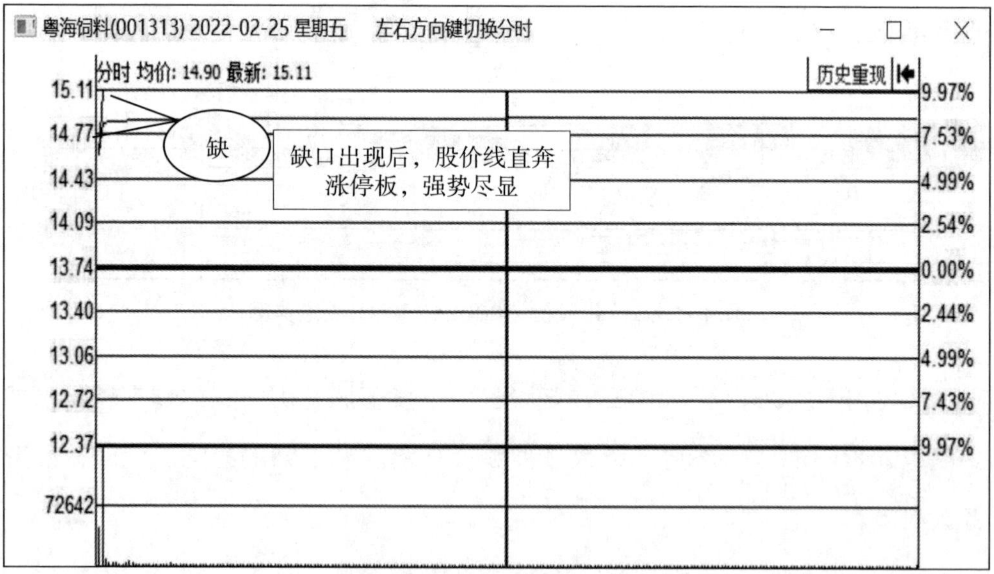

图4-16　缺口波分时图形态

出现缺口波分时形态，说明游资向上拉升的意愿强烈，未来股价继续上攻的概率很高。具体实战过程中需要注意这样几点。

第一，缺口的位置。缺口的位置越高，股价上攻涨停板的可能性越大，次日高开的可能性也越大。

第二，缺口出现时封住涨停的时间。缺口出现后，若股价线立即封住涨停板，则未来继续上攻的可能性较大；反之，若封住涨停板的时间较晚，甚至到尾盘时段才封住涨停板，则未来走势不佳。

第三，对于抢入涨停板的投资者来说，这类分时形态的股票是理想的操作标的。不过，投资者在操作时，应尽量选择开盘几分钟内就封住涨停板的股票，回避尾盘时段才封住涨停板的股票。

下面来看一下西上海的案例。

如图4-17所示，西上海的股价2021年12月13日以跳空高开的方式开盘，并一路直线式拉升，开盘不久就封住了涨停板，由此可见，游资拉升该股时具有很强的自信。鉴于该股涨停时间较早，主力只一波拉升股价就封住了涨停板，未来走高的可能性较大。

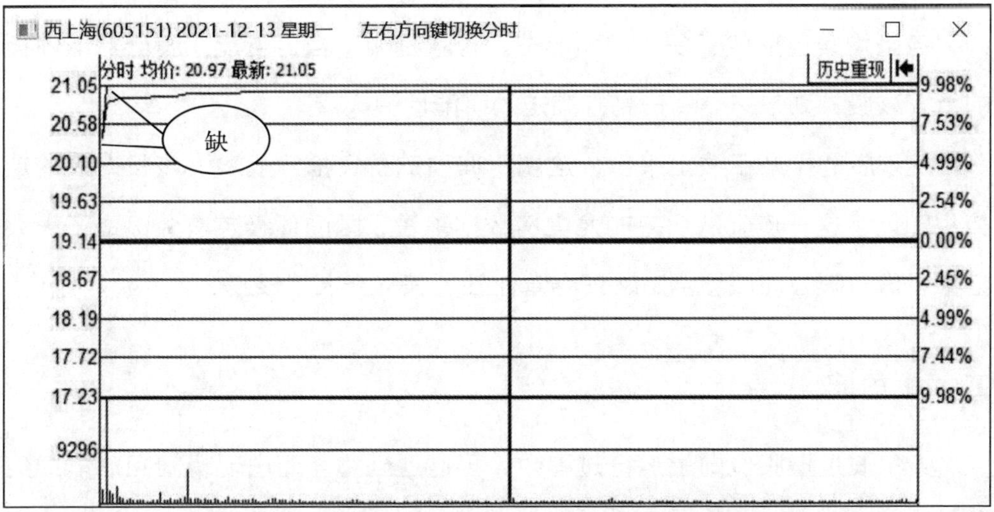

图4-17 西上海（605151）分时走势图（2021.12.13）

再看一下西上海的日K线走势图，如图4-18所示。

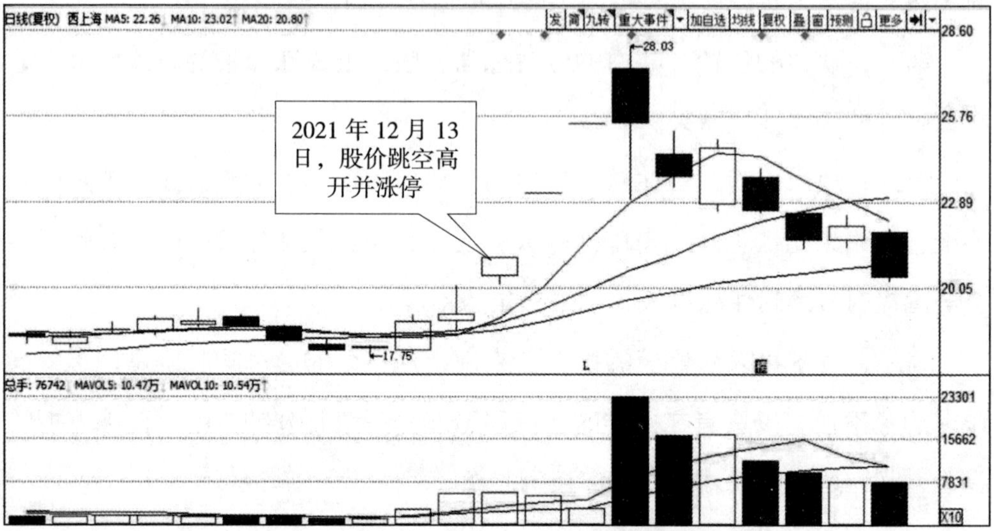

图4-18　西上海（605151）日K线走势图

如图4-18所示，西上海的股价在2021年12月13日涨停之前，经历了一波短暂的调整，之后出现启动迹象，且成交量放大，这说明该股已经积蓄了一定的上涨动力。

2021年12月13日，该股跳空高开并涨停，同时也向上突破了多条均线，各条均线也形成了多头排列形态。也就是说，当日若能在股价封涨停板前抢入该股，则下一交易日高开高走的可能性很大。

从该股的拉升手法上来看，这属于典型的游资抢筹战法，该股未来的走势也印证了这一点。从后来的龙虎榜数据来看，国内顶级游资金田路（光大证券股份有限公司深圳金田路证券营业部）强势介入了该股。

二、尖角波

尖角波是指股价向上运行过程中，因遭遇到抛盘而出现瞬间回落形成尖角，并最终封上涨停板的形态。尖角波的形成主要有两种形式：一是股价向上拉升过程中，由于抛盘作用而使股价出现瞬间回落形成尖角，一般来说股价回落的程度不会太深，时间也不会很长；二是股价向上拉升过程中，上方并没有抛盘，但主力资金一时跟不上，股价自然下落形成尖角，这种情况形成的尖角要小于前一种情况形成的尖角。如图4-19所示。

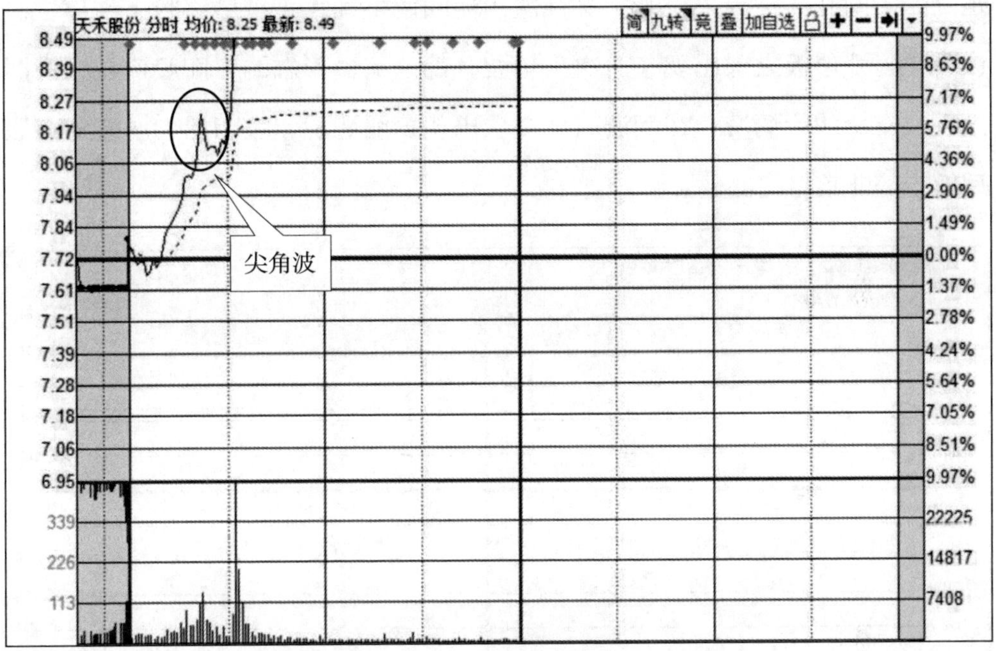

图4-19　尖角波涨停形态

一般情况下，股价向上拉升过程中，成交量会呈放大态势，股价出现回调形成尖角波时，成交量往往会呈现出缩量的形态，这就意味着该股将会有一波上涨行情。

具体实战过程中需要注意这样几点。

第一，尖角的数量。尖角的数量多，说明主力实力不够强大或者拉升意愿不太强烈，未来走势存疑；反之，若股价上升过程中只出现一个或两个尖角波，则未来继续上攻的可能性较大。

第二，封住涨停的时间。尖角出现后，若股价线立即封住涨停板，则未来继续上攻的可能性较大；反之，若封住涨停板的时间较晚，甚至到尾盘时段才封住涨停板，则未来走势不佳。

下面来看中农联合的案例。

如图4-20所示，中农联合的股价在2022年1月14日开盘之后，一路振荡走高，中间几次被大幅拉升，又几次出现回调整理，直至最终封上涨停板。该股在封涨停板之前出现了一次尖角波，都是缩量形态的，即股价在拉升时出现成交量放大情况，在回调时成交量出现萎缩情况，表明主力游资对该股后续走势非常有信心。

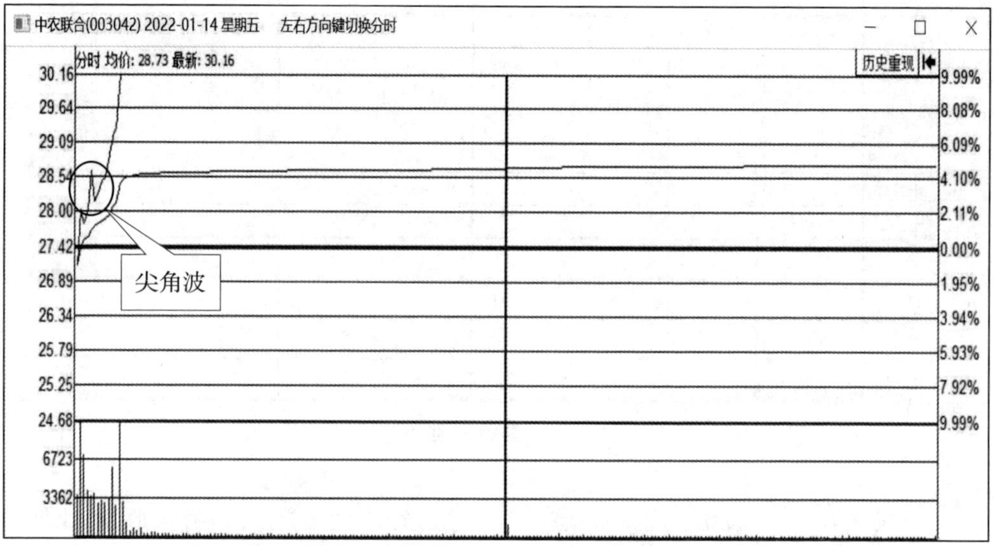

图4-20　中农联合（003042）分时走势图（2022.1.14）

下面再来看一下中农联合的日K线走势图，如图4-21所示。中农联合的股价在2022年1月13日强势涨停，其后的1月14日，该股再度以涨停报收。由于该股走势极强（以尖角波封住涨停板），且封板时间较早，全天没有炸板，这就意味着股价还将继续延续上升势头。

此后，该股股价又连续出现多个涨停板，由此可见，游资做多意志极为坚决。从盘后的龙虎榜数据更可以看出，游资抢筹迹象极为明显（包括常见的顶级游资华鑫证券上海分公司、宁波桑田路、赵老哥等），如图4-22所示。后市该股仍有很好的上升空间。

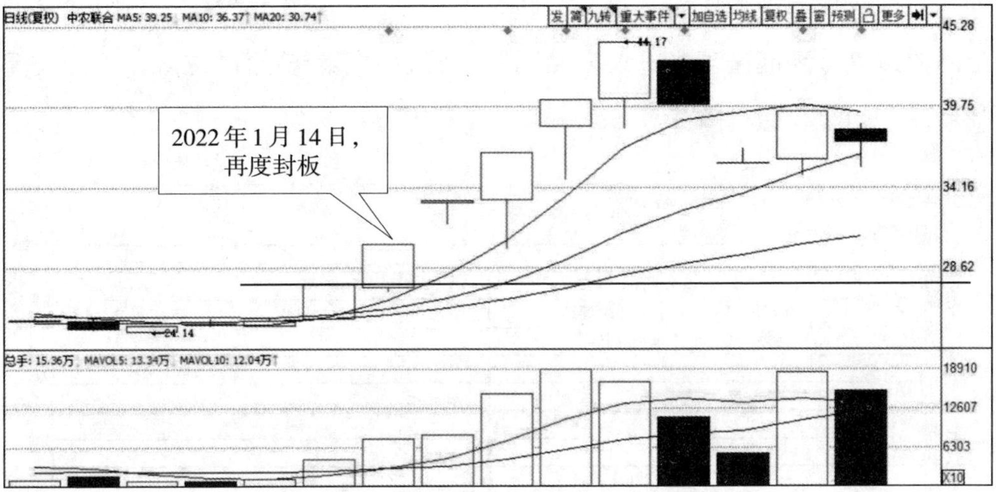

图4-21　中农联合（003042）日K线走势图

中农联合龙虎榜数据

2022-01-14

日期：2022-01-14 总成交金额：35477.29万元，总成交量：1276.88万股

排序	营业部名称	买入金额/万	占总成交比例	卖出金额/万	占总成交比例	净额/万
买入金额最大的前5名　买入总计 **9293.88** 万元，占总成交比例 **26.20%**						
1	华鑫证券有限责任公司上海分公司	2817.42	7.94%	718.81	2.03%	2008.61
2	国盛证券有限责任公司宁波桑田路证券营业部	1944.05	5.48%	3.32	0.01%	1940.73
3	兴业证券股份有限公司泉州丰泽街证券营业部	1149.68	3.24%	196.43	0.55%	953.25
4	西部证券股份有限公司温州锦绣路证券营业部	974.42	2.75%	0.00	0.00%	974.42
5	湘财证券股份有限公司上海陆家嘴证券营业部	886.65	2.50%	0.87	0.00%	885.78
卖出金额最大的前5名　卖出总计 **2829.42** 万元，占总成交比例 **7.98%**						
1	华鑫证券有限责任公司上海分公司	2817.42	7.94%	718.81	2.03%	2098.61
2	中国国际金融股份有限公司上海分公司	209.97	0.59%	562.85	1.59%	-352.89
3	中信证券股份有限公司杭州杭大路证券营业部	481.42	1.36%	490.02	1.38%	-8.61
4	长城国瑞证券有限公司福州营迹路证券营业部	434.88	1.23%	459.56	1.30%	-24.67
5	国融证券股份有限公司杭州市心北路证券营业部	395.38	1.11%	397.56	1.12%	-2.19

买卖净差：**6464.46**万元

图4-22　中农联合龙虎榜数据

三、N字波

N字波是指股价向上拉升过程中有一个明显的回落，回落之后股价再次

被拉升，从而形成N字形的走势。形成N字波的主要原因有两个：一是股价向上拉升过程中遭遇了抛盘阻力，因而出现一波回落走势，随后新资金不断涌入，将股价重新拉起；二是股价向上拉升过程中，由于资金没有跟上股价上涨的速度，因而出现了一波自然回落，随后由于新资金的进入，股价被重新拉起。如图4-23所示。

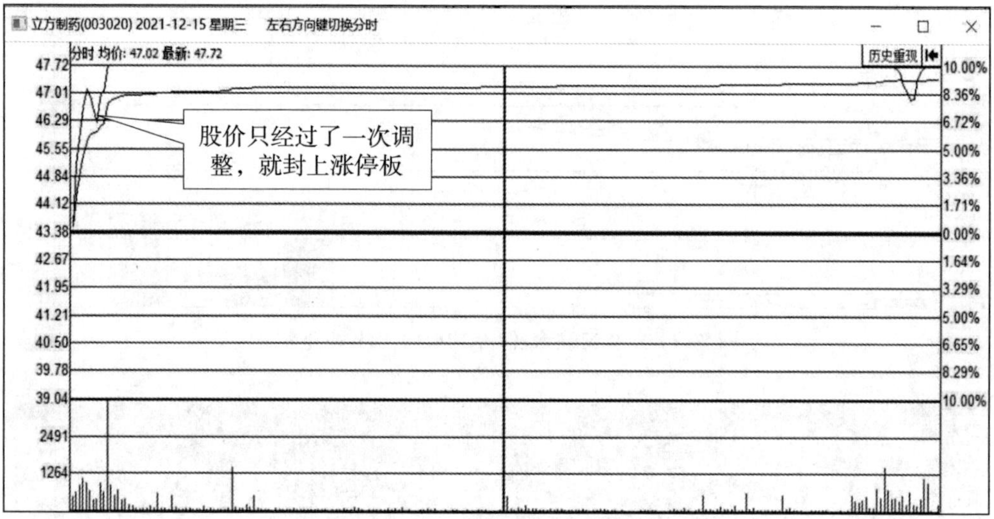

图4-23　N字波涨停形态

实战过程中需要注意这样几点。

第一，N字波的数量。N字波的数量多，说明主力实力不够强大或者拉升意愿不太强烈，未来走势存疑；反之，若股价上升过程中只出现一个或两个N字波，则未来继续上攻的可能性较大。

第二，封住涨停的时间。N字波出现后，若股价立即封住涨停板，则未来继续上攻的可能性较大；反之，若封住涨停板的时间较晚，甚至到尾盘时段才封住涨停，则未来走势不佳。

第三，单独N字波是指股价高开或平开之后一路走高，中途只经过了一次回调，最后被拉升至涨停板的情况。单独N字波反映操盘资金具有很强的实力，也反映出游资主力对该股后期走势看好。

下面看一下新华百货的案例。

如图4–24所示，新华百货的股价在2022年4月15日早盘开盘之后一路上涨，中间只经过一次调整就封上了涨停板，在分时走势图上留下了一个N字形走势。由此可见，游资主力对该股后期走势十分看好，短线投资者可以在该股将要涨停时强行买入。由于该股涨停时间非常早，第二天一定会有一个惯性上冲的动作。

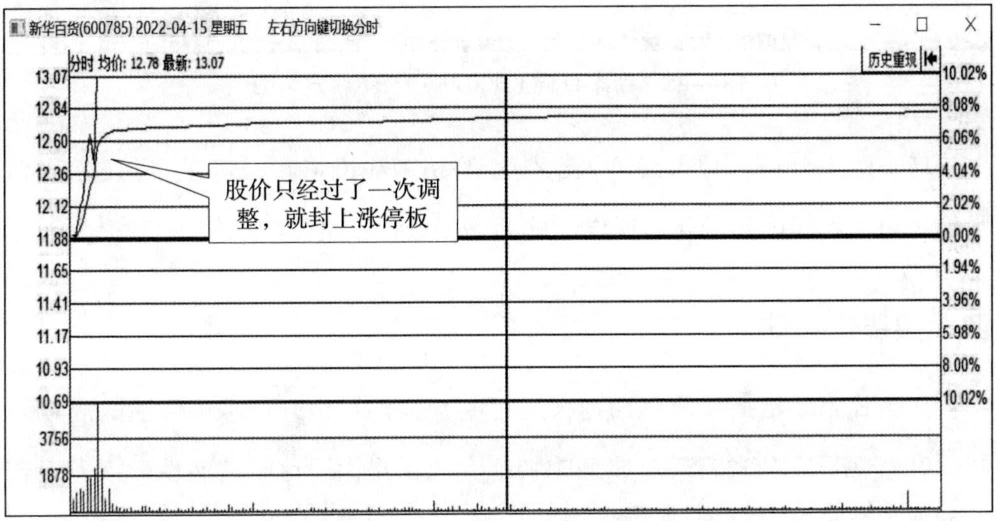

图4–24　新华百货（600785）分时走势图（2022.4.15）

下面再观察一下该股的K线走势图，如图4–25所示。2022年4月15日，新华百货的股价以涨停报收，由于该股涨停板出现的时间属于股价刚刚启动上升走势的初期，股价又位于各条均线之上，且各条均线呈多头发散排列，这都属于典型的买入信号。

同时，观察该股K线可知，在四个交易日前，该股刚刚收出了一个涨停板，其后股价经过三个交易日的振荡调整，于4月15日再度收出涨停板，这属于典型的增强版上升三法形态，本身也是强烈的看涨信号。

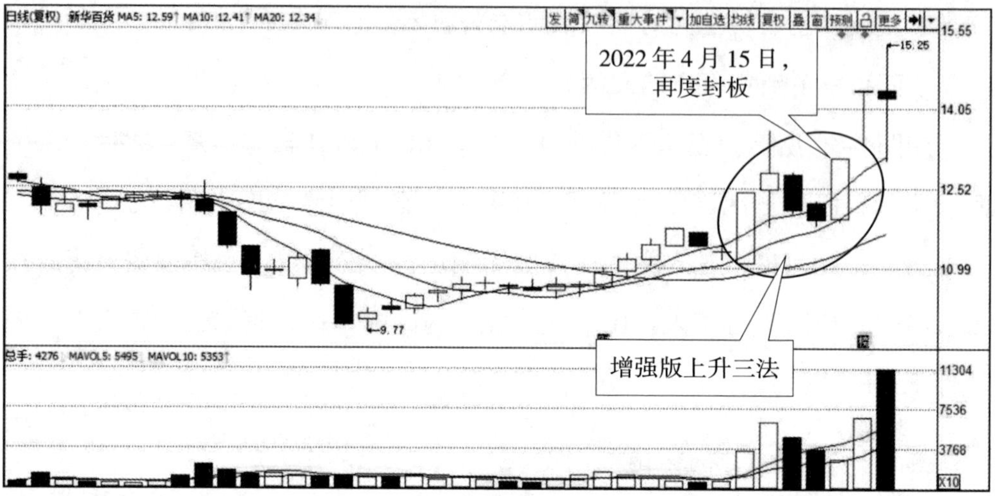

图4-25 新华百货（600785）日K线走势图

基于以上分析，想火线抢入涨停板的超短线投资者，可在4月15日当日股价未封涨停板前执行买入操作，此后该股股价三度收出涨停板。

四、突袭式启动

突袭式启动是指股价平稳运行过程中，突然被拉升至涨停位置的启动方式。突然性是突袭式启动最典型的特征，也正是由于这一突然性，很多投资者都感到有些猝不及防。如图4-26所示。

突袭式启动的个股如最终涨停，后期走势可能存在两种情况，一是股价经过一番振荡之后下行；二是股价开始一波上涨行情。

针对突袭式启动的个股，投资者可以采取以下操盘方法。

第一，当一只股票被突然拉升至涨停位置附近时，投资者应理性观察其是否能够涨停，只有连续出现大单买进，存在涨停可能时，投资者才可以买进个股，否则最好不要买进，以免被套其中。

第二，投资者如果想判断该股后续走势是向好还是向坏，只需要观察成交量的变化就可以了。如果涨停第二日成交量出现异常放大且收出阴线，说

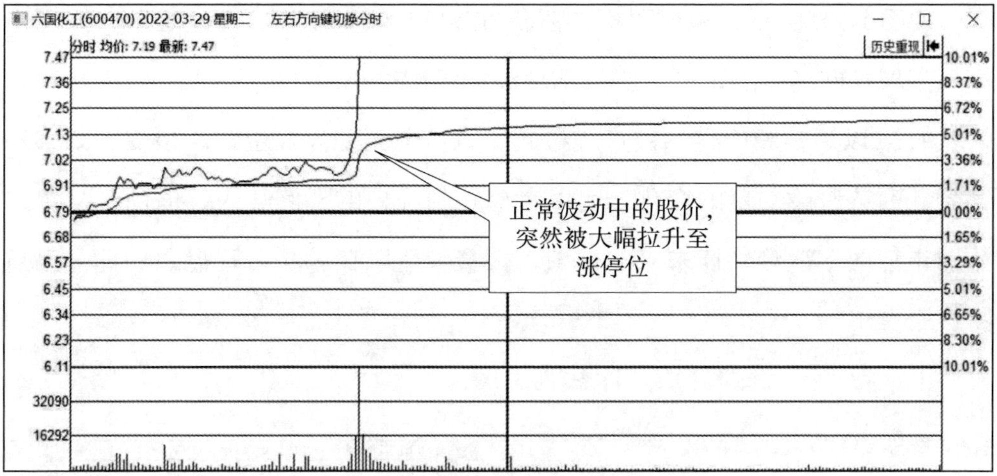

图4-26　突袭式涨停分时形态

明游资主力可能是借机出货，投资者宜远离该股；如果涨停第二日成交量放大不明显，且股价出现上涨走势，则该股未来有走好的可能。

第三，如果投资者能够在涨停时段买入个股，同时还想回避风险，可以在第二个交易日卖出该股。因为前一日涨停的个股，第二日一般来说都会有一个惯性上冲的过程，这时投资者卖出个股，就能有一个不错的收益。

下面来看一下京城股份的分时走势图。

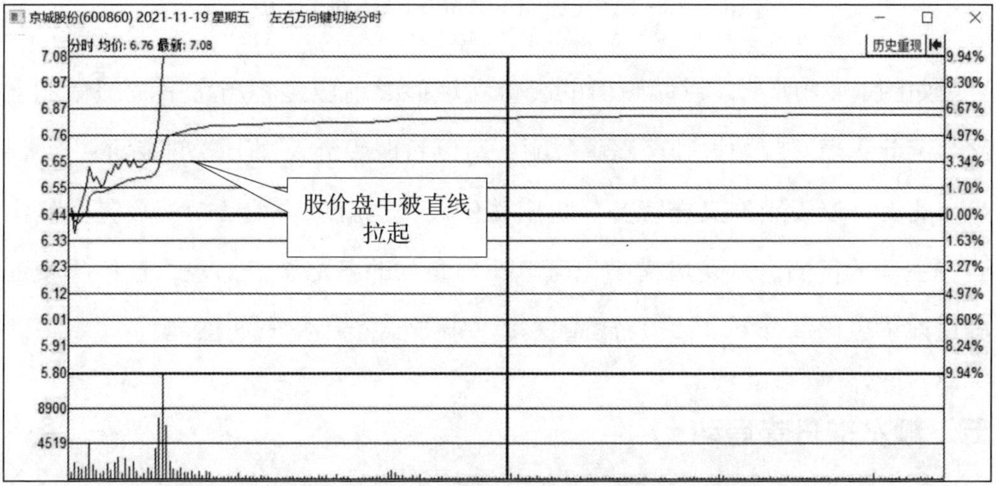

图4-27　京城股份（600860）分时走势图（2021.11.19）

如图4-27所示，京城股份的股价在2021年11月19日开盘之后，振荡走高后出现横向运行的走势，股价涨跌波动幅度很小。

9:50以后，股价突然被直线拉起，直接封到涨停板位置。投资者如果观察到此时该股成交量的变化，可以考虑在封涨停的瞬间买入。但由于从单日分时走势图上很难判读未来的行情，投资者可以在第二日开盘之后择一高点将该股卖出。

再来看一下京城股份的日K线走势图。

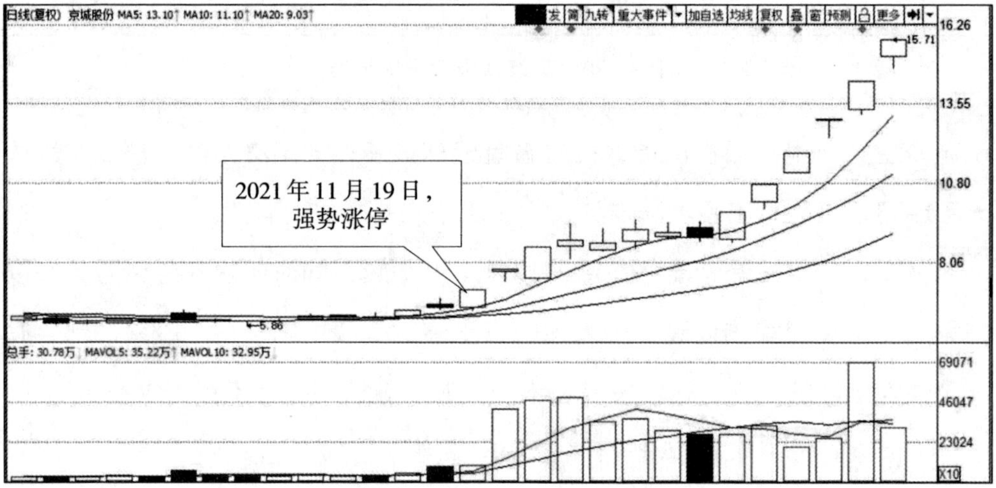

图4-28　京城股份（600860）日K线走势图

如图4-28所示，京城股份的股价在涨停之前已经经历了一波缓慢的上涨，因此，当该股被拉升至涨停位时，可以看成股价大幅上攻的开始。

此后，该股股价又连续多日收出涨停板，也就意味着此轮上攻完全是由游资主导的行情。从龙虎榜中也可以看出参与的各路游资力量，包括华泰证券总部（量化基金）、顶级游资国泰君安昆明人民中路营业部等。

五、顺水推舟式启动

顺水推舟式启动是指股价被一波接一波地拉起，呈45度角的方式拉升至涨停板的位置。按部就班，没有大的波动幅度，是顺水推舟式启动的最大特征。如图4-29所示。

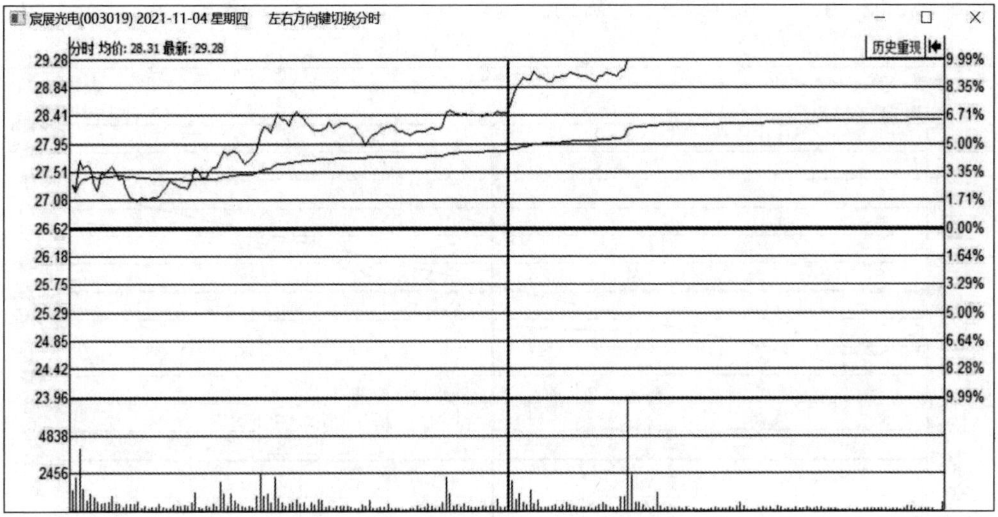

图4-29　顺水推舟式涨停分时形态

该涨停启动方式给了投资者很多买进股票的时间，但是这种启动方式形成的涨停板，相对于其他形态的涨停板来说，后期涨幅可能较小。不过有些游资却特别偏爱这种不显山不露水将目标股股价拉升至涨停板的方式，其中又以国内顶级游资章盟主最为著名。他经常使用这种方式将股价拉升至涨停，让其他散户有机会入场，而且股价暴跌前，散户也有机会出逃。正因如此，他才获得了“善庄”的称号。

针对顺水推舟式启动的个股，投资者可以采取以下操盘方法。

第一，顺水推舟式涨停的个股，一般涨停时段都是出现在下午，从时间上来说，这不利于短线投资者追击涨停板，因为一般只有上午涨停的个股，第二个交易日上涨的空间才会大一些。

第二，顺水推舟式涨停的个股，尽管在短期内可能会出现回调走势，但从中长期来看，也可能出现一段相对较长时间的上涨行情。

第三，顺水推舟式涨停的个股，如果涨停当天成交量较小，那么该股后市上涨的可能性很大。

下面来看一下中交地产的案例。

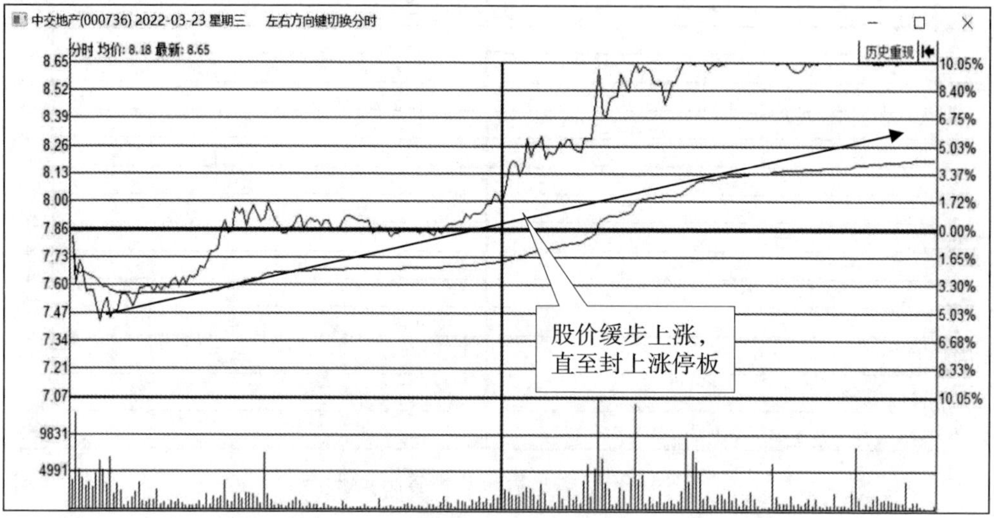

图4-30 中交地产（000736）分时走势图（2022.3.23）

如图4-30所示，中交地产的股价在2022年3月22日开盘之后一路振荡上涨，股价线始终沿着45度角向上运行。这种形态反映出游资主力志在高远、不争一时的心态，更说明游资资金实力雄厚。一般情况下，当分时走势图出现这种形态时，从中长期来看，后市有向好的可能。但由于当天股价持续上扬，多方力量消耗较大，空方只能步步退让，因此，第二日开盘后，空方发动反攻的概率很大，也就是说，该股短期可能会有一番多空争夺。

再来看一下中交地产的日K线走势图。

如图4-31所示，中交地产的股价在2022年3月16日创下调整以来的最低点后，开始沿着5日均线和10日均线振荡上行。这说明主力对操作这只股票非常有耐心，投资者可以适时跟进买入该股。

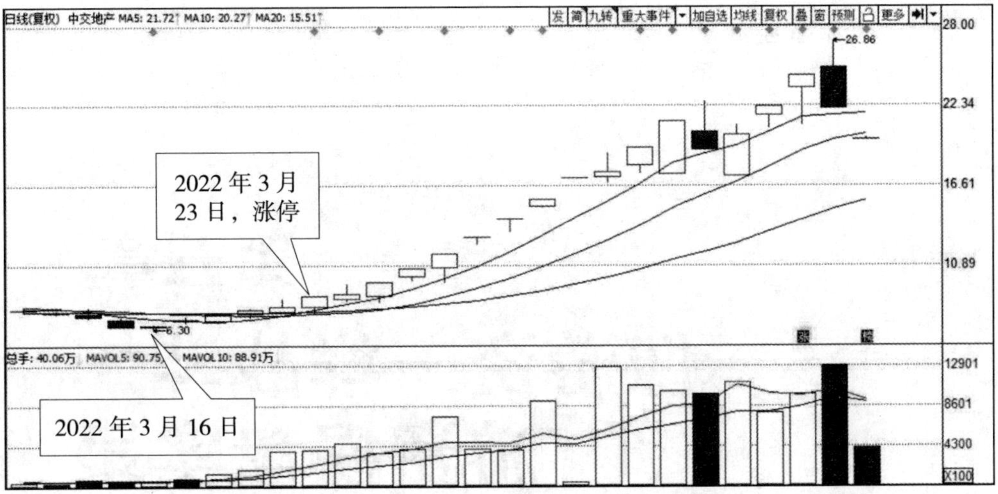

图4-31　中交地产（000736）日K线走势图

2022年3月23日，该股经历了一番振荡上涨之后以涨停报收，再次印证了主力的实力。但是该股涨停之后的第二个交易日，即3月24日，该股低开高走，在K线图上留下了一根小阳线。随后几个交易日，股价重新启动大幅上攻走势，成为该波地产基建行情的龙头股。当然，龙头股背后必然会有游资主力的介入与拉动，而参与中交地产本轮炒作的，就有章盟主经常使用的“国泰君安证券股份有限公司上海江苏路证券营业部”。

第五章

像游资一样战斗：游资操盘实录

本章将通过追踪国内顶级游资操盘案例来解析其操作手法，帮助投资者认识游资是如何完成操盘的。当然，大部分游资席位都是非公开的，同时，顶级游资在交易时，往往会在多家营业部开户和设立席位，因此，市场上关于游资的交易席位大多是猜测的。

第一节 赵老哥：八年一万倍

在游资圈，赵老哥绝对是一个风云人物，市场上也有很多投资者喜欢追随赵老哥运作的股票。不过，毕竟散户获得的信息具有一定的滞后性，因此，在追踪时，应该尽可能地研究赵老哥的操盘方法和思路，而非具体操作的个股，以免被套。目前，赵老哥使用的营业部较多，且属于操作比较频繁的游资，这里只能从众多交易中选取几次比较有代表性交易，一窥其操作思路。

一、美盛文化：一波流操盘

美盛文化是一家从事动漫衍生品细分产品——动漫服饰的开发、生产和销售的企业。股票基本面一般，市值偏小。

1.基本面情况

美盛文化的基本面数据如表5-1所示。

从表5-1中可以看出，美盛文化的基本面非常一般，但是对于游资来说，这并不重要。关键的问题是，它的盘子非常小，这样比较容易拉升，而且自身的行业属性与“NFT+元宇宙”概念非常贴合，这两个概念又是当时非常热门的概念。

表 5-1　美盛文化基本数据表

股票名称	美盛文化	所属行业	影视院线	概念	NFT+ 元宇宙
总股本	9.1 亿	流通股本	9.1 亿	市值	56.03 亿元
总营收	7.67 亿元	利润	0.53 亿元	每股盈利	0.06 元

注：数据截至 2022 年 4 月 19 日，财务数据为 2021 年第三季度数据。

2.股价走势

美盛文化的股价自2021年12月8日强势涨停，正式进入大幅上攻趋势。

如图5－1所示，2021年12月8日，美盛文化的股价向上突破多条均线，此后该股股价连续出现大幅拉升。从龙虎榜数据来看，12月9日开始强势登榜。其实，从12月8日开始，赵老哥常用的“中国银河证券绍兴证券营业部”就已经开始买入了。

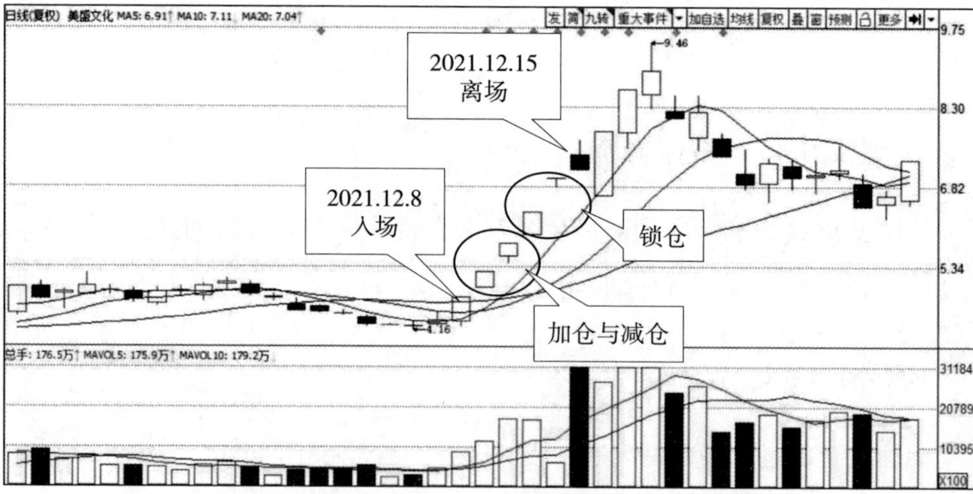

图5－1　美盛文化（002699）日K线走势图

12月8日是美盛文化起涨的第一天，也就意味着该只股票很早就是赵老哥口中的猎物了。此后几个交易日，赵老哥开始频繁交易，其具体交易记录如表5-2所示。

表5-2　美盛文化龙虎榜数据

日期	买入金额（万元）	卖出金额（万元）
12.9	2964.14	1585.07
12.10	1295.13	342.56
12.13	锁仓	
12.14	锁仓	
12.15	32.24	3699.46

对照赵老哥的交易记录以及美盛文化的股价走势，可以发现以下几点。

第一，这是典型的赵老哥操盘手法。入场确认后加仓、锁仓，最后一次性出清，获利了结，整个操作过程非常干脆。

第二，从龙虎榜数据来看，赵老哥应该是在12月8日涨停时入场的，而这笔钱在次日涨停时就出掉了（1585万元），当日赵老哥还买入了2964万元。也就是说，买入与卖出在同步进行，这也是游资经常使用的招数。尽管游资资金量很大，但也不能保证下一交易日股价一定会涨停，特别是12月9日属于第二个涨停日，该股的走势还具有很大的不确定性。因此，赵老哥卖出了部分筹码，并且买入了更多，这样做也是为了拉升股价。

第三，12月10日的操作几乎是重复12月9日的操作，只是卖出与买入的数量减少了，基本上达到了赵老哥在该只股票投入资金的控制量。

第四，12月13日和14日，赵老哥所在营业部都没有登上龙虎榜，这基本上说明赵老哥锁仓了。从整个买卖金额来看，这两天应该会有几百万元的净卖出，当然，这个资金量相对于整个仓位来说并不算大，几乎等同于锁仓了。

第五，12月15日，该股打开了涨停板。赵老哥当日几乎出清了手中的筹码，从此以后所在营业部再也没有登上龙虎榜。

从整个交易结果来看，这应该是一次非常成功的交易，整体盈利规模应该超过20%，甚至30%。在整个操作过程中，有几个细节特别值得散户学习。

第一，股价启动初期是最不安全的。赵老哥在操作时，也采取了买入与卖出同步的方式，这样有利于资金安全。

第二，资金是分批进入的，是在股价已经启动上升后逐步进入的，而非一次性介入。这样也可以防范资金风险。

第三，在股价进入第四到第五个涨停时，该股的龙头地位基本确认了，所以赵老哥直接锁仓了，没有进行大规模的交易。其实，对于散户来说，此时可能很多人都会心生恐惧而不敢进入，但游资却最喜欢这一时段，其中的道理可能是“最危险的地方也是最安全的”。

二、春晖智控：超短线获利

春晖智控是一家控制阀供应商，专注流体控制领域，公司产品主要应用在能源控制、供热控制、汽车机电等领域。股票基本面一般，市值偏小。

1.基本面情况

春晖智控的基本面数据如表5-3所示。

表 5-3　春晖智控基本数据表

股票名称	春晖智控	所属行业	通用设备	概念	新能源汽车
总股本	1.36 亿	流通股本	0.8 亿	市值	30.38 亿元
总营收	4.13 亿元	利润	0.59 亿元	每股盈利	0.46 元

注：数据截至 2022 年 4 月 19 日，财务数据为 2021 年第三季度数据。

从表5–3中可以看出，春晖智控的基本面尚可。盘子非常小，容易拉升，这是游资非常看重的一点。另外，该上市公司自身的行业属性与“新能源汽车”概念非常贴合。

2.股价走势

春晖智能的股价自2021年11月22日强势涨停，并出现了一波小幅上升趋势。

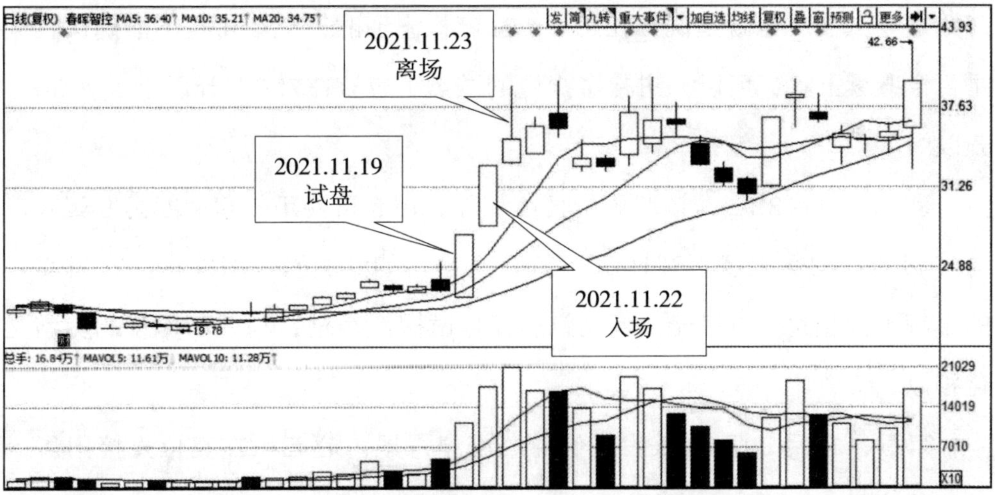

图5–2　春晖智能（300943）日K线走势图

如图5–2所示，2021年11月19日春晖智能的股价拔地而起，并一举突破了多条均线的压力，此后该股股价连续出现大幅拉升。从龙虎榜数据来看，赵老哥所在营业部11月22日开始强势登榜。其实从11月19日开始，赵老哥常用的“中国银河证券绍兴证券营业部”就已经开始买入了。

尽管该股涨幅并不理想，并没有成为大牛股，但赵老哥的短线交易还是收获颇丰，其具体交易记录如表5–4所示。

对照赵老哥的交易记录以及春晖智能的股价走势，可以发现以下几点。

表 5-4 春晖智能龙虎榜数据

日期	买入金额（万元）	卖出金额（万元）
11.22 以前（合计）	1471.35	65.91
11.23	5.33	1800.22

第一，这是一次非典型的超短线交易，从入场到离场也就三个交易日，不过这三个交易日实现了较高的投资收益。

第二，从K线图上来看，11月19日春晖智能出现第一个涨停板，赵老哥开始入场试盘。也就是说，在第一个涨停板出现时，赵老哥也不能确认股价是否会继续上攻，所以只进行了少量的试盘（应该在750万元以上、1000万元以内）。

第三，11月22日，该股股价再度涨停，赵老哥使用的营业部再度买入，与19日合计的买入量不到1500万元。从当日的龙虎榜数据来看，22日买入的金额不会超过730万元，因此只能算是试探性建仓，与前面提及的美盛文化相似。

第四，11月23日，该股股价冲高涨停未果。赵老哥在高位直接出货，放弃了该股（卖出1800万元）。赵老哥的总收益在300万元以上，盈利超过20%。从其盈利数据中也可以看出，他的筹码并不是19日一天拿到的，否则收益应该远远超过20%。

对比之前的美盛文化，可以发现有以下几点不同。

第一，没有人能够准确预知股价的走势，即使顶级游资也一样。因此，试盘后只是入场了很少的一部分资金，还没有进行二批次、三批次入场，行情就结束了。

第二，行情在第三个交易日就告一段落，赵老哥的操盘非常干脆，直接清仓出局，没有再等待下一步行情。

第三，从利润盈亏比来看，短短三个交易日，盈利可能达到20%，这是相当高的数字了，但绝对值并不是很高。若第三个交易日股价能够涨停，相信赵老哥肯定还会再度买入，只是股价没有达到涨停板，所以他在卖出股票后没有继续执行买入操作，而之前的美盛文化则有机会执行第二批、第三批买入。买入还是卖出，这是由市场环境决定的，而非个人的主观意愿。

三、步步高：穷追猛打

步步高是一家从事商品零售的企业。

1.基本面情况

步步高的基本面数据如表5-5所示。

表 5-5　步步高基本数据表

股票名称	步步高	所属行业	零售	概念	新零售
总股本	8.64 亿	流通股本	8.64 亿	市值	99.09 亿元
总营收	105.44 亿元	利润	1.72 亿元	每股盈利	0.2 元

注：数据截至 2022 年 4 月 19 日，财务数据为 2021 年第三季度数据。

从表5-5中可以看出，步步高的基本面非常一般，盘子不大，但零售的概念非常切合时下的热点，比较容易拉升，因而获得了游资的青睐。

2.股价走势

步步高的股价自2022年4月11日强势涨停，并正式进入大幅上攻趋势。

如图5-3所示，2022年4月11日，步步高的股价在“新零售”概念热炒过程中强势涨停。此后几个交易日，该股股价连续强势上攻，拉出多个涨停板。

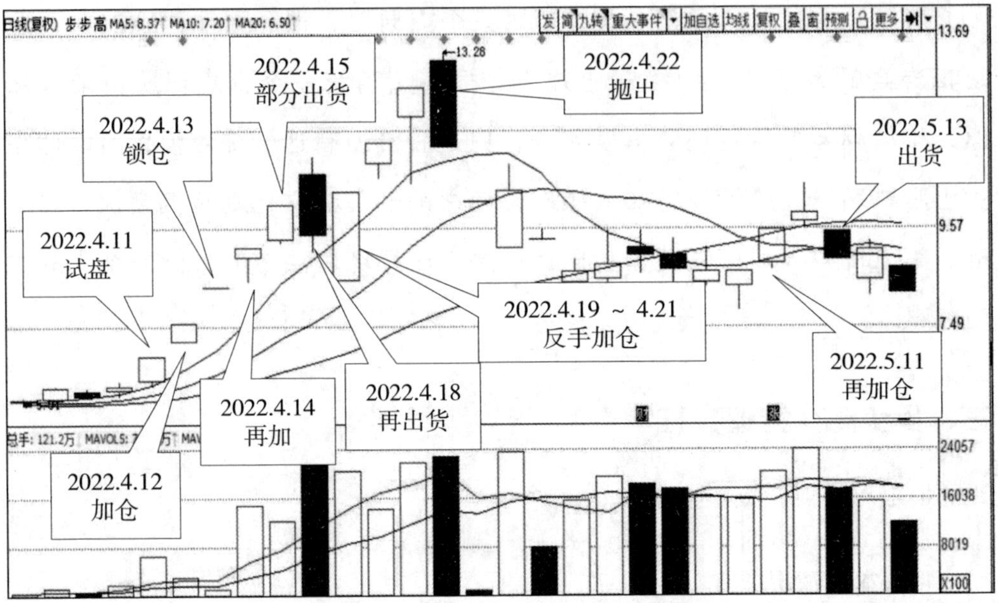

图5-3　步步高（002251）日K线走势图

从龙虎榜数据来看，4月11日步步高开始强势登榜。也就是在当天，赵老哥常用的“中国银河证券绍兴证券营业部”开始买入。

此后的几个交易日，赵老哥开始了频繁交易，其具体交易记录如表5-6所示。

表5-6　步步高龙虎榜数据

日期	买入金额（万元）	卖出金额（万元）
4.11	2796.78	8.53
4.12	3020.92	12.22
4.13	锁仓	
4.14	2964.33	43.63
4.15	1974.75	4445.55
4.18	2673.70	5525.76
4.19	4255.26	201.67

（续表）

日期	买入金额（万元）	卖出金额（万元）
4.20	6999.55	2562.16
4.21	5459.75	4614.63
4.22	4931.56	6733.52
4.25	跌停，未上榜，成交量较少	
4.26	3103.78	3390.57
4.27	1124.21	34.01
4.28	592.35	22.82
4.29–5.10	未上榜	
5.11	4897.3	5172.88
5.12	未上榜	
5.13	333.7	5680.11

从表5–6中可以看出，赵老哥对步步高还是非常热衷的。从其前期（4月11日到18日）的操作来看，赵老哥的强势和凶狠一览无余。他入场后，在11日到14日连续拉升买入，并未像其他游资一样不断地卖出试盘，这说明赵老哥对该只股票的走势成竹在胸。

2022年4月18日前，赵老哥获利至少在2200万元（2235.45万元）以上，但是后续的交易却并不顺利。

自2022年4月19日开始，赵老哥突然加大了买入力度。其实，从本质上来说，这是在赌股价将迎来第二波主升浪。4月19日到21日的三个交易日里，赵老哥大买1.93亿元，卖出仅为1.41亿元左右。此后，该股转入下跌行情，这就意味着赵老哥手中还有几千万的筹码没有出清。

此后的几个交易日，赵老哥登上龙虎榜的数据变少（多个交易日，该股并未登上龙虎榜），而且交易量也不算多，也就意味着赵老哥手中一直握有一定的筹码。

5月11日，步步高出现了久违的涨停，这也是赵老哥一手操作的，目的当然是为手中的筹码解套。不过这波行情持续的时间很短，5月13日，赵老哥抛出手中的5680万筹码。至此，他手中的筹码应该十分有限了（也许仅为5月13日买入的几百万股票）。

总之，针对步步高的操作，赵老哥前期可以说是非常完美的。但后期由于行情急转直下，赵老哥也被套其中，先前的盈利估计也交出去了。

这就是最真实的游资实盘交易，没有人能够做到每次出击都盈利，只要总体上实现盈利就非常不错了。追求每次都盈利是一种偏执，对投资来说是无益的。

四、直真科技：先盈后亏

直真科技是一家从事信息通信技术（ICT）运营管理领域软件开发、技术服务、系统集成以及第三方软硬件销售业务的企业。

1.基本面情况

直真科技的基本面数据如表5-7所示。

表 5-7　直真科技基本数据表

股票名称	直真科技	所属行业	软件开发	概念	东数西算
总股本	1.04 亿	流通股本	0.37 亿	市值	27.93 亿元
总营收	1.46 亿元	利润	–0.95 亿元	每股盈利	–0.91 元

注：数据截至 2022 年 4 月 19 日，财务数据为 2021 年第三季度数据。

从表5-7中可以看出，直真科技的基本面非常一般，还是一只亏损股。但是对于游资来说，这并不重要，关键的问题是，它的盘子非常小，这样比较容易拉升，而且自身的行业属性与“东数西算”概念非常贴合。

2.股价走势

直真科技的股价自2022年2月18日开始强势涨停，并正式进入大幅上攻走势。

如图5-4所示，2022年2月18日，直真科技的股价向上突破2月9日涨停所形成的最高点，并强势涨停。事实上，2月9日到18日的K线属于增强版的上升三法形态，只是中间盘整的时间稍长而已。

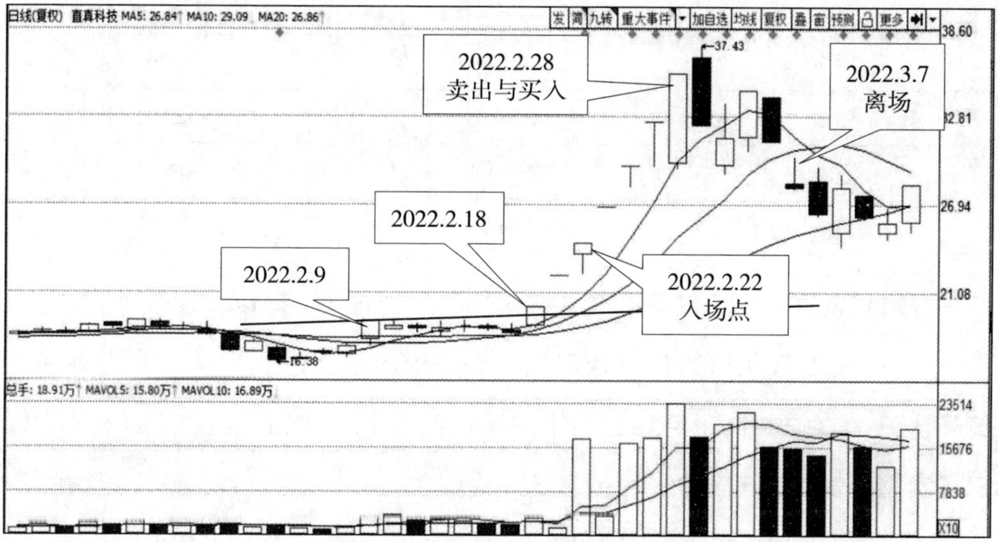

图5-4 直真科技（003007）日K线走势图

此后，该股股价连续出现大幅拉升。从龙虎榜数据来看，2月22日开始强势登榜。也就是在当天，赵老哥常用的“中国银河证券绍兴证券营业部”开始买入。

2月22日，已经是该股股价第三个交易日涨停了，这也比较符合赵老哥寻找龙头的标准，即在三个涨停板附近确认大龙头。此后的几个交易日，赵老哥开始了频繁交易，其具体交易记录如表5-8所示。

表5-8 直真科技龙虎榜数据

日期	买入金额（万元）	卖出金额（万元）
2.22	1162.73	15.06
2.23	一字板，没有大额的买卖交易	
2.24	1494.95	224.56
2.25	赵老哥所用营业部未上榜	
2.28	4089.68	3033.41
3.1	2254.25	959.54
3.2	436.08	2304.66
3.3	1886.99	3625.92
3.4	1794.4	2316.04
3.7	736.71	925.35

对照赵老哥的交易记录以及直真科技的股价走势，可以发现以下几点。

第一，在2月28日股价上攻最后一个涨停板前，赵老哥买入的金额并不算高，只有2月22日和2月24日两个交易日买入了2650万元左右，且在2月24日还卖出了200多万元。

第二，2月28日是一个关键时间点。当日，赵老哥卖出了3000多万元，几乎是将手中可以卖出的筹码全部卖出（当日买入的筹码不可以卖出）。这时可以得出这样一个结论，即2月28日前的筹码，赵老哥大约盈利在500万元左右。

第三，2月28日当天，赵老哥在清空之前筹码的同时，大幅买入了4089万元。此后该股股价开始出现转向，即股价并未按照赵老哥的预想继续上攻，而是出现了回调。此后直至3月4日，赵老哥的营业部累计买入了10459万元左右，而直至3月7日，卖出的金额为10129万元左右，也就是说，赵老哥在后一阶段大约亏损了几百万元。

第四，3月7日，赵老哥又买入了730万元，此后赵老哥所在的营业部就没有再出现在龙虎榜。另一个值得关注的信息是，3月7日，赵老哥另外一个经常使用的营业部“华泰证券浙江分公司”也买入了1047万元。

也就是说，除了赵老哥手中留存的不到1800万元的底仓，之前的操作并未出现明显的盈利。赵老哥留存了底仓，说明他对东数西算概念仍然看好，未来还有进一步拉升的想法。

从赵老哥的操作记录可以看出，他也是在股价触顶之后加仓买入，才造成之前的盈利被吞噬，从中也可以看出强势股操作之难。

第二节　上海江苏路：短线交易，滚动交易

国泰君安上海江苏路，前身是“老君安”的常德营业部，是老牌游资著名的驻扎地之一，有众多国内顶级游资在该营业部操作，据说章盟主在这里也有席位。

一、中科金财：章盟主向左，赵老哥向右

中科金财是一家区块链技术与金融科技综合服务商，股票基本面一般，市值偏小。

1.基本面情况

中科金财的基本面数据如表5-9所示。

从表5-9中可以看出，中科金财的基本面非常一般。盘子非常小，拉升容易，是游资非常看重的一点，而且自身的行业属性与“数字货币”概念非常贴合。

表 5-9　中科金财基本数据表

股票名称	中科金财	所属行业	IT 服务	概念	数字货币
总股本	3.38 亿	流通股本	2.85 亿	市值	52.49 亿元
总营收	9.24 亿元	利润	–0.4 亿元	每股盈利	–0.12 元

注：数据截至 2022 年 4 月 19 日，财务数据为 2021 年第三季度数据。

2.股价走势

中科金财的股价自2022年3月29日强势涨停，并出现了一波小幅上升趋势。

如图5–5所示，2022年3月29日，中科金财的股价在前日调整的基础上拔地而起，最终以涨停报收。

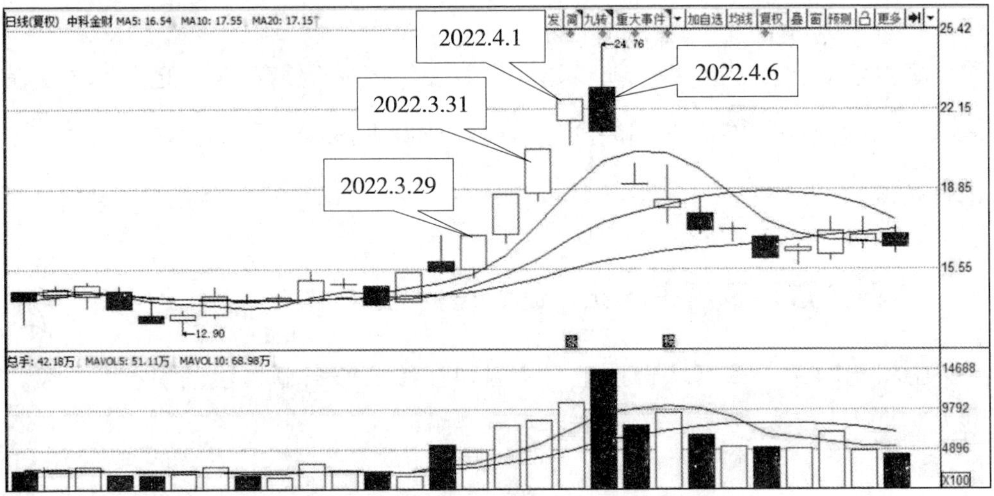

图5–5　中科金财（002657）日K线走势图

此后，该股股价连续出现大幅拉升。3月31日，该股连续出现第三个涨停板，国内顶级游资赵老哥和章盟主同时看中了这只股票，并于当日强势介入，成为买入榜的第一位和第二位。其具体交易记录如表5–10所示。

表 5-10　中科金财龙虎榜数据

日期	章盟主		赵老哥	
	买入金额（万元）	卖出金额（万元）	买入金额（万元）	卖出金额（万元）
3.31	3216.75	274.55	4044.28	38.7
4.1	5.07	3476.59	2030.41	3532.9
4.6	——	——	19.48	1593.47

对照章盟主与赵老哥的交易记录以及中科金财的股价走势，可以发现以下几点。

第一，二者不约而同地在中科金财连续第三个涨停板的日子买入。这也是游资最喜欢的买入时机，毕竟只有达到三个涨停板的股票，才有可能成为某一波行情的龙头。

第二，在3月31日买入股票后，4月1日，该股股价尽管最后仍然涨停，但盘中曾经几度打开涨停板，因此，章盟主选择了出清筹码，获利大约两百多万元；而赵老哥在卖出部分股票后，又选择了买入部分股票，毕竟股票仍然回封涨停板了。这也是二者操盘最主要的区别之一。

第三，4月6日（4月2日到5日因清明假期休市），该股股价冲击涨停板失败，出现下跌，赵老哥选择了卖出股票。在留有底仓（赵老哥经常会留下一部分底仓）的前提下，赵老哥的操作应该是略有亏损。

二、恒宝股份：多次交易，互有胜负

恒宝股份是一家从事信息通信技术（ICT）运营管理领域软件开发、技术服务、系统集成以及第三方软硬件销售业务的企业。

1.基本面情况

恒宝股份的基本面数据如表5-11所示。

表 5-11　恒宝股份基本数据表

股票名称	恒宝股份	所属行业	通信设备	概念	数字货币
总股本	6.97 亿	流通股本	5.88 亿	市值	66.77 亿元
总营收	6.6 亿元	利润	0.33 亿元	每股盈利	0.05 元

注：数据截至 2022 年 4 月 20 日，财务数据为 2021 年第三季度数据。

从表5-11中可以看出，恒宝股份的基本面非常一般，但是对于游资来说，这并不重要。关键的问题是它的盘子非常小，这样比较容易拉升，而且自身的行业属性与“数字货币”概念非常贴合。

2.股价走势

恒宝股份的股价自2022年1月18日强势涨停，并正式进入大幅上攻趋势。

如图5-6所示，2022年1月28日，恒宝股份的股价以涨停板终结了持续五个交易日的横向振荡。

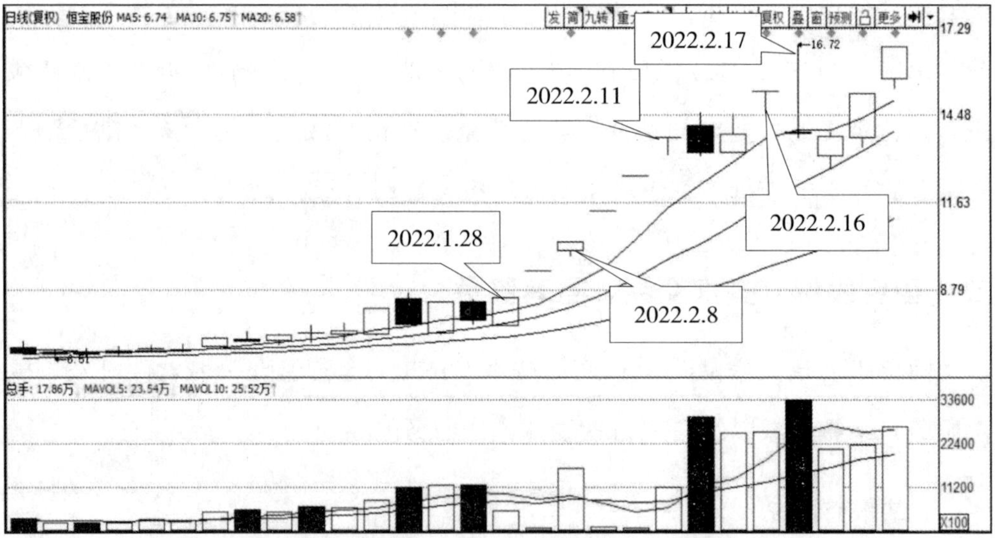

图5-6　恒宝股份（002104）日K线走势图

此后因春节休市，直至2月7日才重新开盘。2月7日，该股股价直接一字板封盘。2月8日，该股高开高走再度封板。其后，该股股价一路强势上攻，直至2月11日后，股价才出现调整。

该股股价经过调整后，又出现了一波上升走势。在这波大幅上攻过程中，国泰君安上海江苏路营业部曾多次参与炒作。

其具体交易记录如表5-12所示。

表5-12　恒宝股份龙虎榜数据

日期	买入金额（万元）	卖出金额（万元）
2.8	34.8	2294.07
2.11	17794.9	31.1
2.14	17.95	18000.5
2.16	6996.62	16.04
2.17	99.74	6978.98

对照国泰君安上海江苏路营业部的交易记录以及恒宝股份的股价走势，可以发现以下几点。

第一，在2月8日股价上攻启动后的第三个涨停板，章盟主卖出了2294.07万元。这笔股票的买入记录并没有体现在龙虎榜信息上，也就意味着章盟主可能在1月28日左右买入了股票。那么，这笔卖出操作，至少可以让章盟主收获20%以上的利润。

第二，2月11日，章盟主再度买入17794.9万元。这天该股连续多个一字板后开板，章盟主大手笔杀入。次日，该股股价冲高回落，并没有按照预期实现涨停，章盟主直接清仓，卖出了1.8亿元。这笔交易大约盈利200万元左右。

第三，2月16日，恒宝股份再度封上涨停板，章盟主三度入场，买入了将近7000万元。次日（即2月17日），该股股价再度冲击涨停失败。章盟主直接全部清仓，卖出了6978.98万元，整个交易小有亏损，但损失不大。

通过章盟主交易恒宝股份的实盘记录，可以看出这样几点。

第一，游资也不是每笔交易都能盈利的。尽管恒宝股份连续上攻多日，股价上涨幅度相当大了，但很多游资也并没有全额享受这波利润。作为国内顶级游资，章盟主的三次交易也不过是一盈、一亏与一平。

第二，游资之所以能够在市场长久立足并保持盈利，与其严格遵守交易纪律有直接的关系。通过章盟主的几次交易可以看出，其交易风格极为凶悍，多采用一次性进场与出场的方式，绝不拖泥带水。发现行情不利会坚决出清，宁可有亏损，不像散户那样等待行情向有利于自己的方向发展。

三、中交地产：滚动操作，获利累增

中交地产是一家从事房地产开发与销售业务的企业。在2022年3月到4月的地产基建行情中，成为上攻的大龙头。

1.基本面情况

中交地产的基本面数据如表5–13所示。

表 5–13　中交地产基本数据表

股票名称	中交地产	所属行业	房地产开发	概念	房地产
总股本	6.95 亿	流通股本	6.95 亿	市值	121.01 亿元
总营收	145.42 亿元	利润	2.36 亿元	每股盈利	0.34 元

注：数据截至 2022 年 4 月 20 日，财务数据为 2021 年度数据。

从表5–13中可以看出，中交地产的基本面尚可，但是，对于游资来说，这并不重要。关键的问题是它的盘子非常小（在地产基建行业中算是较小的盘子），这样比较容易拉升，而且自身的行业属性与“房地产基建”的概念非常贴合。

2.股价走势

中交地产的股价自2022年3月底强势涨停，正式进入大幅上攻趋势。

如图5-7所示，2022年3月25日，中交地产的股价在前日振荡的基础上，三个交易日内两度涨停。

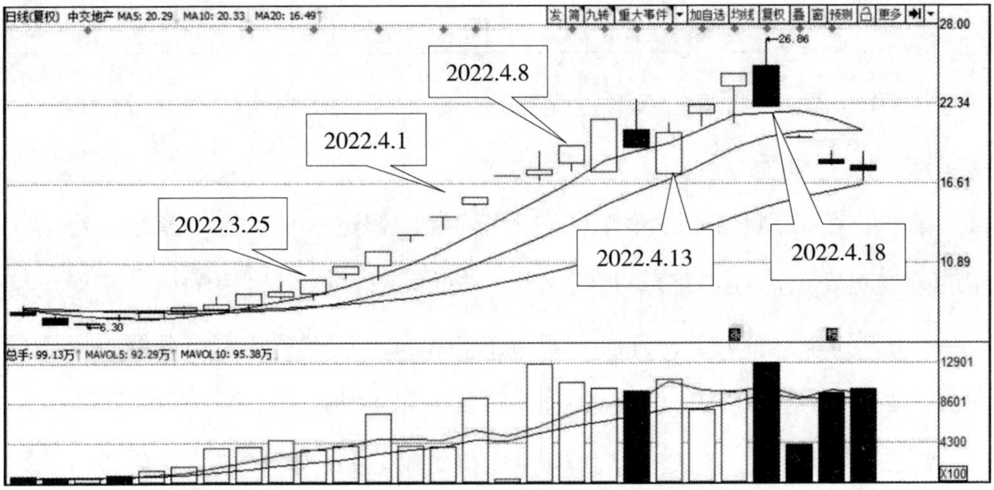

图5-7　中交地产（000736）日K线走势图

此后，该股股价掀起了一波快速上攻之路，股价连续拉出涨停板。章盟主经常使用的国泰君安上海江苏路营业部频繁地出现在龙虎榜上，使得可以对其操作进行跟踪。

其具体交易记录如表5-14所示。

表5-14　中交地产龙虎榜数据

日期	买入金额（万元）	卖出金额（万元）
4.1 以前	3795.65	21.42
4.7	60（估算数值）	4300（估算数据）
4.8	2065.95	70.29
4.11	2051.57	2237.36

（续表）

日期	买入金额（万元）	卖出金额（万元）
4.12	3935.54	229.85
4.13	672.03	32.6
4.14	4943.49	782
4.15	75.48	5613.69

对照国泰君安上海江苏路营业部的交易记录以及中交地产的股价走势，可以发现以下几点。

第一，在4月1日的龙虎榜（三日涨幅累计超过20%）上，章盟主经常使用的国泰君安上海江苏路营业部出现。与此同时，在4月1日的另一个龙虎榜（当日涨幅偏离7%）上，并没有章盟主的席位。这就意味着，章盟主应该是在3月31日或3月30日进入该股的，而且买入了3795万元。

第二，4月6日，该股一字封板，没有交易记录。4月7日，该股股价剧烈波动，成交量剧烈波动，章盟主应该在当日将之前买入的股票全部清仓了，卖出金额应该在4300万元左右（当日龙虎榜最低卖出金额为4500万元左右），盈利在15%左右。

第三，4月8日，该股卷土重来，章盟主再次入局，相对比较保守地买入了2065万元。4月11日，章盟主卖出了前日买入的股票，盈利应该在170万元左右。同日，他又买入了2051.57万元。

第四，4月12日和13日，该股股价出现剧烈振荡，但章盟主保持了较佳的定力，没有进行大幅减仓，还在12日加仓3935万元、13日加仓672万元。4月14日，该股又一次强势涨停，章盟主再度买入4943万元，而且只卖出了782万元。这说明章盟主对股价后面的走势仍旧保持了较强的信心。

第五，自4月15日开始，章盟主开始了卖出操作，当日卖出5613.69万元。自4月18日开始，章盟主的席位并未出现在龙虎榜。章盟主在4月18日抛出了剩余的一部分筹码后（应该不会超过5200万元，龙虎榜卖出最后一名为5279万元），手中应该还有一部分留存。

总之，从交易记录来看，章盟主前期的交易都是比较顺利和成功的，盈利也非常高。4月18日卖出的筹码达到了最佳的获利水平，总体上来看，是比较成功的交易。特别是4月12日与13日，该股股价出现大幅回调时，章盟主并未进行减仓卖出，这本身就是一种胆气和资金实力的体现，并非普通散户能够做到的。

第三节 上海溧阳路：第二波战法

中信证券上海溧阳路，又是一个国内顶级游资聚集的营业部，据说有多位国内顶级游资使用该营业部的席位。

一、浙江建投：强攻第二波

浙江建投是一家集投资、设计、建造、运维于一体的现代化建筑服务全产业链企业。

1.基本面情况

浙江建投的基本面数据如表5-15所示。

表 5-15 浙江建投基本数据表

股票名称	浙江建投	所属行业	房屋建设	概念	基建
总股本	10.81 亿	流通股本	2.43 亿	市值	234.76 亿元
总营收	683.82 亿元	利润	9.14 亿元	每股盈利	0.8 元

注：数据截至 2022 年 4 月 20 日，财务数据为 2021 年第三季度数据。

从表5-15中可以看出，浙江建投的基本面不错。对于游资来说，盘子并不算大（尽管该股的整个盘子有200多亿元，但流通股占比较少，流通市值也就在50亿元左右），比较容易拉升，而且自身的行业属性与“基建”概念非常贴合。

2.股价走势

浙江建投的股价自2022年2月7日强势涨停，正式进入大幅上攻趋势。

如图5-8所示，2022年2月7日，浙江建投的股价以涨停的方式迎接春节后的第一个交易日。此后，该股股价连续拉出多个涨停板，龙头风采尽显。

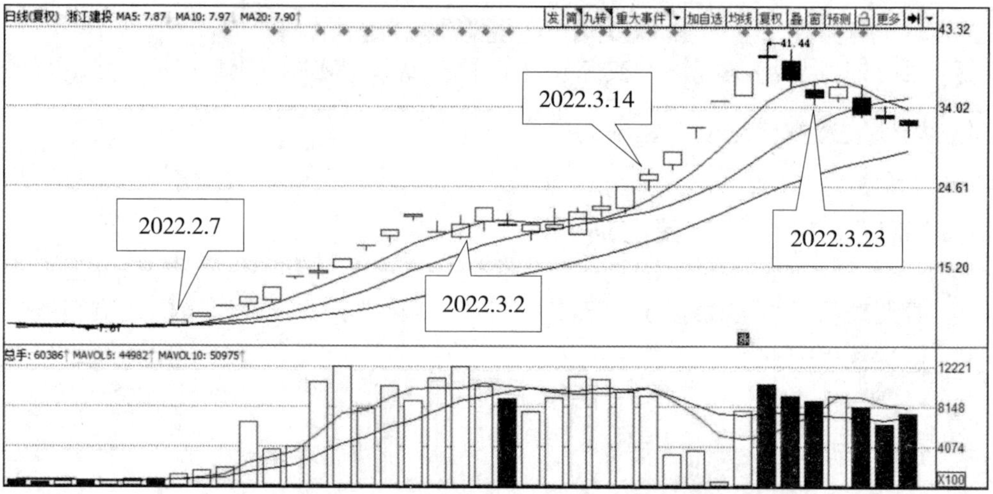

图5-8 浙江建投（002761）日K线走势图

到2022年3月初，浙江建投的股价出现了振荡调整，中信证券上海溧阳路营业部就是在此阶段介入该股的。该股随后又发动了新一波上涨，并在3月20日前后进入顶部区域。从操作记录来看，上海溧阳路营业部应该在3月23日全部清仓了该股，获利颇丰。

其具体交易记录如表5-16所示。

表 5-16 浙江建投龙虎榜数据（上海溧阳路）

日期	买入金额（万元）	卖出金额（万元）
3.2	4385.94	9.36
3.4	2160.86	1319.42
3.14	538.01	4493.97
3.23	192	15925.4

对照中信证券上海溧阳路的交易记录以及浙江建投的股价走势，可以发现以下几点。

第一，在浙江建投的第一波上攻走势中，上海溧阳路并没有参与进来，而是在股价进入调整阶段后才入场，这说明即使是顶级游资，也不能确保第一时间就能发现牛股或强势股。也就是说，所谓的牛股或龙头股，是市场的选择，而非某一家游资刻意而为。从操作上来看，上海溧阳路的操作就属于典型的接力操作了。

第二，在3月2日的龙虎榜上，溧阳路首次出现，并强势买入了4385万元，成本价应该不会超过21元。3月3日，该营业部没有登上龙虎榜，也就意味着该营业部的操作力度较小，买入与卖出金额应该不超过2100万元（龙虎榜最低买入金额为2192万元，最低卖出金额为2030万元）。结合后面的操作来看，该营业部当日卖出金额应该较少，买入金额可能接近2000万元的水平。

第三，3月4日，该股振荡走低，并封于跌停板。该营业部仍是买入（2160万元）多于卖出（1319万元），这说明该营业部强烈看好该股，并且已经深度建仓布局。这与其他几个顶级游资的操作思路有所不同，其实这也是资金实力的体现。

第四，3月14日，该营业部直接卖出了4493万元，这是在13日涨停基础上再度冲击涨停板失败的日子。当日，该营业部卖出了手中大部分筹码（获利较好）。从后面的龙虎榜数据来看，游资应该还有相当一部分的底仓。

第五，该营业部其后一直到3月23日之前都没有出现在龙虎榜，这就意味着该营业部即使有交易活动，金额也相对较少。3月23日，该营业部一次性卖出了1.59亿元，这是典型的清仓操作，即将该只股票的底仓全部抛出了。从该股的走势来看，该营业部的操作应该获利颇为丰厚，3月23日清仓点的掌控也比较到位。

二、天龙股份：超短线获利

天龙股份是一家从事精密模具开发、高复杂度注塑成型工艺和自动化装配技术的企业，属于汽车零部件行业。

1.基本面情况

天龙股份的基本面数据如表5–17所示。

表 5–17　天龙股份基本数据表

股票名称	天龙股份	所属行业	汽车零部件	概念	汽车电子
总股本	1.99 亿	流通股本	1.98 亿	市值	34.23 亿元
总营收	8.43 亿元	利润	0.59 亿元	每股盈利	0.39 元

注：数据截至 2022 年 4 月 20 日，财务数据为 2021 年第三季度数据。

从表5–17中可以看出，天龙股份的基本面尚可。盘子较小，与汽车零部件行情密切相关，拉升容易，这是游资非常看重的。在2022年上半年的市场上，新能源汽车以及汽车零部件产业都是市场炒作的主线。

2.股价走势

天龙股份的股价自2022年4月14日强势涨停，并出现了一波小幅上升趋势。

如图5-9所示，2022年4月14日，天龙股份的股价强势涨停，并向上突破了多条均线的压制。此后，该股股价开启了一波上升走势。

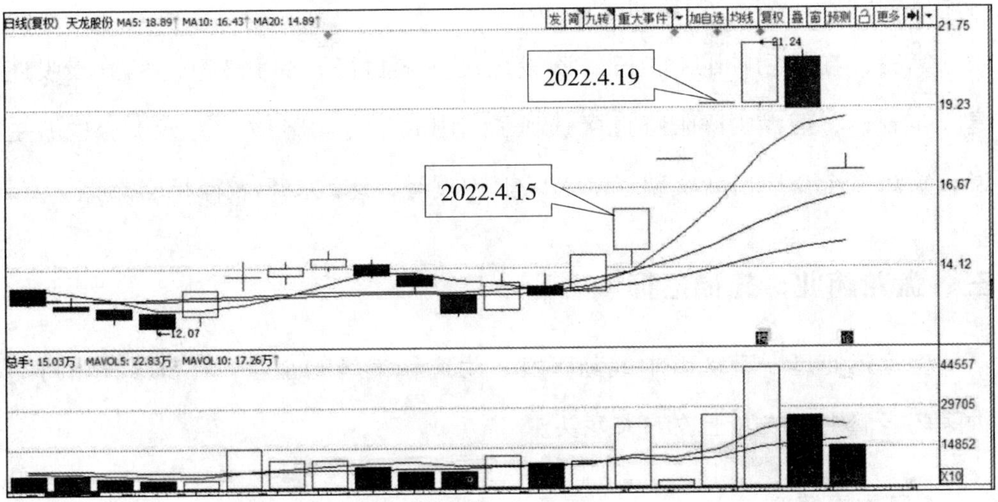

图5-9　天龙股份（603266）日K线走势图

4月15日，该股经过一波振荡后，下午强势上攻，再度封上涨停板。当日，中信证券上海溧阳路强势买入。

此后，该股甚至连续两个交易日出现一字板。不过，溧阳路的操作却十分干脆，在4月19日直接出清了仓位，尽管后面该股还有一个涨停，也没有留恋。

其具体交易记录如表5-18所示。

表 5-18　天龙股份龙虎榜数据

日期	买入金额（万元）	卖出金额（万元）
4.15	1416.78	0
4.19	0	1717.43

对照溧阳路的交易记录以及天龙股份的股价走势，可以发现以下几点。

第一，这是一次典型的超短线交易，从入场到离场也就三个交易日。不过，这三个交易日却实现了较高的投资收益。

第二，从K线图上来看，4月15日天龙股份出现第二个涨停板时，溧阳路开始强势介入，买入金额为1416万元。

第三，在其后的4月18日，该股直接一字封板。4月19日，尽管该股还是一字封板，但盘中溧阳路直接获利了结出局了（卖出1717万元）。也就是说，短短三个交易日就实现了20%以上的收益，这波交易做得相当漂亮。

三、盘龙药业：先扬后抑

盘龙药业是一家从事中成药研发、生产和销售的企业，在2022年3月的中医药行情中，成为上攻的大龙头。

1.基本面情况

盘龙药业的基本面数据如表5-19所示。

表 5-19　盘龙药业基本数据表

股票名称	盘龙药业	所属行业	中药	概念	新冠治疗
总股本	0.87 亿	流通股本	0.55 亿	市值	32.36 亿元
总营收	6.23 亿元	利润	0.73 亿元	每股盈利	0.85 元

注：数据截至 2022 年 4 月 21 日，财务数据为 2021 年第三季度数据。

从表5-19中可以看出，盘龙药业的基本面尚可。但是，对于游资来说这并不重要，关键的问题是它的盘子非常小，这样比较容易拉升，而且自身的行业属性与“新冠治疗”概念非常贴合。

2.股价走势

盘龙药业的股价自2022年3月中旬强势涨停，并正式进入大幅上攻趋势。

如图5-10所示，2022年3月16日，盘龙药业的股价在前日振荡的基础上，五个交易日内两度涨停。至此，增强版上升三法形态正式成立。

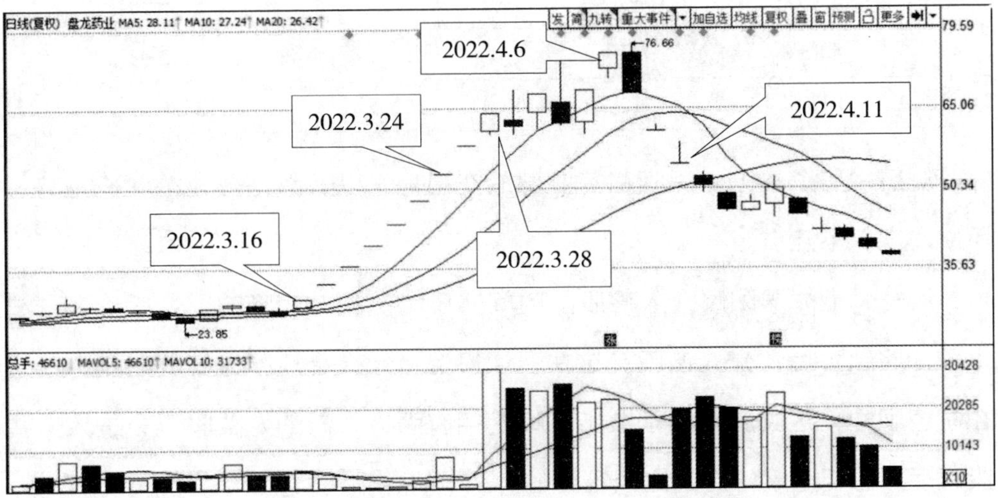

图5-10　盘龙药业（002864）日K线走势图

此后，该股股价掀起了一波快速上攻之路，股价连续拉出涨停板。中信证券上海溧阳路营业部频繁地出现在龙虎榜上，使得可以对其操作进行跟踪。

其具体交易记录如表5-20所示。

表5-20　盘龙药业龙虎榜数据

日期	买入金额（万元）	卖出金额（万元）
3.24	2084.28	0
3.28	3824.91	2439.72
3.29	2412.52	29.97
3.30	2630.99	33.79
3.31	839.26	3215.97
4.1	3113.12	3.79
4.6	未登上龙虎榜（交易数据应该不高）	

（续表）

日期	买入金额（万元）	卖出金额（万元）
4.7	17.25	5186.28
4.8	0	1222.08
4.11	13.93	2826.87

对照中信证券上海溧阳路营业部的交易记录以及盘龙药业的股价走势，可以发现以下几点。

第一，上海溧阳路介入该股的时间实质上是相对较晚的，在股价第一波上攻即将结束后才介入该股。这在普通投资者看来是风险极高的时刻，不过在游资眼中，这类股票属于被市场证明拥有强大人气的龙头股票，进入这些股票后，想要出来肯定是比较容易的。

大家从另外一个角度更容易理解游资的操作。游资的资金量并不算高，因而喜欢操作盘子小的股票，这些股票更容易拉升。不过，这些股票盘子小，平时的交易量更是小得可怜，如果不能调动整个市场的情绪，将换手率推高，游资就会进去容易出来难。

正因如此，很多游资都喜欢介入股价已经走高，最好连续拉出三个以上涨停板的股票，毕竟这类股票都是获得市场高度关注的对象。

第二，3月24日上海溧阳路介入该股后，25日股价直接走出无量一字板。到28日涨停板打开时，这部分资金直接产生了350万元左右的利润。随后，溧阳路又加大了买入的力度，28日、29日、30日连续三个交易日游资执行买入操作，而且几乎没有卖出，由此可见该营业部对该只股票的认可。

第三，3月31日，盘龙药业的股价冲高后回落。当日，溧阳路卖出了3215万元，买入了839万元。4月1日和4月6日，该股股价连续涨停，溧阳路除了在4月1日买入了3000万元外，在6日没有进行大笔交易。

第四，自4月7日开始，溧阳路开始执行卖出操作。只是该股股价出现了大幅走低态势，溧阳路连续三个交易日卖出，三个交易日全部以跌停收盘。

综合以上分析可以看出，溧阳路交易盘龙药业的过程，整体上属于先赚钱后亏钱，最后可能盈亏大致相当。由此可见，游资操作也有不得已的时候，毕竟资金量太大了，一卖出就容易使股价出现跌停。

第四节　苏南帮：超短线，不恋战

苏南帮以超短线操作为主，资金量大，实力较强，而且人员众多。有利则往，无利则退，绝不恋战，是苏南帮最典型的操作风格。

一、浙江永强：短线教科书

浙江永强是国内最大的户外休闲家具及用品ODM制造商，属于家居用品行业。

1.基本面情况

浙江永强的基本面数据如表5-21所示。

表 5-21　浙江永强基本数据表

股票名称	浙江永强	所属行业	家居用品	概念	家用轻工 + 外贸
总股本	21.76 亿	流通股本	18.81 亿	市值	84.85 亿元
总营收	81.51 亿元	利润	1.25 亿元	每股盈利	0.06 元

注：数据截至 2022 年 4 月 20 日，财务数据为 2021 年度数据。

从表5-21中可以看出，浙江永强的基本面一般，但盘子较小，拉升容易，具有典型的外贸概念，这些都是游资非常看重的。

2.股价走势

浙江永强的股价在2022年2月中旬出现了一波短线拉升走势。苏南帮在这波拉升过程中获利颇丰，且拉升动作如同标准的短线操作教科书。

自2022年2月17日开始，浙江永强强势涨停，并出现了一波小幅上升趋势。

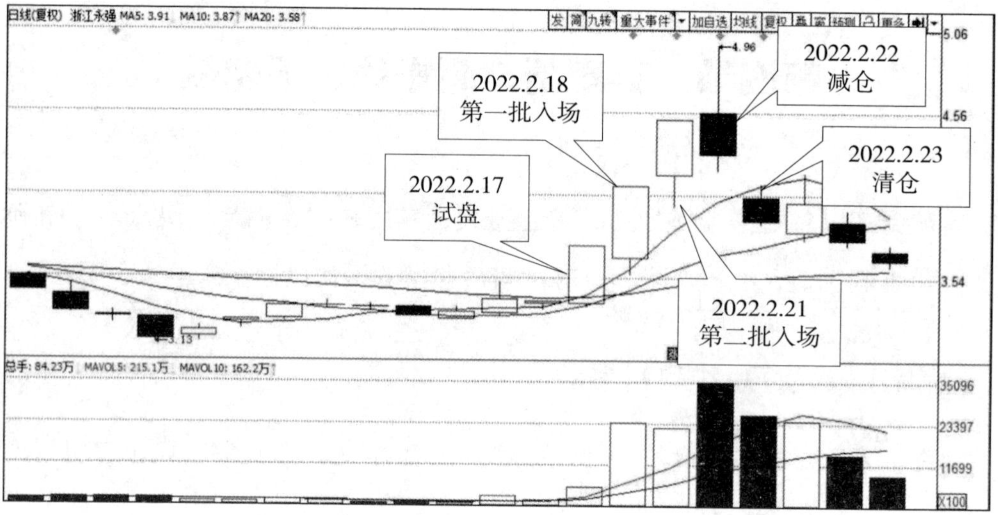

图5-11 浙江永强（002489）日K线走势图

如图5-11所示，浙江永强的股价在2022年2月中旬以前一直呈横向盘整走势。2月17日，该股股价在“轻工+外贸”概念走强的影响下，直线拉升至涨停板。苏南帮常用的“国泰君安证券股份有限公司深圳登良路证券营业部”从当日开始介入。其交易记录如表5-22所示。

对照国泰君安证券股份有限公司深圳登良路证券营业部的交易记录以及浙江永强的股价走势，可以发现以下几点。

第一，从苏南帮的操作来看，整个过程如行云流水，在上攻的顶峰大幅抛出筹码，次日直接将手中的筹码全部清空，顺利完成一波短线交易，短短五个交易日获利在800万元以上。

表 5-22　浙江永强龙虎榜数据

日期	买入金额（万元）	卖出金额（万元）
2.17	500（估算）	0
2.18	3897.51	531.96
2.21	3100（估算，3 个交易日合计 7493.75）	0.16
2.22	1109.52	6715.90
2.23	1.68	2182.62

第二，除了2月18日将试盘的筹码抛出外，2月21日股价大幅振荡过程中，没有向外抛出任何筹码，还进行了加仓，说明该游资对股价波动的掌控极佳。

第三，2月22日，股价触及短期顶部后，直接用手中筹码将涨停板砸开，出逃了大部分筹码。同时游资也没有斩尽杀绝，而是将少部分筹码留给了次日，同日还买入了部分股票，这就给了很多追涨者信心。若当日将筹码全部抛出，股价则有跌停的风险。

第四，2月23日股价低开之后，干脆利落地将手中筹码全部清仓，没有给后面留下任何底仓或后手，非常之干脆。

总之，从整个操作过程来看，游资盈利水平还是相当不错的。游资操作毕竟不像散户资金规模较小，进出方便。

二、镇洋发展：超短线交易

镇洋发展是一家从事氯碱相关产品研发、生产与销售的企业，属于化工行业。

1.基本面情况

镇洋发展的基本面数据如表5-23所示。

表 5-23　镇洋发展基本数据表

股票名称	镇洋发展	所属行业	化学原料	概念	消毒剂
总股本	4.35 亿	流通股本	0.65 亿	市值	72.83 亿元
总营收	6.19 亿元	利润	1.04 亿元	每股盈利	0.24 元

注：数据截至 2022 年 4 月 22 日，财务数据为 2022 年第一季度数据。

从表5-23中可以看出，镇洋发展的基本面不错。不过盘子较小，拉升容易，才是游资更看重的。另外，在新冠病毒横行时期，消毒剂概念也是市场的一个炒作热点。

2.股价走势

2021年，镇洋发展属于典型的次新股。镇洋发展的股价在上市初期经过一波拉升后出现回调。自2021年12月6日开始，镇洋发展出现了新一波短线拉升走势，苏南帮在这波拉升过程中获利颇丰。

如图5-12所示，镇洋发展的股价在2021年12月初调整到位后，再次启动了一波上升行情。苏南帮常用的“国泰君安证券股份有限公司深圳登良路

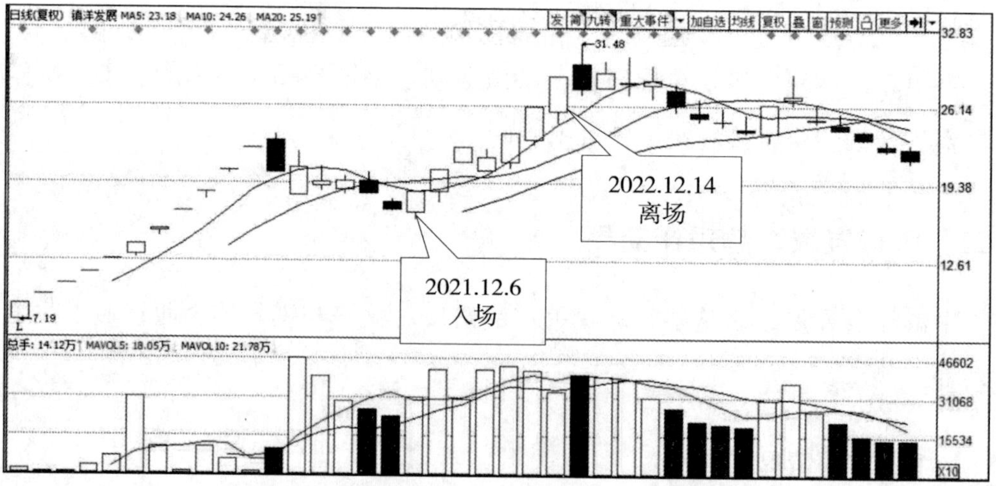

图5-12　镇洋发展（603213）日K线走势图

证券营业部”从当日开始介入，其交易记录如表5-24所示。

表 5-24　镇洋发展龙虎榜数据

日期	买入金额（万元）	卖出金额（万元）
12.6	2729.75	0
12.7	0	3123.28
12.8	1797.12	0
12.9	0	1292.01
12.10	1133.40	0
12.13	0	1122.46
12.14	0	901.76

对照国泰君安证券股份有限公司深圳登良路证券营业部的交易记录以及镇洋发展的股价走势，可以发现以下几点。

第一，苏南帮的交易十分简单直接，多数都是“今日买，明日卖”的操作模式，在该只股票的交易过程中，显得十分有效。

第二，从交易结果来看，整个交易期间，最终的盈利应该在750万元以上，而该营业部调动的资金量都没有超过4000万元，这种利润率是相当可观的。

第三，该营业部游资实施的滚动交易，不仅收益颇丰，最主要的是还能将风险控制在较低的水平，每次投入的资金量不大，而且都及时收回了。

总之，这是一波非常成功的超短线滚动交易。当然，这也需要游资具有较强的资金实力和眼光。

第五节　佛山系：只吃一段鱼

佛山系使用的营业部有多个，其中有一些已经公开，估计还有一些没有公开，其中以光大证券佛山绿景路营业部最为知名。

一、依米康：超前布局，超额收益

依米康集团是数字基础设施全生命周期解决方案服务商、高新技术企业。公司拥有覆盖关键设备、物联软件、智能工程、数字服务四轮驱动的全产业链布局企业，属于计算机行业。

1.基本面情况

依米康的基本面数据如表5-25所示。

表 5-25　依米康基本数据表

股票名称	依米康	所属行业	计算机设备	概念	数据中心
总股本	4.37 亿	流通股本	3.2 亿	市值	47.33 亿元
总营收	14.49 亿元	利润	0.3 亿元	每股盈利	0.07 元

注：数据截至 2022 年 4 月 22 日，财务数据为 2021 年度数据。

从表5-25中可以看出，依米康的基本面一般。但盘子较小，拉升容易，才是游资非常看重的。其具有的“数据中心”概念，也是市场反复炒作的热点。

2.股价走势

依米康的股价在2022年2月出现了一波短线拉升走势。佛山系在这波拉升过程中获利颇丰，且拉升动作如同标准的短线操作教科书。

如图5–13所示，依米康的股价在2022年2月以前一直呈横向盘整走势。1月17日，该股股价突然出现大幅下跌。

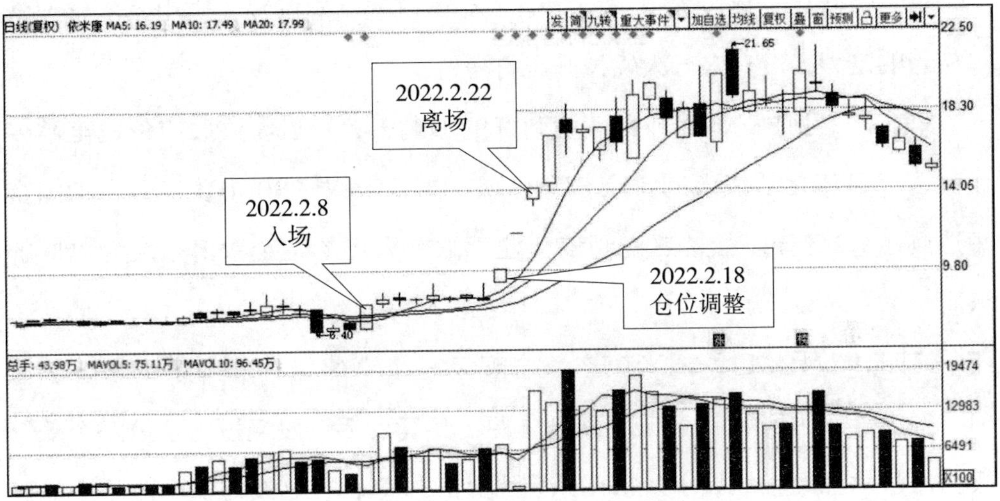

图5–13　依米康（300249）日K线走势图

此后，该股低位横盘两个交易日。2月8日，佛山系游资强势介入，其交易记录如表5–26所示。

表5–26　依米康龙虎榜数据

日期	买入金额（万元）	卖出金额（万元）
2.8	10163.8	0
2.18	6193	12192.5
2.21	一字板，未交易	
2.22	3.07	8900.57

对照光大证券股份有限公司佛山绿景路营业部的交易记录以及依米康的股价走势，可以发现以下几点。

第一，从佛山系的操作来看，对于依米康股价起涨的提前预判和埋伏，是整个操作获利的基础和前提。2月8日，佛山系率先对依米康进行强势拉升，当日直接买入了1亿元以上，几乎是凭借一己之力将股价拉升至涨停板，由此可见该游资操作风格之强悍。

第二，此后，该股股价经历了七个交易日的横向振荡，佛山系资金保持了相当的定力，没有进行大幅拉升或打压。

第三，2月18日，在外围环境利好的影响下，轻松将该股股价送至涨停板位置，且将之前投入的资金获利兑现。当天买入了6000多万元，卖出金额达到了1.2亿元以上，这说明该营业部之前入场的资金取得了较为丰厚的获利。

第四，2月22日，依米康连续出现第三个涨停板，佛山系资金全线撤出，卖出金额达到8900万元，获利丰厚。尽管此后该股又拉出了第四个涨停板，但整体涨幅已经偏小。佛山系资金介入较早，在这波行情中赚了个盆满钵满。

总之，在这波操作过程中，佛山系游资的盈利金额超过了4700万元，这是一个极为漂亮的数据。这也是佛山系操盘最典型的一个案例。

二、宁波能源：引领上升行情

宁波能源是一家从事热电联产、生物质发电、抽水蓄能和综合能源服务，以及能源类相关金融投资等业务的企业。

1.基本面情况

宁波能源的基本面数据如表5-27所示。

从表5-27中可以看出，宁波能源的基本面尚可。对于游资来说，盘子并不算大，这样比较容易拉升，而且自身的行业属性与“绿色电力”概念非常贴合。

表 5-27 宁波能源基本数据表

股票名称	宁波能源	所属行业	电力	概念	绿色电力
总股本	11.18 亿	流通股本	7.57 亿	市值	63.94 亿元
总营收	69.14 亿元	利润	4.74 亿元	每股盈利	0.44 元

注：数据截至 2022 年 4 月 22 日，财务数据为 2021 年度数据。

2.股价走势

宁波能源的股价自2022年2月24日强势涨停，并正式进入大幅上攻趋势。

如图5-14所示，宁波能源的股价在2022年2月下旬以前一直呈横向盘整走势。2月24日，该股股价在“光伏+绿色电力”概念走强的影响下，直线拉升至涨停板。佛山系常用的光大证券股份有限公司佛山绿景路营业部从当日开始介入，其交易记录如表5-28所示。

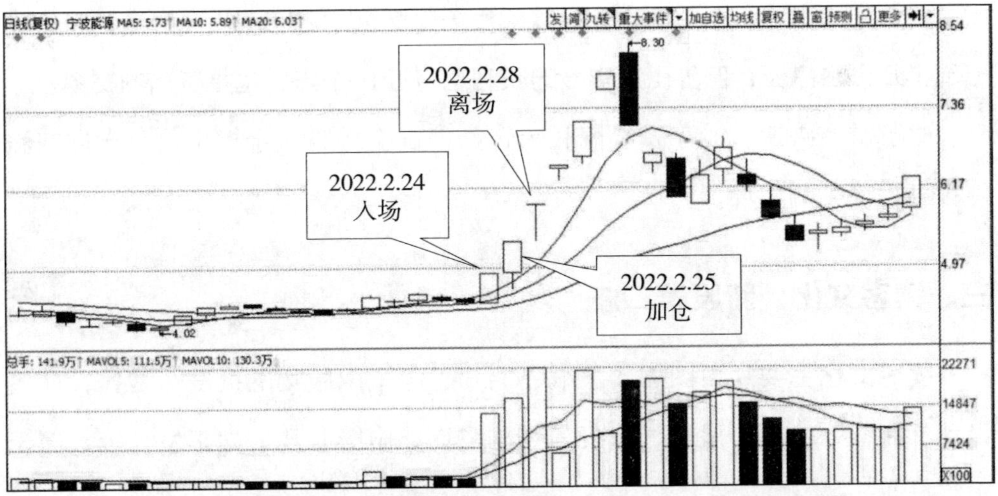

图5-14 宁波能源（600982）日K线走势图

对照光大证券股份有限公司佛山绿景路营业部的交易记录以及宁波能源的股价走势，可以发现以下几点。

表 5-28　宁波能源龙虎榜数据

日期	买入金额（万元）	卖出金额（万元）
2.24	442.96	0
2.25	1145.44	0
2.28	0	1752.91

第一，从佛山系的操作来看，整个过程如行云流水，在上攻的初始阶段入场，并在股价大幅拉升阶段撤出。追求股价上升初期的利润而非后期利润，可以将风险控制在较低的水平。当然，这也存在股价涨幅不达标、筹码难以兑现的风险，因此，试盘就是这些游资必不可少的操作步骤。

第二，2月24日，宁波能源强势涨停，佛山系少量介入了该股。2月25日，该股盘中走强，再度封板，佛山系加大了入场仓位。连续两个交易日，佛山系买入的金额为1588万元，并不是很高。

第三，2月28日，宁波能源的股价以涨停开盘，但盘中涨停板被砸开，佛山系资金坚决出逃，全部清仓。尽管此后该股继续了之前的上升行情，股价又出现了几个涨停板，但佛山系资金的获利也将近10个点，也是不错的交易。

对于游资来说，由于资金量较大，如何安全地将资金撤出，是比捕获涨停板更为优先的事项。

三、读客文化：新股第二波

读客文化主要从事图书、报纸、期刊、电子出版物的批发、零售，广告设计、制作、代理、发布，影视策划与咨询，电影制片、电影发行等，属于出版行业。

1.基本面情况

读客文化的基本面数据如表5-29所示。

表 5-29　读客文化基本数据表

股票名称	读客文化	所属行业	出版	概念	次新股
总股本	4 亿	流通股本	0.4 亿	市值	50.12 亿元
总营收	1.13 亿元	利润	0.08 亿元	每股盈利	0.02 元

注：数据截至 2022 年 4 月 22 日，财务数据为 2022 年第一季度数据。

从表5-29中可以看出，读客文化的基本面一般。盘子较小，拉升容易，才是游资非常看重的。在市场整体行情不好的时段，新股和次新股常常成为游资攻击的重点，毕竟没有套牢盘的制约，拉升更加轻快。

2.股价走势

2021年，读客文化属于典型的次新股。读客文化的股价上市初期经过一波拉升后出现回调。自2021年7月28日开始，读客文化出现了新一波短线拉升走势，佛山系在这波拉升过程中获利颇丰。

如图5-15所示，读客文化的股价在2021年7月下旬调整到位后，再次启动了一波上升行情。佛山系常用的光大证券股份有限公司佛山绿景路营业部从当日开始介入，其交易记录如表5-30所示。

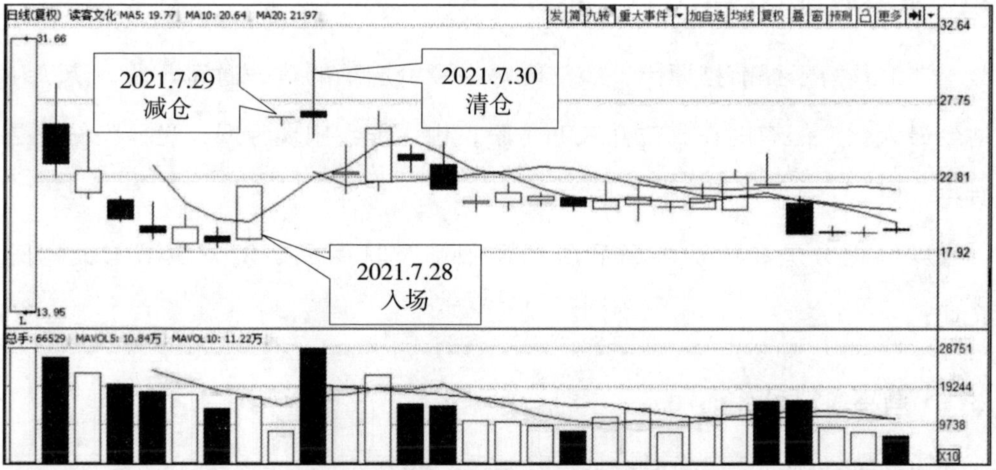

图5-15　读客文化（600309）日K线走势图

表 5-30 读客文化龙虎榜数据

日期	买入金额（万元）	卖出金额（万元）
7.28	3497.99	2.08
7.29	0	1537.69
7.30	0.29	2679.22

对照光大证券股份有限公司佛山绿景路营业部的交易记录以及读客文化的股价走势，可以发现以下几点。

第一，佛山系的交易十分简单直接，多数都是在股价启动初期介入，在该只股票交易的过程中，显得十分有效。

第二，在7月28日读客文化强势上攻期间，佛山系直接买入了3497万元。

第三，7月29日，该股股价再度强势涨停，佛山系卖出了1537.69万元。7月30日，该股股价出现大幅振荡，佛山系直接清空了仓位。

从整个交易过程来看，佛山系的操作非常简洁，28日买入，29日减仓，30日全部清仓，收益超过了700万元，盈利幅度超过了25%。

四、爱慕股份：高位介入，认亏出局

佛山系善于提前打埋伏，经常能够在股价启动的第一时间介入，使获利达到最大化。但有时在高位介入的个股，也可能会出现亏损，爱慕股份就是其中一只。

爱慕股份是专业从事高品质贴身服饰及其用品研发、生产与销售的企业。

1.基本面情况

爱慕股份的基本面数据如表5-31所示。

表 5-31　爱慕股份基本数据表

股票名称	爱慕股份	所属行业	服装家纺	概念	次新股
总股本	4 亿	流通股本	0.4 亿	市值	75.64 亿元
总营收	24.67 亿元	利润	2.59 亿元	每股盈利	0.69 元

注：数据截至 2022 年 4 月 22 日，财务数据为 2021 年第三季度数据。

从表5-31中可以看出，爱慕股份的基本面不错。不过盘子较小，拉升容易，才是游资看重的。另外，在市场行情不好的时段，新股和次新股常常成为游资攻击的重点，毕竟没有套牢盘的制约，拉升更加轻快。

2.股价走势

2021年，爱慕股份属于典型的新股。爱慕股份的股价在上市初期经过一波拉升，在拉升的末期，佛山系强势介入。

如图5-16所示，爱慕股份在2021年5月31日正式登陆A股市场。此后，该股股价连续上攻，且几乎都是无量涨停。

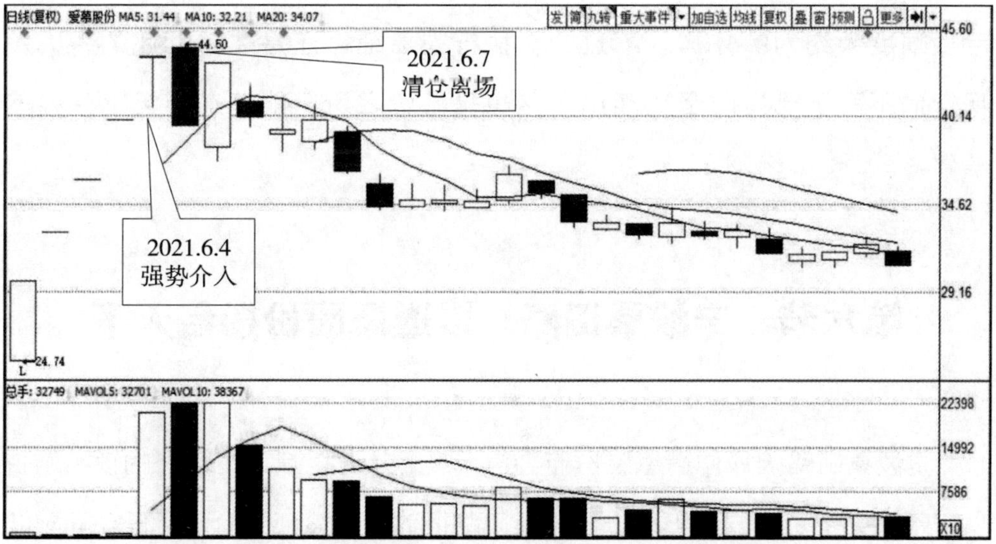

图5-16　爱慕股份（603511）日K线走势图

6月4日，该股的涨停板出现松动，佛山系常用的光大证券股份有限公司佛山绿景路营业部从当日开始介入，其交易记录如表5-32所示。

表 5-32 爱慕股份龙虎榜数据

日期	买入金额（万元）	卖出金额（万元）
6.4	5047.39	0
6.7	0	4568.75

对照光大证券股份有限公司佛山绿景路营业部的交易记录以及爱慕股份的股价走势，可以发现以下几点。

第一，佛山系的交易十分简单直接，在抢入新股阶段同样表现得非常直接。6月4日，佛山系强势买入了5047万元。

第二，6月7日，爱慕股份略有高开之后，开始了振荡下跌走势。眼见无法顺利拉升，佛山系直接选择了清仓手中的股票，当日卖出了4568.75万元。

从整个交易来看，佛山系在爱慕股份的交易过程中亏损了478万元，亏损幅度大约为9.48%。不过，其执行交易纪律还是非常彻底的，即发现行情不利于己方时坚决卖出，这也是游资之所以能够在市场上生存的基础。

第六节　宁波桑田路：以道恩股份扬名天下

宁波桑田路因炒作道恩股份而名声大噪，从此以后，市场上的顶级游资俱乐部中又多了宁波桑田路。宁波桑田路指的是国盛证券有限责任公司宁波桑田路证券营业部。关于这个席位的操盘手，目前还没有确认。

一、道恩股份：桑田路一战成名

道恩股份是桑田路的成名之地。借助道恩股份，桑田路游资的盈利规模可能超过1.5亿元，这在游资领域是一个经典中的经典。

道恩股份是一家从事研发、生产、销售热塑性弹性体、改性塑料和色母粒等功能性高分子复合材料等业务的企业。

1.基本面情况

道恩股份的基本面数据如表5-33所示。

表 5-33　道恩股份基本数据表

股票名称	道恩股份	所属行业	塑料	概念	口罩
总股本	4.09 亿	流通股本	3.51 亿	市值	62.07 亿元
总营收	11.94 亿元	利润	0.51 亿元	每股盈利	0.13 元

注：数据截至 2022 年 4 月 22 日，财务数据为 2022 年第一季度数据。

从表5-33中可以看出，道恩股份的基本面非常一般。但是在2020年，由于新冠疫情的原因，市面上口罩紧缺，因此，只要是与口罩有关的上市公司都遭到了爆炒。

2.股价走势

道恩股份的股价自2020年2月3日强势涨停，并正式进入大幅上攻趋势。

如图5-17所示，2020年2月3日，道恩股份的股价在疫情影响叠加口罩紧缺的推动下，直接一字板涨停。

此后，该股股价掀起了一波快速上攻之路，股价连续拉出涨停板。国盛证券宁波桑田路频繁地出现在龙虎榜上，使得可以对其操作进行跟踪。

其具体交易记录如表5-34所示。

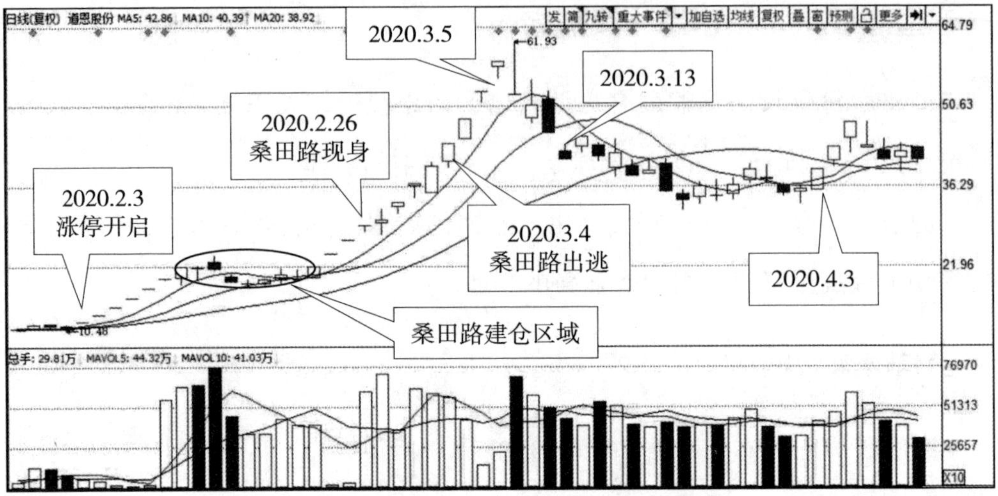

图5-17　道恩股份（002838）日K线走势图

表 5-34　道恩股份龙虎榜数据

日期	买入金额（万元）	卖出金额（万元）
2020.2.17 前后（推测）	18000	0
2.26	25410.5	25491.5
2.27（计算）	2900	150
3.2（计算）	6100	13000
3.4	207.82	32595.8
3.5	1748.13	399.53
3.13	4145.52	186.79
4.3	2436.15	4.77

在宁波桑田路操作道恩股份的上涨行情中，该营业部有多次没有登上龙虎榜，因而有些数据不得不靠推测和计算获得。

第一，2月26日，宁波桑田路的交易记录强势登上龙虎榜，一时间桑田路成了市场寻找和研判的对象。宁波桑田路初次上榜不仅有大手笔买入的2.54亿元，还有卖出的2.53亿元，这都不是小数目。由于此前几个交易日加上2月3日启动后的几个交易日，股票都近乎于无量涨停，且龙虎榜上并没有出现过桑田路，这就意味着桑田路整个买入行动都是在股价第一阶段上升后的调整期间完成的。考虑卖出时的金额以及股价上升的幅度，买入金额应该在1.8亿元左右。也就是说，桑田路第一笔交易就获利7000万元左右。不过，当日获利出局后，桑田路并没有满足，而是直接又将卖出的资金再次全部压在了道恩股份上。

第二，通过2月26日的龙虎榜数据，可以大致计算出2月27日桑田路的买卖金额，即买入了2900万元左右，卖出了150万元左右，这说明桑田路对该股股价十分看好。2月28日，桑田路基本上处于锁仓状态。

第三，3月2日，新的一周开启后，该股没有登上龙虎榜。但从后面3月4日的龙虎榜可以计算出当日桑田路的交易数据，即买入了6100万元左右，卖出了1.32亿元，这是获利了结的节奏。

第四，3月4日，桑田路买入了200万元，卖出金额达到3.26亿元。至此，桑田路的主要交易阶段完成，获利金额在1.7亿元到1.8亿元之间，这是相当高的了。

不过，该营业部其后的交易就叫人十分摸不到头脑了。3月5日，买入了1748万元；3月13日再次买入4145万元；4月3日，三度买入2436万元，而且并没有追踪到卖出记录。不过，无论怎么说，桑田路在道恩股份上的交易都可以称之为非常成功。

这与营业部的资金实力、勇气以及当时的市场环境密切相关。比如2月26日，当该营业部卖出2.53亿元后，发现市场承接力极强，并没有对股价产生较大影响，随后立即反手再度做多，这是整个操作过程中非常经典的一幕。

二、新炬网络：小赢小输，也是常态

尽管像桑田路这样的游资是靠在道恩股份这只股票大赚一笔而名扬

天下的，但事实上，很多时候，游资资金的积累也是靠日常小亏小赚形成的。大赚一笔，固然是游资追求的，但这对于游资来说也是可遇不可求的。

新炬网络是中国最大的ORACLE服务商，围绕数据、数据库系统及相关领域，提供专业IT运维服务、IT外包服务及云计算、大数据解决方案等。

1.基本面情况

新炬网络的基本面数据如表5-35所示。

表 5-35　新炬网络基本数据表

股票名称	新炬网络	所属行业	IT 服务	概念	数据中心
总股本	0.59 亿	流通股本	0.19 亿	市值	19.31 亿元
总营收	5.91 亿元	利润	0.69 亿元	每股盈利	1.19 元

注：数据截至 2022 年 4 月 22 日，财务数据为 2021 年度数据。

从表5-35中可以看出，新炬网络的基本面不错。不过盘子较小，拉升容易，才是游资看重的。与此同时，由于新炬网络属于数据中心概念，使得其在“东数西算”概念热炒的情况下，很容易成为炒作标的。

2.股价走势

2022年初，“东数西算”概念成为市场热点，新炬网络自然成为炒作的对象。新炬网络的股价在2022年初期经过一波拉升，宁波桑田路也介入了该股。

如图5-18所示，新炬网络的股价2021年底调整到位后，在2022年1月中旬启动了一波上升行情。国盛证券有限责任公司宁波桑田路证券营业部从1月24日开始介入，其交易记录如表5-36所示。

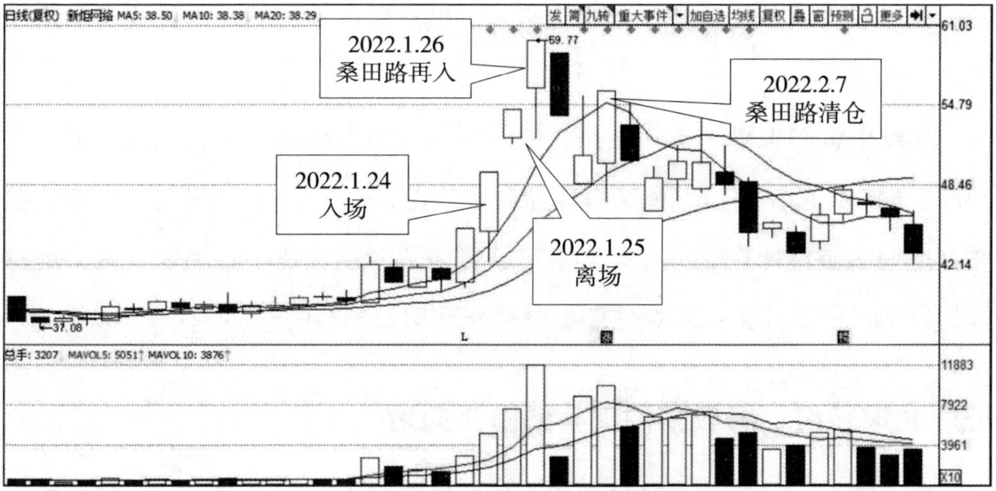

图5-18　新炬网络（605398）日K线走势图

表 5-36　新炬网络龙虎榜数据

日期	买入金额（万元）	卖出金额（万元）
1.24	830.28	0
1.25	0	936.53
1.26	2172.62	0
2.7	0	1834.86

对照国盛证券有限责任公司宁波桑田路证券营业部的交易记录以及新炬网络的股价走势，可以发现以下几点。

第一，由于新炬网络的盘子非常小，所以各路游资投入的资金量整体都不是很大，这也是为了防止资金撤出时遇到困难。

第二，1月24日，新炬网络强势上攻，收出第二个涨停板，桑田路直接买入了830万元，这是比较克制的资金量了。次日，新炬网络涨停板打开时，桑田路坚决出逃了，获利在100万元左右。

第三，1月26日，该股股价再度强势涨停，桑田路再度买入了2172万元。不过行情并未按照桑田路的预期发展，此后该股股价出现回调。2月7

日，该股股价重新出现涨停，桑田路则借机出逃。后面的操作造成桑田路亏损330万元。

从整个操作来看，桑田路在新炬网络上的操作比较克制，毕竟盘子小，限制了操作空间。不过，整个操作盈利也就在100万元，而亏损在330万元左右。这说明游资操作也不全是大手笔，更多的时候也是小打小闹。这也是游资的日常，积少成多，才是他们资金量滚动增长的窍门。

三、北玻股份：解放南向前，桑田路向后

光大证券宁波解放南路与国盛证券宁波桑田路游资都属于宁波帮的典型打法。二者都参与了北玻股份的炒作，只是一个获利颇丰，一家抱憾亏损离场。

北玻股份是一家从事玻璃钢化设备、低辐射镀膜玻璃设备、深加工玻璃等业务的企业。

1.基本面情况

北玻股份的基本面数据如表5-37所示。

表 5-37　北玻股份基本数据表

股票名称	北玻股份	所属行业	玻璃纤维	概念	建筑节能
总股本	9.37 亿	流通股本	5.31 亿	市值	48.64 亿元
总营收	16.99 亿元	利润	0.55 亿元	每股盈利	0.06 元

注：数据截至 2022 年 4 月 22 日，财务数据为 2021 年度数据。

从表5-37中可以看出，北玻股份的基本面非常一般。但是对于游资来说，它的盘子非常小，比较容易拉升，而且自身的行业属性与“基建”概念非常贴合。在经济下行压力下，各地房地产市场限购政策开始松动，给基建

行业提供了广阔的想象空间。

2.股价走势

北玻股份的股价自2022年3月15日强势涨停，并正式进入大幅上攻趋势。

如图5-19所示，2022年3月15日，北玻股份的股价在前日振荡的基础上强势涨停。至此，涨停多方炮形态正式形成。

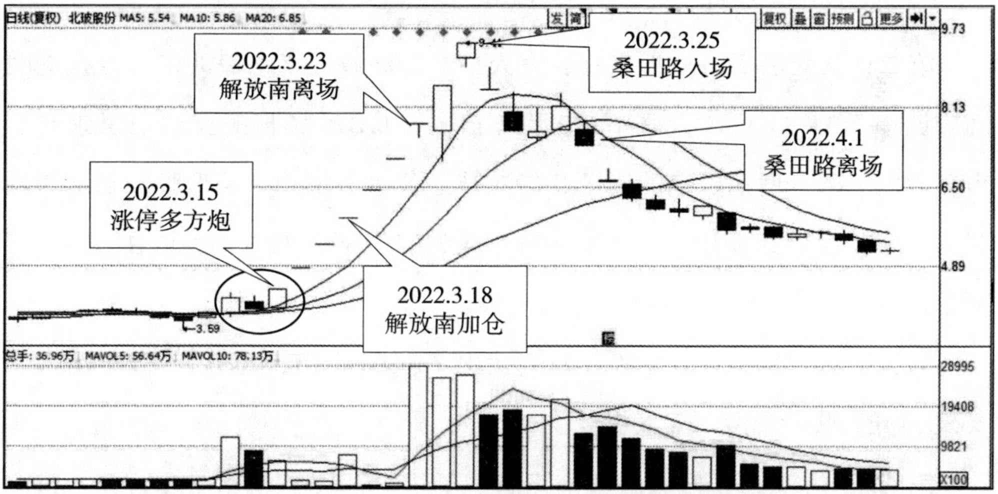

图5-19　北玻股份（002613）日K线走势图

此后，该股股价掀起了一波快速上攻走势，股价连续拉出涨停板。宁波的两家重量级游资营业部先后出现在龙虎榜上，使得可以对其操作进行跟踪。

其具体交易记录如表5-38所示。

对照解放南路与桑田路的交易记录以及北玻股份的股价走势，可以发现以下几点。

第一，二者介入的时机完全不同。解放南路介入较早，基本上是坐轿被抬上去的，而桑田路试图打造新一波行情未果而出现了亏损。

表 5-38　北玻股份龙虎榜数据

日期	营业部	买入金额（万元）	卖出金额（万元）
3.18	光大解放南路	2628.53	207.95
3.23		21.31	3775.65
3.25	国盛证券宁波桑田路	3620.88	96.04
3.28		2737.22	250.41
3.31		132.88	112.84
4.1		109.72	4819.03

第二，从交易记录分析来看，光大证券宁波解放南路早期试盘介入的时间应该早于3月18日（大概率在3月15日），从3月18日的交易记录来看，当日卖出了部分早期试盘的股票，但应该还留有一部分，因为股价封涨停的时间过早，没有必要出货。3月15日介入的资金不会太多，应该在300万元左右。

第三，3月18日，宁波解放南路卖出了200多万元筹码后，直接买入了2628万元，此后就没有买入机会了。

第四，3月23日，宁波解放南路清空了股票，获得资金3775万元。整个操作过程的盈利是十分可观的，应该在1000万元左右，非常成功。

第五，在宁波解放南路卖出股票后的3月25日，宁波的另一顶级游资桑田路强势介入，并大买了3620万元。其后的3月28日，该股股价跌停，桑田路更是又买入了2737万元。

第六，宁波桑田路在4月1日终于还是认赔出局了，卖出金额达到4819万元，全部亏损金额超过了1200万元。

总之，宁波解放南路入局较早，收获了股价上升阶段的利润。在股价已经形成上升趋势且形成第九个涨停板的当日，桑田路强势介入，其目的不言而喻，就是要打造一只整个市场的超级大龙头。毕竟到3月25日，北玻股份已经实现了九个涨停板，这是一波行情大龙头的标配，若能够再上一个新台阶的话，北玻股价就有可能成为像九安医疗等股票一样的超级大牛股了。但行情并不以个人意志为转移，哪怕是资金量大的游资也不行，最后宁波桑田路只有投子认输了。

第七节　深圳金田路：滚动交易，步步为营

金田路营业部指的是光大证券股份有限公司深圳金田路营业部。该营业部曾在2017年的雄安新区炒作行情中大放异彩，取得了非常骄人的战绩。

一、翠微股份：逐级交易，先盈后亏

翠微股份是从事商业零售业务的企业。在2022年初的一波行情中，成为数字移动支付的大龙头。

1.基本面情况

翠微股份的基本面数据如表5-39所示。

表 5-39　翠微股份基本数据表

股票名称	翠微股份	所属行业	一般零售	概念	移动支付
总股本	7.99 亿	流通股本	6.17 亿	市值	97.45 亿元
总营收	34.97 亿元	利润	1.63 亿元	每股盈利	0.21 元

注：数据截至 2022 年 4 月 26 日，财务数据为 2021 年度数据。

从表5-39中可以看出，翠微股份的基本面尚可。盘子较小，拉升容易，才是游资非常看重的。另外，翠微股份还具有数字货币、移动支付概念，这也是市场上常常炒作的一个热门概念。

2.股价走势

2022年初，移动支付概念成为市场热点，翠微股份自然成为炒作的对象。翠微股份的股价在2022年初期经过一波拉升，深圳金田路也介入了该股。

如图5-20所示，翠微股份的股价自2022年1月4日启动上升。不过，很多游资也没有在第一时间捕捉到这个大龙头。

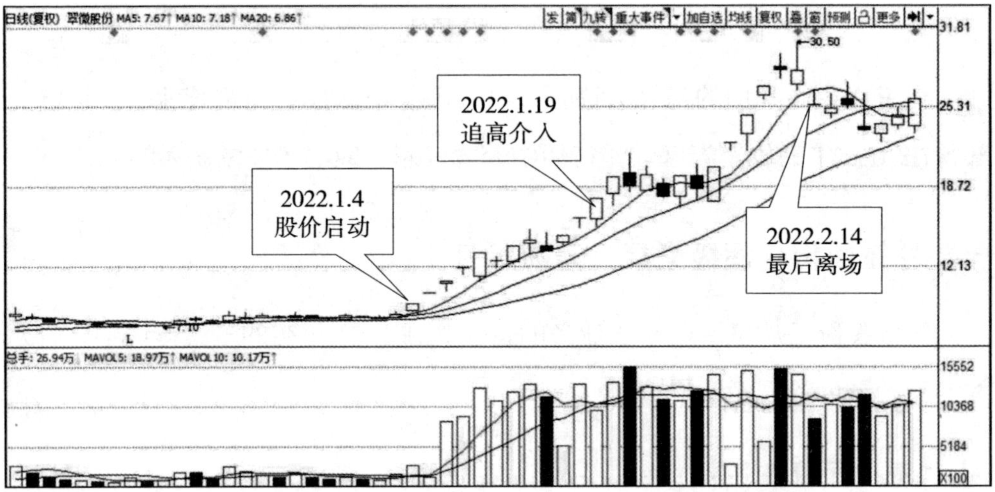

图5-20 翠微股份（603123）日K线走势图

1月19日，该股股价经过休整再度涨停。自当日开始，光大证券深圳金田路强势介入该股，并形成了一套滚动交易模式，其交易记录如表5-40所示。

表 5-40 翠微股份龙虎榜数据

日期	买入金额（万元）	卖出金额（万元）
2022.1.19	6918.19	0
1.20	7201.69	7373.53
1.21	0	7475.45

（续表）

日期	买入金额（万元）	卖出金额（万元）
1.26	3974.17	0
1.27	0	3625.58
2.14	0	5078.6

对照光大证券股份有限公司深圳金田路营业部的交易记录以及翠微股份的股价走势，可以发现以下几点。

第一，金田路的交易十分简单直接，多数都是“今日买，明日卖”的操作模式，但在该只股票的交易过程中，却显得十分有效。

第二，从实际交易过程来看，1月19日买入的股票，在20日卖出获利就超过了400万元；而20日买入的股票，在21日卖出又获利200多万元。

第三，1月26日的买入相对比较保守一些，只有3974万元，27日相当于赔了350万元直接卖出了。

第四，关于2月14日卖出的5000多万元股票，在龙虎榜上没有追踪到其买入记录。通过已经上榜的营业部和未登陆龙虎榜的日期来看，只有9日和10日存在买入的可能。无论是哪个交易日买入的，最终都可能出现亏损。

总之，高位买入股票，不仅散户可能会被套牢，就是游资也存在很大的亏损可能。从这一点上来看，市场上出现一个大龙头（连下十几个涨停板）是多么不容易。

二、新余国科：滚动交易，逐级获利

新余国科的经营范围主要是军用火工品、军训器材、人工影响天气专用技术装备、保险柜、保险箱、探空火箭、气象火箭、发射装置、雷达设备等。

1.基本面情况

新余国科的基本面数据如表5–41所示。

表 5-41　新余国科基本数据表

股票名称	新余国科	所属行业	航天装备	概念	民爆
总股本	1.75 亿	流通股本	1.75 亿	市值	44.41 亿元
总营收	2.93 亿元	利润	0.62 亿元	每股盈利	0.36 元

注：数据截至 2022 年 4 月 26 日，财务数据为 2021 年度数据。

从表5–41中可以看出，新余国科的基本面尚可。盘子较小，拉升容易，是游资非常看重的。另外，新余国科还有航天军工、民爆概念，这也是市场上常常炒作的一个热门概念。

2.股价走势

2020年9月初，“民爆”概念成为市场热点，新余国科自然成为攻击对象。新余国科的股价在2020年9月初经过一波拉升，深圳金田路也介入了该股。

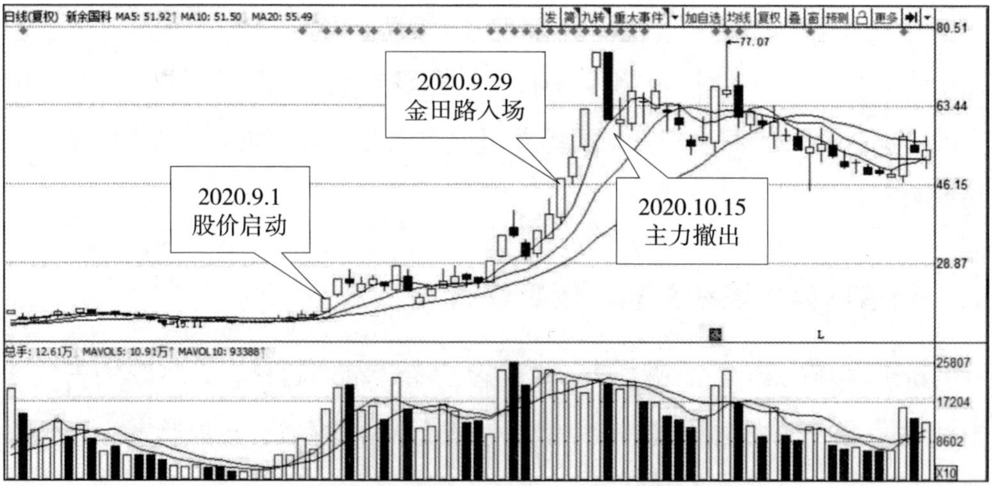

图5–21　新余国科（300722）日K线走势图

如图5-21所示，新余国科的股价自2022年9月1日启动上升。不过，很多游资也没有第一时间捕捉到这个大龙头。

9月29日，该股股价经过休整再度涨停。自当日开始，光大证券深圳金田路强势介入该股，并形成了一套滚动交易模式，其交易记录如表5-42所示。

表 5-42　新余国科龙虎榜数据

日期	买入金额（万元）	卖出金额（万元）
2020.9.29	1156.31	40.10
9.30	1324.16	718.83
10.9	0.69	2125.26
10.14	2408.06	0.86
10.15	531.6	2439.15
10.16	金田路未上榜，最低卖出金额在 1000 万元以上	

对照光大证券股份有限公司深圳金田路营业部的交易记录以及新余国科的股价走势，可以发现以下几点。

第一，金田路的交易十分简单直接，多数都是“今日买，明日卖”的操作模式，但在该只股票的交易过程中，却显得十分有效。

第二，9月29日金田路入场后，30日新余国科的股价并没有如愿涨停，不过涨幅也很大。在金田路卖出9月29日入手的部分筹码后，又加量买入了1300多万元。其实这也是很多游资操盘时经常使用的方法。卖出之前买入的部分股票，也是为了测试一下市场情绪和承接盘情况。若游资对当时的市场环境比较满意，就会继续加仓买入股票。

第三，10月9日，金田路清仓了之前买入的股票，获利在360万元左右。10月14日，新余国科再度强势涨停，金田路三度买入2400万元，不过次日该股股价振荡跌停，金田路将前日买入的股票卖出了，同时又买入了500多万元的股票。

此后，该营业部并未再登上龙虎榜。10月16日，龙虎榜卖出金额最低的门槛也要1000万元，而金田路手中仅剩500多万元，没上榜也正常。从其操作手法上来分析，16日认亏出局的可能性很大。

第六章

和游资学做短线交易

短线交易是游资最常使用的交易策略，也是风险收益比最高的一种方式。当然，相比游资，普通散户的资金量有限，不可能完全照搬游资的打法，但游资的一些套路与打法仍然可以为散户所借鉴。

第一节　游资短线交易策略

通过对国内顶级游资操作路径与交易过程的解读，可以帮助大家看清这些顶级游资的具体操盘技法。

一、拒绝强庄股票

游资在选股方面还是非常注意的，并不是见到属于热点板块的股票就会入手。在入场前，他们都会对目标股票的股东情况进行排摸，以便了解以下几个信息。

1.大股东情况

包括大股东的持股情况。通常情况下，大股东的持股相对都比较稳定，因而大股东持仓占比越高，说明流动的筹码越少，游资拉升就会相对容易。

同时，游资最担心的就是在其拉升股价时，大股东突然宣布减持股票，这会对游资整个操盘计划产生较大的影响。股价进入高位后，大股东减持，实质上就是与游资争夺承接盘，而大股东手中的筹码价格极低，其减持势必会对游资的操盘产生沉重打击。

事实上，很多有实力的游资在介入股票前，都会多方面了解大股东的情况，包括是否存在减持意愿等。有些时候，这些游资甚至能够通过所在证券营业部联系到大股东，以具体了解企业经营情况、大股东持仓意愿等。

2.主力与庄家情况

目前，很多股票都会有一些庄家常年驻守。这些主力庄家通过在低位吸筹、在高位散筹的方法，获取股价波段振荡的利润。

这类股票有以下几个特点。

第一，主力庄家可能有一个或多个，这与股票盘子大小有关。

第二，一般主力庄家持仓量较高，持仓时间也比较长。

第三，这类股票的价格走势相对较稳，毕竟股价的波动几乎都在主力庄家的掌控之中。

第四，这类股票还有可能属于超级绩优股或大盘股。这时候主力庄家就不再是一家或几家了，而是有很多大资金驻守了。游资是不愿意碰这类股票的，毕竟自己的资金投入这类股票中，无法对股价产生较大的影响，只能顺着这些大资金的方向做。

相对于散户来说，这些游资的资金体量很大，但相对于主力庄家来说，游资的资金量并不是很大，这就使得其与主力庄家的较量容易陷入被动。特别是游资拉升股价时，若主力庄家砸盘，有时候可能都接不住。因此，游资在选择拉升标的时，常常会避开有强庄或多个主力庄家驻守的股票，而选择股份比较分散的股票。

二、抢筹三板以上龙头股

这是游资与普通投资者操盘最显著的一个区别。很多游资都喜欢抢买股价连续三个涨停板以上的个股（限10%涨停）。游资如此操作的背后，必然有其深层次的逻辑。

1.关于龙头的逻辑

短线交易的核心在于炒作龙头股，越是大龙头，获利就越多。在游资的交易理念中，龙头股也是其首选的交易对象。那么，到底谁才是龙头股？这不是靠对股票基本面分析获得的，也与散户通常进行行业分析时选择的行业龙头不同。一波行情中的龙头股，从本质上是来说是由市场决定的，是实际走出来的。

一波行情被爆炒后，必然会有很多同类概念的股票同步出现上涨。在行情出现的第一个交易日，可能会有很多相同概念的个股涨停，此时判断未来的龙头是非常困难的。第二日涨停的个股就明显少了，到了第三个交易日，板块势必会出现分化，很多龙头股就是在这个时候开始显露龙头本色的。

这也是很多游资喜欢抢筹三板以上涨停股票的原因所在。毕竟3板之后，股价再度上攻，就存在很大的成为龙头的潜力。

当然，从普通投资者的角度来看，连续三个涨停板的股票若出现下跌，风险也是非常大的，但其实从以往的经验来看，三板股票相对而言，要比出现两板乃至一个涨停板后股价下跌的风险要小，毕竟在三板位置，各只股票已经出现了走势分化。对于普通投资者来说，可能无法承受这种风险，但对于游资来说，可以通过小量试盘、滚动交易的方式，逐级防控风险。

2.关于情绪的逻辑

对于游资来说，情绪也是其重点考虑的内容。对于实力雄厚的游资来说，将某只小盘股拉升至涨停板并不是什么困难的事，但是小盘股本身股本较小，若换手率不高，那么游资想要出来就会十分困难。很多股票进入高位后，人气散了，游资想要出来就会缺乏承接盘。

三板以上的股票有一个最显著的特征，即带有强烈的光环效应。一些个股连续三个涨停板，往往会得到诸多短线交易者的关注，还会有其他游资的关注，此时这类股票就容易成为市场的焦点。游资介入这类股票并拉升之后，想要获利出局就会相对容易。而很多只有一个或两个涨停板的股票，次日人气很容易散掉（散掉的原因就是被吸引到三板或更多涨停板股票身上）。

从个人对市场上涨停板的研究与分析来看，也是支持这一操作方法的。一般来说，假如第一个交易日涨停板数量在70只左右，第二个交易日能够成功封住二板的，一般不会超过10只（经验老到的游资也许会在该日入场），第三个交易日能够成功封住三板的，一般不会超过4只（这是很多游资开始抢筹的日子）。当然，这种涨停板的数据还与大盘环境有关，在大盘环境极好或极差时，涨停连板数量相对较少，而振荡行情中，连板率会高一些。大盘环境极差，很多散户不愿意接盘，连板率自然走低；大盘环境极好，市场热点就会很多，也会更加分散，游资主力很难聚集市场上的散户情绪，连板率就相对较低。

总之，能够达到三板的股票还是少数中的少数。成功封住三板之后，最后成为龙头的概率要比一板或二板时入场高很多。

三、卖出确认与买入拉升

“先是卖出确认，再追加买入。”这是游资操盘中非常核心也是重要的一环。大家查看龙虎榜时，经常会发现很多游资当日有买入股票的记录，也有卖出的记录。很多散户想当然地认为，游资也会和普通散户一样玩个“T+0”什么的，其实这是大错特错的。游资操作的资金量非常大，他们每次交易都可能会对股价走势产生较大的影响，因此，他们是注定不会像散户一样做“T+0”交易的。那么，龙虎榜上的买入与卖出金额又是怎么回事？其实，游资的每一个步骤都有其特定的目的。

通常来看，游资大规模介入一只股票前，多会采取一些试盘行动，比如买入几百万元的股票。这在普通散户看来是比较大的资金规模，但在游资眼中这只是探路性质的操作。试盘当日，股价若能成功封住涨停板，那么游资就会采取真正的行动了。

大致上，游资的行动包括两个步骤。

第一步，在股价上攻时，特别是临近涨停板位置时，抛出前日买入的股票。由于前日股价已经强势涨停，因而当日股价开盘后，势必会涌入很多抢筹盘，从而推动股价上攻。游资这时候抛出手中的筹码有两个好处：其一，可以将前日买入的股票获利了结；其二，试探一下下方的承接盘情况。相对而言，第二个目的更重要一些，特别是投入资金量较大的游资，尤为看重这一点。

第二步，观察市场上承接盘的情况。若抛出的股票数量较多，而下方承接良好，股价还有封涨停的势头，这些游资就会反手做多，帮助封住涨停板，这就是龙虎榜上买入与卖出数据的来源。

从另一个层面来解读这种卖出确认承接盘的方式，实质上就是要看一看市场情绪如何。前面曾经多次提及，游资炒作利用的就是市场情绪。那么，如何判断市场情绪的高低？其实就是靠卖盘向下砸，以检验市场承接情况，由此验证市场的做多情绪。当市场情绪高涨的时候，多少卖盘都能给消化掉；反之，若市场情绪消散了，弄不好一笔大单就把能股价打到跌停位置。

事实上，这是游资常用的战法。在宁波桑田路操作道恩股份时，这一招用得尤为精妙，这才让其一战获利1.7亿元以上。

下面再来回看一下国盛证券宁波桑田路在道恩股份上的操作记录。

如图6-1所示，道恩股份的股价在2020年2月26日延续了之前几个交易日的涨停气势，直接以涨停价开盘。国盛证券宁波桑田路于10:01直接出清了手中的仓位（超过2亿元的仓位），将该股的涨停板直接砸开。不过，这笔超过2亿元的仓位并没有让股价下跌太多，这说明市场上投资者的情绪非常高，很多资金都在追捧该股，等待入场时机。因此，宁波桑田路在卖出手中的股票后，反手又将卖出的筹码买回来了，并再度将该股的涨停板封死。下面是宁波桑田路在龙虎榜上留下的大量买入与卖出记录，如图6-2所示。

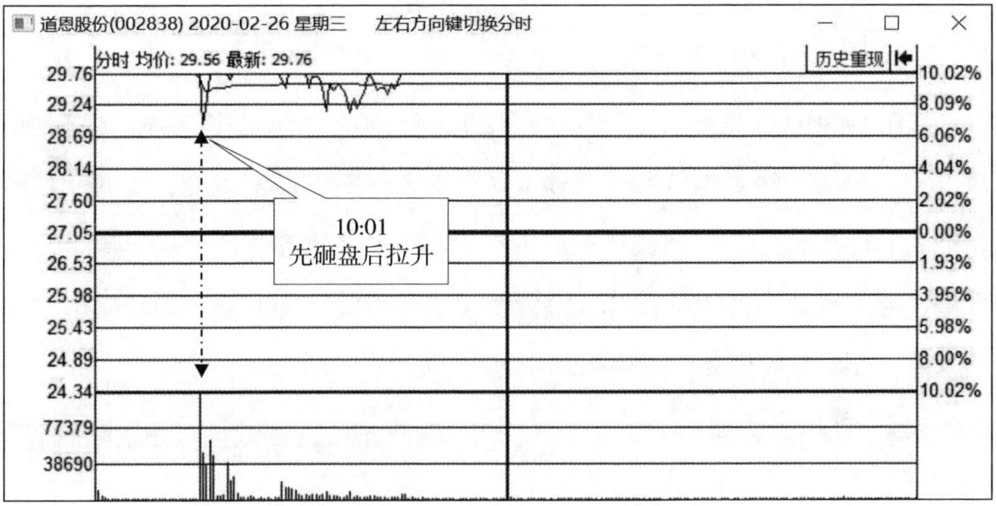

图6-1　道恩股份分时走势图（2020.2.26）

道恩股份龙虎榜数据

2020-02-26

日期：2020-02-26 总成交金额：178773.27万元，总成交量：6046.85万股

排序	营业部名称	买入金额/万	占总成交比例	卖出金额/万	占总成交比例	净额/万
	买入金额最大的前5名　买入总计 40203.38 万元，占总成交比例 22.49%					
1	国盛证券有限责任公司宁波桑田路证券营业部	25410.50	14.21%	25337.70	14.17%	72.80
2	招商证券股份有限公司深圳深南大道车公庙证券营业部	3577.17	2.00%	69.29	0.04%	3507.88
3	财通证券股份有限公司金华兰溪街证券营业部	2977.19	1.67%	10.41	0.01%	2966.78
4	天风证券股份有限公司上海浦东分公司	2838.95	1.59%	0.00	0.00%	2838.95
5	招商证券股份有限公司深圳福华三路证券营业部	2836.17	1.59%	3.86	0.00%	2832.31
	卖出金额最大的前5名　卖出总计 37133.49 万元，占总成交比例 20.77%					
1	国盛证券有限责任公司宁波桑田路证券营业部	25410.50	14.21%	25337.70	14.17%	72.80
2	华泰证券股份有限公司太原体育路证券营业部	9.18	0.01%	3736.10	2.09%	-3726.92
3	国泰君安证券股份有限公司兴义瑞金大道证券营业部	0.00	0.00%	2988.21	1.67%	-2988.21
4	中国中金财富证券有限公司杭州环球中心证券营业部	2554.19	1.43%	2551.86	1.43%	2.33
5	太平洋证券股份有限公司北京海淀大街证券营业部	0.00	0.00%	2436.10	1.36%	-2436.10

买卖净差：**3069.89**万元

图6-2　道恩股份龙虎榜数据（2020.2.26）

从图6-2中可以看出，国盛证券宁波桑田路营业部当日买入金额达到了2.54亿元。而道恩股份的总市值在当时也就在100亿元左右，流通市值更少。普通交易日，该股的交易额也就几千万元。即使在大幅炒作的阶段，每

日的交易额也就十个亿左右。而桑田路一次性出清2.5亿元的持股时，股价居然没有大幅走低，市场热度可想而知。于是，桑田路借着这股势头，反手又将卖出的股票买了回来，也顺道封住了涨停板。

再来看一下道恩股份的日K线走势情况。

从图6-3中可以看出，道恩股份自2020年2月21日启动第二波涨停。到2月26日，该股已经是连续四个涨停板了。对于一般的游资来说，此时就是最佳的获利出逃良机。更何况该股股价在2月26日之前的两个交易日属于无量涨停，能否继续维持市场情绪，游资心里也不清楚，因而只有通过抛出手中的股票，才能验证市场的情绪状况。

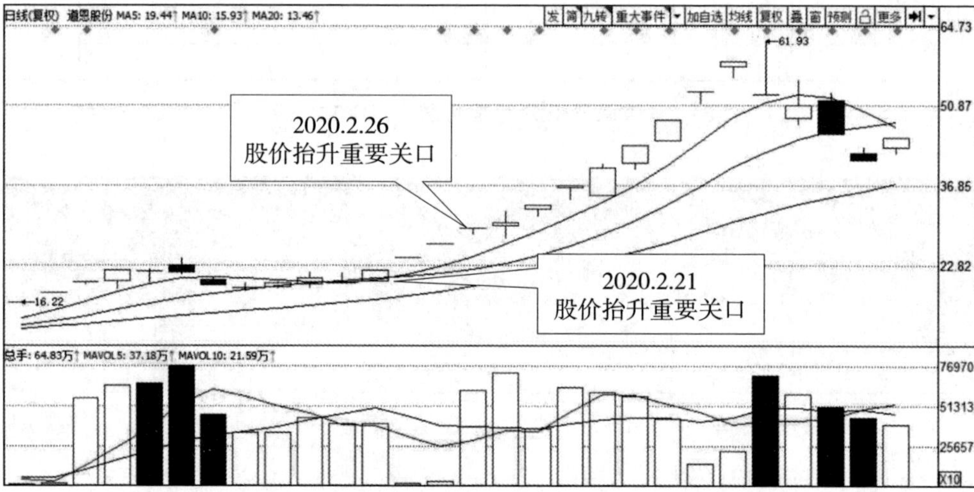

图6-3　道恩股份（002838）走势图（2020.2.26）

当桑田路卖出股票又买回后，基本确认整个市场的情绪十分高涨，这就奠定这些游资未来继续大幅拉升股价的坚定基础。

四、滚动交易，防控风险

强势股，特别是龙头股，一波上升行情中可能会有很多涨停板，以6～9个涨停板为多。按照普通散户的逻辑，若主力低位入场后持仓不动，到了中途或者涨停板打开时，肯定会收获非常丰厚的利润。不过现实情况却是，很少有游资会这么操作。通常来看，游资都是一手卖出，一手买入，滚动交易，逐级实现利润的最大化。

当然，游资如此操作除了试盘的目的之外，确保资金安全也是其最主要的考虑因素。下面来看一下苏州帮操作安奈儿的记录。

如图6-4所示，安奈儿的股价自2022年4月25日一字封涨停后，出现了一波振荡上升走势。国内顶级游资苏州帮强势介入，接连进行多次交易。其交易记录如表6-1所示。

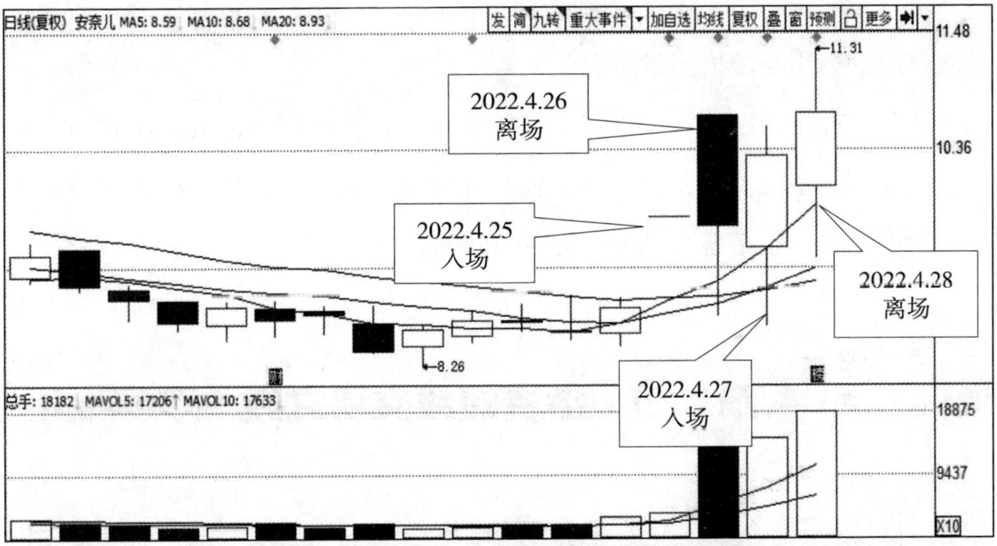

图6-4　安奈儿（002875）日K线走势图

表6-1　安奈儿龙虎榜数据

日期	买入金额（万元）	卖出金额（万元）
2022.4.25	357.15	4.38
4.26	1.99	368.88
4.27	523.04	3.96
4.28	0	557.09

从表6-1中可以看出以下几点。

第一，苏州帮的整体交易金额并不是很高，不超过600万元的水平。

第二，苏州帮的交易极为频繁，几乎都是“今日买，明日卖”的操作模式。随着交易的推进，盈利也在逐渐增加。

第三，考虑当时该股的股价走势可以看出，即使是游资，对股价未来的走势也没有十分的把握。4月25日在一字板买入股票后，4月26日卖出股票，苏州帮并未再买入股票，而是选择了观望，这说明其抛出手中的股票后，对股价盘中的承接盘并不满意。4月27日，该股股价“卷土重来”，苏州帮再度入场，不过该股股价并未达到涨停板位置。4月28日，该股股价一度拉升至涨停位，苏州帮趁机出货兑现。

第四，苏州帮在炒作中进行了两轮交易，获利并不高，也就在45万元左右，但在不断滚动交易的过程中，实现了资金的安全。其实，资金安全不仅是普通投资者，也是游资机构最关注的问题。

第二节　游资短线交易之道

通过对游资短线交易方法的解读，掌握其交易背后的逻辑，可以为散户投资者的交易提供借鉴。

一、短线交易前的准备

不打无把握之仗。做股票投资，尤其是短线交易前，需要事先有充足的准备。这些准备来自多方面，既有资金方面的，也有心理和技术方面的。

第一，从时间上来看。

做短线必须要有足够的时间。要做功课，要复盘。能够维持长期盈利的人，都是用80%的时间做研究，20%的时间做交易。因此，没有进行充分的研究与分析，是无法在短线交易中获胜的。

第二，从资金上来看。

必须保证投入股市的钱是自己的闲钱。对于做短线交易的人来说，要有一种投入股市的钱就不再将其看成是自己的钱的意识。如果这笔钱全部亏损了，自己和家人的生活不会受到影响，这是最基本的前提。

第三，从视野上来看。

虽然做的是短线，但肯定要看更大的局势。微观也要服从于宏观。

第四，从方向上来看。

要对市场的方向、情绪演绎的方向和趋势有一个大致的判断。

第五，从操作模式上来看。

短线交易有三种模式：低吸、半路买入和打板三种模式。

主流热点一般会持续很长时间，反复做就可以了，不用做很多个点，只求在一个点上突破即可。

第六，从交易体系上来看。

交易体系：理念、模式、选股、仓位、回撤控制（决不能把盈利做成亏损）。

二、游资经典打法1：涨停打板

前些年，宁波涨停敢死队曾经成为游资的代名词，也是游资领域最具代表性的一股力量。时至今日，涨停打板已经成为游资领域最重要的入场方式了。通过前面对几路游资操作手法的介绍，大家可以发现，这几路游资几乎都有涨停打板入场的路数。

很多时候，尤其是资金实力相对庄家较弱的游资，涨停板附近入场相对更保险一些，毕竟抢入的股票之前大多已经有了一定的涨幅，若能再度拉升至涨停位附近，就说明市场情绪仍旧较高，此时入场只需再给其加一把火，就能将这股情绪再推向更高的高点，何乐而不为。

在具体操作层面有几个要点。

第一，下方要有承接盘。即股价拉升回调时，下方立即会有大量买盘出现，这是承接能力强的表示，也是游资可以入场的信号。

第二，不见涨停位不入场。当然，游资可以在股价即将达到涨停板时抢入，若普通投资者想要参与炒作，一定要等到涨停价位才能入场。事实上，这类股票往往是越早入场风险越大，到达涨停位再入场，风险相对要小一些。

下面来看一下翠微股份的案例。

如图6–5所示，翠微股份的股价经过一波拉升后出现横向盘整走势。2022年1月26日午盘后，该股股价分时线直线拉升，成交量线急剧放大。光大解放南路等知名游资在涨停板附近疯狂抢入。

这就属于典型的涨停打板抢入打法。从盘后的龙虎榜数据可以看出，还有其他顶级游资参与了该股的涨停打板抢筹，如图6–6所示。

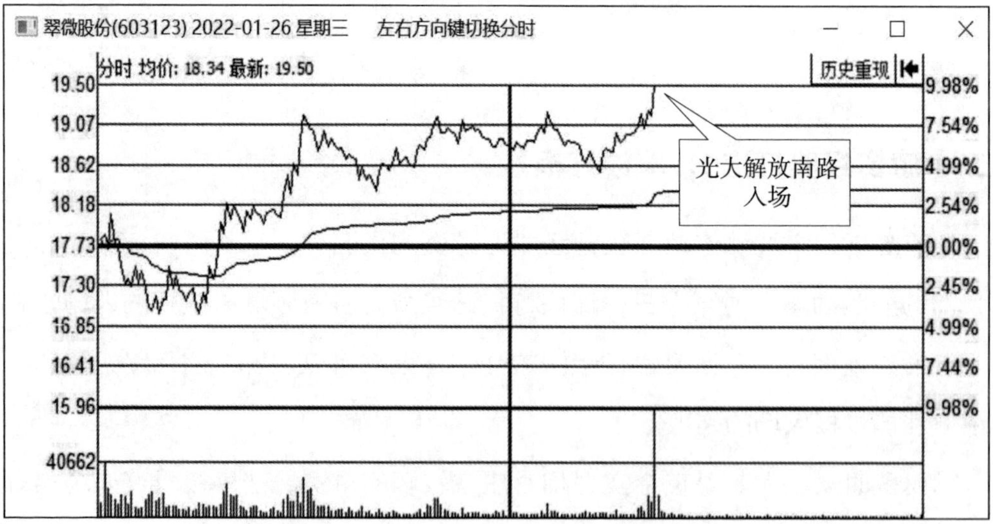

图6–5 翠微股份（603123）分时走势图

翠微股份龙虎榜数据

2022-01-26

日期：2022-01-26 总成交金额：202780.76万元，总成交量：11056.06万股

排序	营业部名称	买入金额/万	占总成交比例	卖出金额/万	占总成交比例	净额/万
买入金额最大的前5名 买入总计 **21537.45** 万元，占总成交比例 **10.62%**						
1	光大证券股份有限公司宁波解放南路证券营业部	5086.69	2.51%	0.00	0.00%	5086.69
2	华泰证券股份有限公司总部	4731.01	2.33%	0.00	0.00%	4731.01
3	中泰证券股份有限公司湖北分公司	4503.74	2.22%	0.00	0.00%	4503.74
4	光大证券股份有限公司深圳金田路证券营业部	3974.17	1.96%	0.00	0.00%	3974.17
5	国金证券股份有限公司深圳分公司	3241.83	1.60%	0.00	0.00%	3241.83
卖出金额最大的前5名 卖出总计 **16760.98** 万元，占总成交比例 **8.27%**						
1	东方财富证券股份有限公司拉萨东环路第一证券营业部	0.00	0.00%	4411.86	2.18%	-4411.86
2	东方财富证券股份有限公司拉萨团结路第一证券营业部	0.00	0.00%	3443.68	1.70%	-3443.68
3	东方财富证券股份有限公司拉萨东环路第二证券营业部	0.00	0.00%	3243.49	1.60%	-3243.49
4	长城国瑞证券有限公司北京远大路证券营业部	0.00	0.00%	2902.59	1.43%	-2902.59
5	华泰证券股份有限公司总部	0.00	0.00%	2759.36	1.36%	-2759.36
买卖净差：**4776.47**万元						

图6-6 翠微股份（603123）龙虎榜数据（2022.1.26）

从当日翠微股份的龙虎榜数据可以看出，不仅光大解放南路参与了抢筹，另一知名游资金田路也参与了该股的抢筹，这说明这些游资都非常看好该股其后的走势。

三、游资经典打法2：半路介入

半路打法，即半路打劫式打法，在主力资金已经清洗完浮筹和获利盘，准备拉升时直接介入，与其他资金合力将股价拉升至涨停板。

目前，半路介入式打法在市场上属于仅次于涨停打板方法的第二大入场方法，而且这种方法非常适合散户使用。相对来说，半路介入打法的风险要小于涨停打板，而收益可能还要高于涨停打板。

其具体操作要点如下。

第一，股价经过一波拉升后出现调整走势，往往是主力为了后面的拉升主动清洗浮筹的一个行动。随着股价的回调，成交量出现萎缩，是其最为显著的特征。

第二，从K线形态来看，股价K线形成突破一些平台整理区域、阴线反包

或者前面介绍的经典启动形态，意味着主力即将启动拉升态势。

第三，主力已经开始拉升时，可趁机入场买入股票，但同时必须控制好仓位。

下面来看一下湖南发展的案例。

如图6-7所示，湖南发展的股价在2022年2月到4月期间一直处于横向振荡走势，该股的各条均线呈现黏合状态，这说明股价正在选择突破的方向。

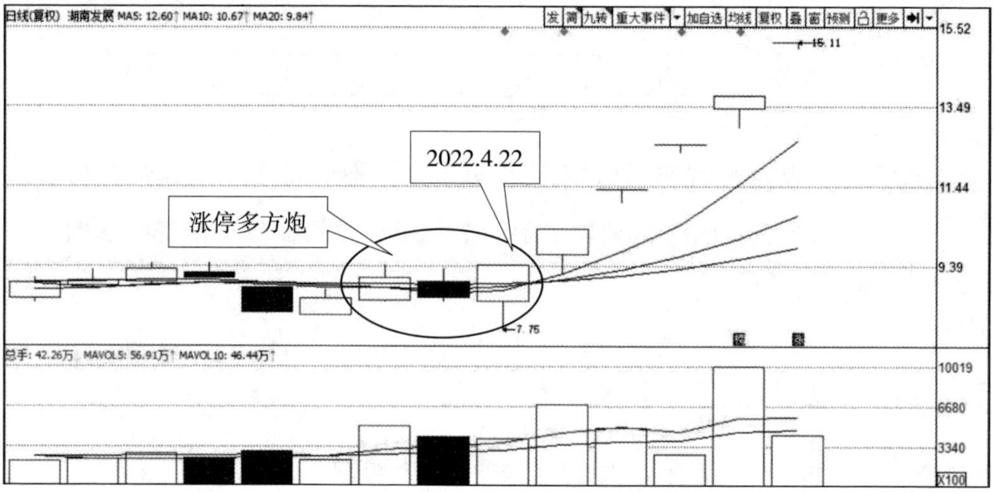

图6-7　湖南发展（000722）日K线走势图

2022年4月22日，该股股价强势涨停，且该日K线与前两个交易日的K线形成了经典的涨停多方炮形态，这属于强势看涨形态。鉴于此时的股价K线形态上涨趋势已定，很多游资都在次日半路杀入该股。如图6-8所示。

从图6-8中可以看出，该股股价在4月25日开盘后出现振荡调整走势。午盘之后，该股分时线被突然拉升，苏南帮、上塘路等国内知名游资纷纷入场抢筹该股。

此后，该股股价出现了一波大幅上涨走势。

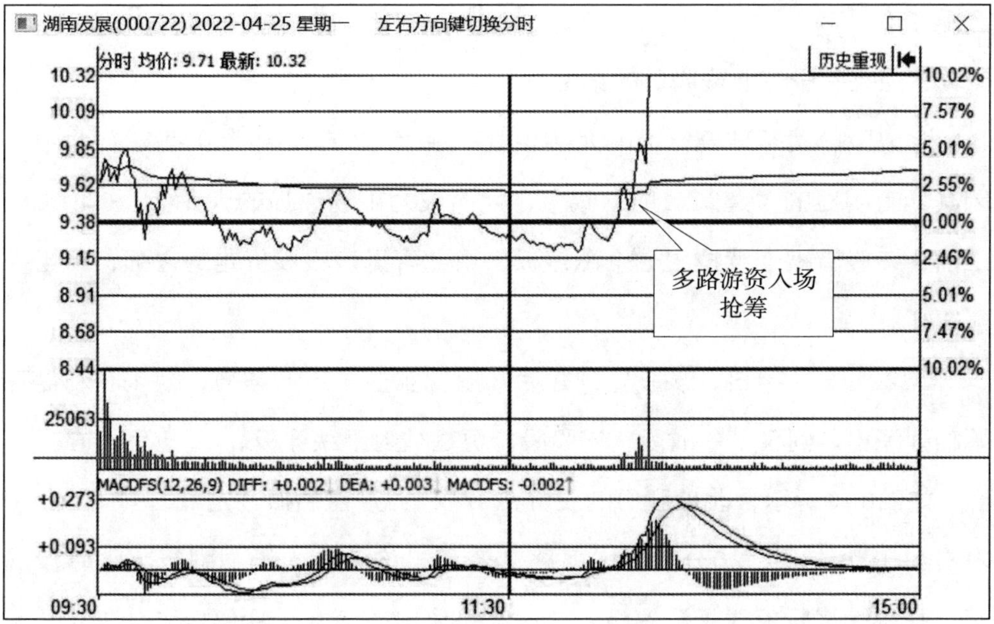

图6-8 湖南发展（000722）分时走势图（2022.4.25）

四、游资经典打法3：翘板入场

相对而言，翘板入场的风险是非常高的。一旦拉升失败，就意味着自己翘板入场的资金将会被套牢于高位。

对于游资来说，翘板战法的应用情形包括两类。

其一，某只个股或板块属于近期热门股，整个市场的狂热情绪并未消散，通过翘板可以迅速重新聚集市场情绪，重新将市场情绪推向高点，一般多发生在暴涨妖股身上。

其二，市场情绪陷入极端低迷，股价持续暴跌，甚至连续出现跌停板。当股价进入极度超跌区域或者市场出现反转信号时，很多资金就会入场翘起跌停板。

总之，从游资操作来看，其更喜欢撬动妖股的跌停板，毕竟人气还在。特别是当跌停板一旦被翘起，很多人自然就会跟随进入，甚至会将股价拉升至涨停位。

下面来看一下北玻股份的案例。

北玻股份属于玻璃行业的龙头企业，在2022年3月中旬的基建行业中，因其具有明显的“建筑节能”概念，因而成为市场热炒的大龙头。3月24日之前，该股曾被连续拉出七个涨停板，由此可见该股股价走势之强，市场人气之旺。

2022年3月24日，该股低开之后却出现了振荡走低态势，很多获利盘开始陆续涌出。到了下午时段，该股股价更是被封于跌停板。

如图6-9所示，北玻股份的股价在3月24日开盘后振荡走低，并于14:10左右封于跌停板。20分钟后，各路游资和机构资金入场，强行将跌停板撬开，并最终将股价封于涨停板，这已经是该股的第八个涨停板了。其实，所有人都知道此时股价已经进入高位，但仍有游资愿意介入，其目的自然是次日高价卖出。

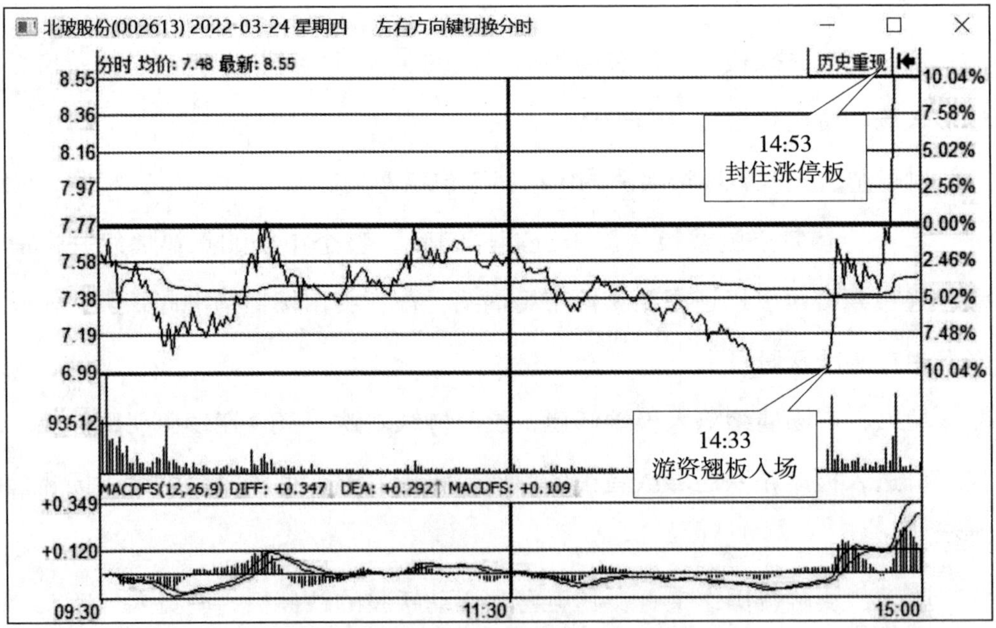

图6-9 北玻股份（002613）分时走势图

从以往的经验分析看，一般来说，一波行情的大龙头最高能够连续达到第九个涨停板；而二龙头一般也就在六个涨停板，其他热门股票在三个涨停板就会转向。北玻股份的涨停攻势就一直持续至第九个涨停板。

五、游资经典打法4：横盘低吸

大牛股展开一波行情后，若股价并没有出现明显下跌，甚至直接出现了横向盘整走势，就意味着股价存在第二次启动的可能。之前讲解的国内顶级游资宁波桑田路炒作道恩股份的案例，就属于该类打法。

该类形态的出现，具有如下几个典型特点。

第一，横盘之前，股价出现了连续涨停走势。这是未来启动第二波上涨的前提条件。

第二，股价结束涨停后，没有立即出现连续大幅走低态势，虽然偶尔也会出现跌停板，但次日股价往往有回升走势。也就是说，股价在一个矩形区域内横向整理。通常情况下，股价被爆炒之后，都会出现大幅走低态势，因为入场的资金会争相出逃。而这类股票并未出现这种情况，说明已经有资金入场接下了出逃资金，此时入场的资金就是奔着第二波去的。

下面来看一下浙江建投的案例。

如图6-10所示，浙江建投在2022年2月到3月期间的基建行情中，受到了游资的大力追捧，并出现了两波上升行情。

第一波行情在2022年2月21日终结，此后的几个交易日，该股股价出现回调。不过，股价的调整全部处于一个矩形区域内，并未出现明显的大幅下跌，这说明有资金在暗中入场，投资者可保持观望。

3月11日，该股股价重新开始上攻，并正式开启第二波上升浪潮。在上升过程中，很多先前入场的游资，如中信溧阳路、宁波桑田路等逐渐开始离场，这也说明他们就是之前在横盘区域内低吸建仓的主要力量。

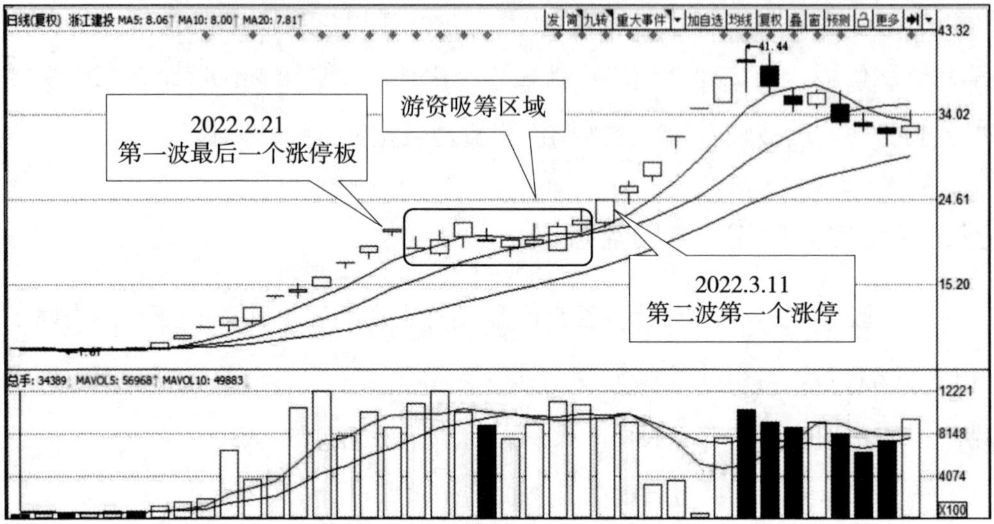

图6-10　浙江建投（002761）日K线走势图

第七章

游资交易的基础与精髓

先看清市场的本来面目，然后再做交易，这是游资交易的全部精髓。游资在买入股票前，很少会看股票走势的技术形态或者基本面，而是非常重视其是否具备起涨的基本逻辑。

第一节　市场理解力：交易的基础

短线交易是需要具备一定的市场理解力的。我们需要了解股市是如何运行的，为何在这一时间段，某个或某几个板块会启动？个股为何会上涨？

一、宏观经济环境：经济下行与房地产基建行情

股市被称为国民经济的晴雨表。但这句话要正确地理解：一方面，股市走势与经济基本面密切相关，只有经济持续上行，股市才有走稳的基础和可能；另一方面，股市的走势与经济基本面又不完全一致。在经济仍处于上升通道时，股市可能会率先对经济过热的情况有所反映，并率先启动一波下跌之路。一般来说，整个国民经济都是按照这一规律与股市相互影响与关联的。

1.宏观经济大环境

前面说过，股市一般都会先于经济基本面的波动而波动。比如，当经济持续萎缩或不景气时，股市可能会先一步结束下行，开始上升之路；反之，当经济持续上升时，股市也可能会先一步出现下跌走势。这就是整个股市与经济基本面的运行逻辑。从股市诞生的那一刻开始，一直以来都是如此。

前面也提及了另外一个问题，即国民经济与A股市场走势似乎并不一致的问题。这其实就是另外一个层面的问题了。也就是说，股市整体运行格局是与国民经济走势相一致的，但在这个整体格局之下，还有很多其他方面因素会对股市产生影响。

第一方面，上市公司企业治理不完善。在A股市场上，这是一个非常大的问题。很多公司的财务与运营数据不透明，而且带有一定的水分，这就造成投资者很难对其进行准确的估值，使其股价波动非常剧烈。

另一方面，A股市场上的投资者以散户居多，这是与欧美股市最大的不同点。由于散户对股市投资缺乏基本的认识和理解，就加剧了股市的波动。散户投机情绪一上来，就会义无反顾地冲入市场，推动股市不断走高；当股市开始下跌时，又会产生整体性恐慌，造成互相踩踏，导致大熊市出现，而且这种波动在一定程度上损害了长期资金的入场和投资。

比如，A股市场2007年就触及了6000点的水平，但是由于短线上升过快，一波下跌又将股市打回了1664点。也就是说，短线的剧烈波动，在一定程度上损害了股市的长期稳健发展。不过，很多个股仍旧独立于大盘，走出了长牛趋势。

总之，要想做大行情，还是要经济基本面的支撑。投资者在入场前，需要对整个经济基本面和股市所处的运行趋势有所预判。

2.局部经济环境改变

实质上，很多短线暴涨板块的内在逻辑都是立足于局部经济环境改善。比如，某一项国家规划出台、促进消费或投资政策的出台等，这些政策本身并不会直接作用于个股，但这些政策可能会对局部经济产生一定的影响，从而间接推动企业的发展。

事实上，游资是特别注重对这类局部经济环境因素的炒作的。很多板块的炒作行情，都与这类因素有关，同时，这类政策的出现背后又有其必然的因果逻辑。

下面以2022年3月中旬房地产基建行情为例，来介绍宏观经济形势与股票市场的内在逻辑关系。

（1）宏观经济背景。

进入2022年后，新冠疫情出现反复，各地不得不强化疫情防控措施。这就给整个国民经济的发展带来了较大的影响，整个市场对全年GDP能否成功实现5.5％的发展目标缺乏足够的信心。这也使得整个2022年第一季度上证指数持续走低，并在2022年4月25日跌破了3000点这一重要支撑位。

长期以来，我国国民经济的三大驱动因素分别为投资、消费与进出口贸易。随着新冠疫情对全球供应链的冲击和地缘政治因素的影响，我国净出口贸易增速很难出现大幅增长的态势。同时，最近几年常常提及的内循环以及扩大内需等政策，并未对消费产生明显的刺激。随着新冠疫情的持续，越来越多的居民消费开始偏向谨慎，这也导致整体消费市场的不振。

至此，驱动国民经济的三驾马车中的两驾已经出现增长乏力的态势，在这种情况下祭出最后一张推动经济发展的王牌——投资，就是最自然不过的事情。

投资基础设施建设，可以大幅拉动相关产业的发展，并推动消费能力的提升，从而减轻国民经济下行的压力。

扩大投资，必然会对整个大基建包括房地产行业产生直接的刺激作用。

（2）房地产行业的限购、调控与反弹。

自2021年开始，各地对房地产限购政策逐渐加码，各地房价上涨势头被有效遏制。此后，为了防控房地产行业的风险，监管部门陆续出台了“三条红线”政策。很多房地产企业为了回笼资金，降低负债，纷纷抛售资产，这在一定程度上推动了房价的下行。整个房地产行业呈现出明显的萎缩态势，房地产企业上市股票价格全线走低。很多房地产股票都存在明显的超跌情况，这也为房地产股票的反弹提供了基本面和技术面的支撑。

基于以上分析可知，经济下行，宏观经济面需要基建支持；房地产行业持续走低，已经进入超跌周期，存在反弹需求。

（3）各地房地产调控政策松动，预期升温。

进入2022年3月中旬，一些城市开始出现放松房地产限购的苗头，于是市场上的投资者开始对整个房地产行业限购松动或调整有了一定的预期。整个宏观经济需要投资、需要基建、需要房地产建设来拉动，正是基于这一逻辑，一波地产基建行情产生了。

其中，阳光城是比较有代表性的一只。

如图7–1所示，阳光城的股价自2022年3月17日开始突然被大幅拉升至涨停板。尽管此时楼市松绑还只是在少数几个城市出现，很多投资者还在等待进一步的消息，但游资可不会等到更为明确的政策信息出现，而是在市场还在朦胧期时率先进入攻击范围。国内顶级游资光大证券宁波解放路率先抢

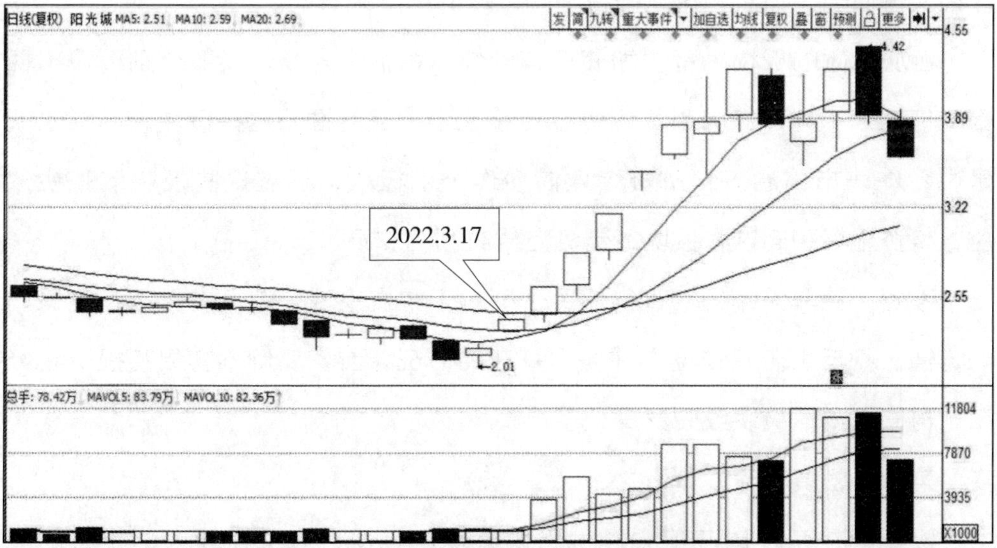

图7–1　阳光城（000671）日K线走势图

入股票。

此后，在该股的带动下，整个房地产基建行业出现了一大波上涨行情。锁定房地产基建行业，就是一种市场理解力。

二、投资者情绪的波动

从市场内部来看，影响股价波动的直接因素是资金，资金的流入与流出推动了股价的涨跌。而资金流动的决策是由人做出的，人又不可避免地受到各类主观情绪的影响。这是游资操作最基础的逻辑，也是前面反复提及的一个方面。

从人性的角度来看，影响情绪变化的因素包括以下几个方面。

第一，赚钱效应。

这是投资者进入股市的唯一理由。股市中，只有在赚钱效应显著的情况下，才会有越来越多的场外资金进入市场。增量资金入场，才是推动股市展开行情的基础。没有增量资金入场，只是场内资金打圈圈，股市是很难走出什么大行情的。当然，这是站在整个市场的维度来看的。

若从具体的板块来看，即使没有场外增量资金入场，只要个别板块出现暴涨行情，一样可以吸引场内资金转移战场，从而推动这些板块走高。也就是说，在弱市格局下，游资会凭借炒作个别板块，通过这些板块的赚钱效应，将资金吸引到这些板块，借机完成获利的交易。

因此，除非极端的暴跌行情，否则对于游资来说，就没有什么不能操作的行情。相反，若是市场存在多点开花的情况，游资反倒不容易将投资者吸引到自己攻击的板块或股票身上了。

第二，恐惧心理。

投资者在两种情况下会产生恐惧心理：其一，股价连续大幅走高的情况；其二，股价持续大幅走低的情况。

当然，这两种情况分别对应了投资者的两种投资状态，其一为空仓状态，其二为持仓状态。

投资者空仓想要买入股票时，常常会希望股价低点再低点，而一旦股价出现大幅上升时，又会因为自己的犹豫不前而懊恼不已。当股价进入强势上攻期，又因股价过高而心生恐惧，不敢介入。

另一方面，当投资者持仓时，在经历股价大幅下跌时，就会产生恐惧心理，不敢再持有股票。主力也经常采用这种方法来恐吓散户交出带血的筹码，每次股价下跌的尾声，总是会出现加速放量下跌的态势，这往往就是主力最后一次恐吓散户，很多散户也就是在这时开始交出筹码的。

第三，从众心理。

散户不仅是因为资金少、数量众多而被称为散户。最为重要的是，多数散户并没有独立的投资理念和交易系统，多数情况下都在随波逐流，人云亦云。

市场上的小道消息、财经评论、网络大V的言论等，都会对散户的投资决策产生决定性影响。市场上大家都在讨论某类股票属于热点时，散户就容易介入这类股票。大家都看空某类股票时，散户又会义无反顾地卖出。总之，散户的仓位总是跟着市场上很多人的观点跑，还美其名曰是追热点。

其实，这种热点多数属于即将过气的热点，多属于游资炒作到高点、散户去接盘的板块。

不可否认，上述几种因素都会对市场上散户的情绪产生直接的影响，而这些情绪的变化又会反作用于市场。

三、资金的流动：增量资金入场

投资者情绪的变动，势必会对资金流动产生影响，而资金流动又会对股市产生较大的影响。

通常来说，整个市场的上行必然需要资金流入去推动；反之，若之前市场内的存量资金相互搏杀，即使大盘出现了上涨，也是难以持续的。另外，场外资金的流入，还应该具有一定的可持续性，这样才能推动大盘稳步上升。

其实，这也是投资者分析市场运行趋势的一个重要指标。比如，大盘指数持续下行，势必出现流入的资金量小于流出资金量的情况。若某一交易日大盘出现上扬，而场外资金却没有多少人入场，那么这种上涨势头必然难以持续，此时的上涨充其量也就是一个反弹，而非反转。

当然，这种反弹也是可以演变为反转的。若大盘在各方面利好因素叠加的影响下持续上行，那么，这种赚钱效应就会放大，场外资金就存在加速入场抢筹的可能，也会进一步推动大盘上扬。

从这一点上来看，市场经常跟踪的几个指标就显得特别有用了。

（1）北上资金。

北上资金，即借道香港证券交易所进入A股市场的境外资金。这是一种被称为聪明钱的资金，属于嗅觉极为灵敏的资金。在大盘或板块处于低位时，北上资金往往会率先开始流入，这类资金常常成为推动大盘上扬的一股重要力量。同时，北上资金也常常成为很多散户入场的风向标，很多人习惯跟随北上资金的路径进行交易。

（2）主力资金。

这是一股比北上资金体量更大的资金，包括各类基金、投资机构、国家养老保险基金等各路大资金机构。事实上，真正对股市起重要影响的就是这类资金。当主力资金不肯进场时，市场肯定不会有多大作为的。

（3）散户资金。

这里的散户资金主要为增量的散户资金，即新进入股市的散户资金。投资者可通过查看每周或每月新增股东开户数统计来研判散户资金进场情况。图7-2所示为最近几年每月的新增股东数据情况。

从图7-2中可以看出，自2015年牛市高点出现了每月超过400万开户数后，最近几年一直维持在200万户/月左右的水平。进入2022年3月后，新增股票开户数有增加的趋势，这也是增量资金可能入场的一个信号。

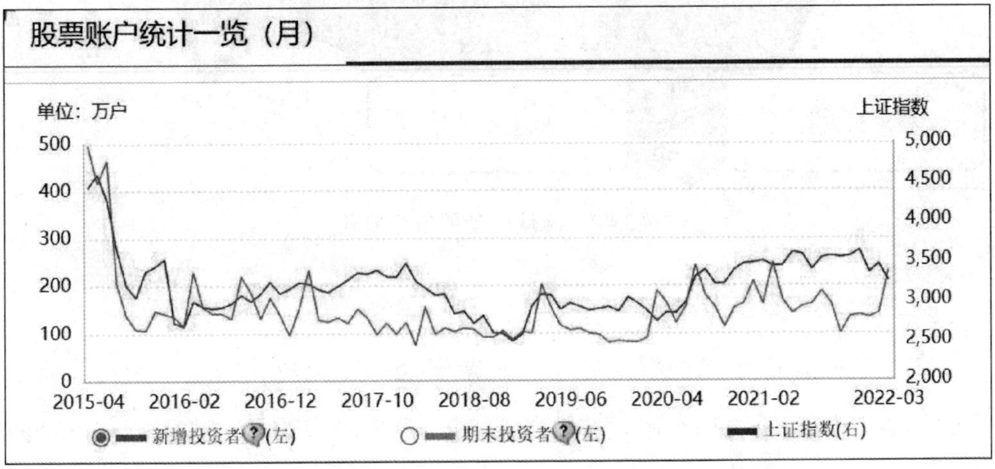

图7-2　新增股票账户数量统计（来源：天天基金网）

总之，股市整体上扬需要场外资金的持续流入。若没有更多的增量资金入场，就只能是场内资金搏杀，也许局部板块会有所表现，但也注定只能是东边日出西边雨，拆了东墙补西墙。

四、板块轮动：板块起涨的逻辑

一个完整的板块轮动大多需经过这样几个过程，如图7-3所示。

第一阶段：概念朦胧期

某个概念开始出现，市场上也就只有一两只该概念的核心股票出现大幅上攻，整个概念的其他股票即使有上涨，涨幅也很少，很多散户对该概念还不甚理解。其实，这时候往往是主力开始加大建仓的时期。

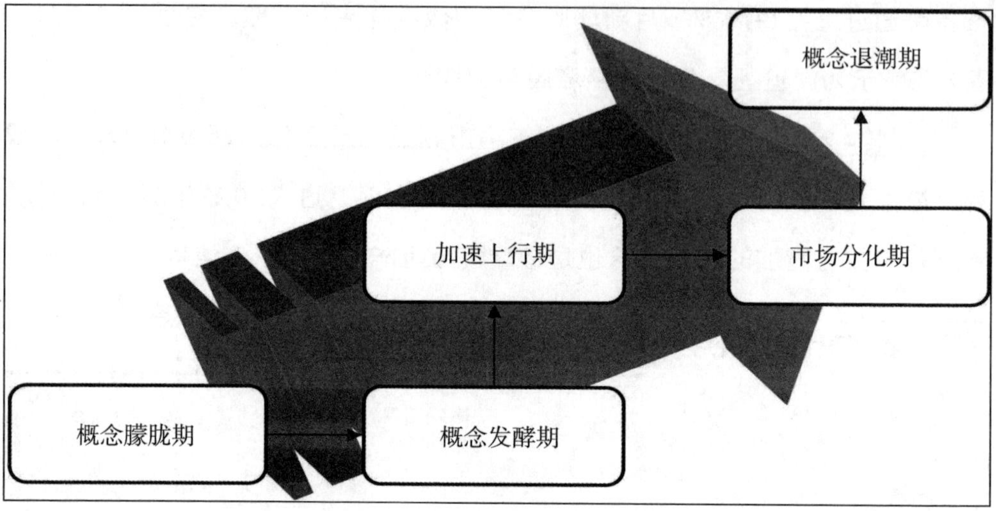

图7-3　板块轮动的五个阶段

第二阶段：概念发酵期

在该阶段，由于先前率先启动的股票已经连续上攻，整个市场对该概念开始警觉，相关板块和个股逐步开始启动，很多未来的龙头也可能在这个时候现身。投资者应该寻找那些量价配合较佳的投资标的。很多先期启动的股票也会在这一阶段进行大幅振荡。成交量异常放大的股票，投资者一般不宜介入。

第三阶段：加速上行期

从本质上来说，该阶段往往是股价上升速度最快、幅度最大的一个阶段。很多板块龙头股的股价翻番都是在此阶段完成的。该阶段，与炒作概念相关的板块都出现了较大幅度的上攻，市场赚钱效应凸显，很多散户开始涌入相关概念板块股票。此阶段上涨幅度最大，相对而言，往往也是最安全的一个阶段。

第四阶段：市场分化期

过了概念普涨阶段后，市场出现分化。很多与概念板块相关的股票开始回落，而龙头股一般还能坚挺，甚至在调整后出现新的上攻行情，此时市场上关注的焦点已经完全聚焦于龙头股。

第五阶段：概念退潮期

无论何种概念都会有一个退潮期，区别在于，有些概念在退潮期来临前会经历几波的加速上涨与分化，有些概念可能只有一波加速上涨就进入了退潮期。总之，对于主力来说，如何快速将手中的筹码兑现才是王道。因为主力持仓情况不一，退潮的形式也有所不同。若在上攻阶段存在多主力抢筹的情况，那么，在退潮阶段也可能引发多主力争相出逃，导致股价出现连续大幅下挫的情况；反之，若只有一家主力坐庄，那么，在退潮时可能会采取更加从容的高位振荡方法来完成出货。

另外，从以往的概念炒作情况来看，若一个概念经历完成五个炒作阶段，往往能够获得较佳的持续性，股价上升的持续时间较长，上升的幅度也会比较大；反之，当一个概念启动初期就出现了快速发酵并出现概念板块普涨的情况，持续性往往会比较差。

五、资金与板块轮动速度

资金与板块轮动，直接影响大盘指数的运行态势。无论大盘如何波动，最终的赚钱效应还是要在各个板块轮动上体现出来。各个板块都出现赚钱效应，才会吸引越来越多的场外资金进入，进而推动大盘上涨。

事实上，板块轮动的速度与持续性，都可以反映整个市场的走势情况。

第一，板块启动的数量。只有各个板块启动上升，投资者才能赚到钱。启动的板块越多，说明市场走势越强；反之，若整个市场只有一到两个板块出现上涨，则说明市场走势较弱。

第二，板块轮动的速度。市场资金毕竟是有限的。当资金攻击的板块之间出现轮动时，说明资金追逐的方向出现了变化，市场热点出现转向。不过，若板块轮动加快，说明整个市场热点的延续性不好，资金持续流入意愿不强，市场走势偏弱。

在市场呈弱势时，整个市场常常会出现板块轮动加速的迹象；反之，在市场呈强势时，很多板块的热度则能够持续多日。只有板块热度持续时间较长，参与炒作的资金才会获利，市场也才会有赚钱效应，场外资金也更容易入场。

若上午主要炒作几个板块，下午又转向另外几个板块，甚至炒作不到十几分钟就转入另外一些板块，则说明市场热点散乱，没有炒作的主线，这也不是理想的入场环境。其实，这种行情游资都不愿意轻易入场，毕竟没有主线，就不会有明显的赚钱效应，就更加不容易将散户的注意力吸引到自己炒作的板块或个股上来。

反之，若板块启动数量较多，持续性非常好，则说明此时大盘走势向好，市场赚钱效应不错，越来越多的场外资金开始进场。

下面来看一下大盘盘中热点概念图示，如图7-4所示。

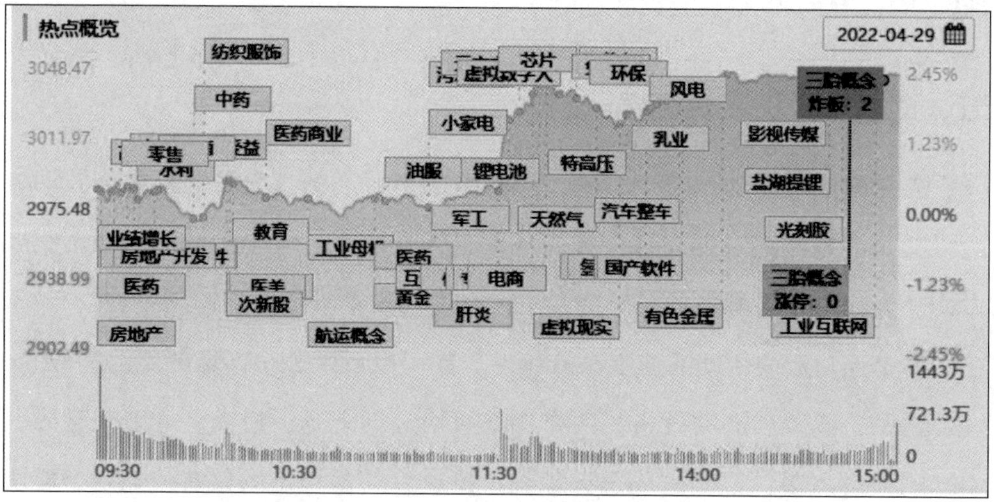

图7-4　盘中热点概览（2022.4.29）

从2022年4月29日的盘中热点来看，进入午盘后，盘面热点更多，但多围绕新科技、新能源等几个领域展开，形成了多点开花的局面，且持续性良好，这是不断有场外资金入场推动的结果。

第二节　游资短线交易精髓

本节介绍的内容，多是根据国内顶级游资的操作手法、交易经验及其分享的心得体会总结得出的，希望能够对投资者的短线交易有所帮助。这部分内容大致包括七个方面，如图7-5所示。

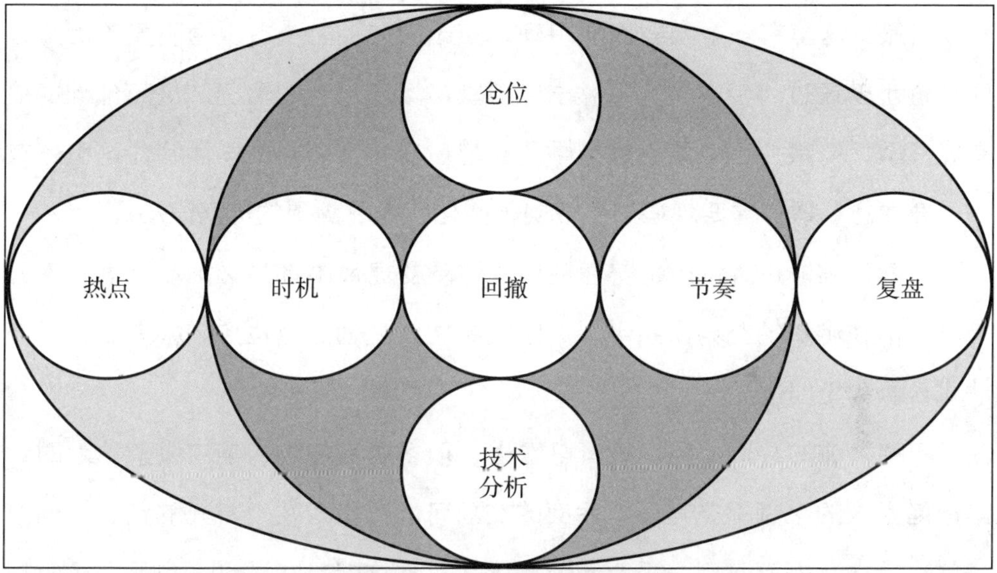

图7-5　游资短线交易精髓

一、仓位——短线操作的核心

短线交易者都把止盈位和止损位看得非常重，于是就常常出现这样一种情况：股价上攻前的波动，常常将止损位击穿，不得不割肉离场；待自己割肉离场后，股价又重新上涨。另一种情况是，股价刚刚开始上升，又因为触及止盈位，错过了后面一大波上升幅度。归根结底，就是没有掌握短线交易的精髓。

从游资的角度来看短线交易，只有市场情绪变化，没有股价波动高低之分。事实上，回顾这些短线上攻的股票就可以看出，很多股票上升过程中都会出现幅度极大的波动，地天板、天地板频频出现，这就意味着散户通常所设置的止盈位与止损位并不能起到太大的作用。也就是说，游资更加关心的是市场上情绪的高低，若情绪出现消散，则会坚决出货，哪怕股价跌停也要出货；反之，若市场情绪仍然很高，即使股价出现大幅下跌也不会卖出，还可能会继续买入。

当然，这里有一个问题需要明确。相比散户，游资有更为明显的优势，即游资可以通过将手中的筹码抛出以检验市场承接盘的情况，进而预判情绪有无发散，而散户则只能通过盘中的交易量变化来研判市场情绪。这里还有一点要注意，散户需要观察的是成交量变化，而非简单的价格波动。

但是，无论是游资还是普通散户，控制交易风险都是必须要考虑的优先事项。但在游资的交易体系中，风险控制主要是通过仓位控制来完成的，而非止盈位和止损位。

回顾之前的游资交易记录可以看出，很多游资在进入某只股票抢筹时，第一笔投入的金额都非常少。后面的交易可能会投入几千万元的资金，但第一笔也就在几百万元到一千万元的水平，其实这就是在试盘，也是在检验自己的判断。如果第一笔入场资金出现了亏损，那就可以大致认为自己的判断出现失误，后面也就没有了继续投入的基础。

概括起来，短线仓位控制应该大致保持如下比重。

首先，单只个股投入的金额一般不应超过总仓位的20%；

其次，在单只股票仓位投入方面，应该按照如下比例分批入场：

第一笔：10%

第二笔：20%

第三笔：20%

第四笔：30%

剩余的20%是轻易不会投入使用的备用仓位。

投资者必须保证在前一笔盈利的基础上才能投入第二笔。如果行情振荡不明，也可以像游资一样进行滚动交易，即前一笔有盈利后兑现利润撤出，然后机会出现时再度进入。毕竟短线强势上升的个股，波动也是非常大的。

短线交易从本质上来说，是一种风险极高的交易活动，投资者只有通过极为严格的仓位控制才能在市场上生存下来。大家不要有一夜暴富的心态，更不要想在一只股票上暴富。错误的方法可能让你一次或两次成功，但以后就可能面临更大的亏损。

比如，2015年的大牛市中，很多投资者都使用了杠杆资金，在股价上升时，固然盈利规模急剧放大。一旦股价转入下跌，由于使用了杠杆资金，会让自己先前的盈利一夜归零。

总之，投资者是要在市场上长期生存的，而不仅仅是为了一笔或两笔盈利。要想在市场中长期生存，合理管控仓位是第一步，也是最重要的一步。

二、热点——追涨的基本操作

追涨短线热点，是游资的主要操作策略。同样，对于短线交易者来说，也应该成为主要的盈利策略。事实上，在交易过程中，最忌讳的就是交易策略发生游动，即明明按照短线的思路买入了股票，当股价下跌后，又想到要进行长线持仓了。也就是说，在介入股票前必须明确交易策略，即追逐短线热点，博取的也是短线收益。

归纳游资的操盘路线，投资者可以下面几个步骤为核心，设置自己的交易体系。当然，投资者也可以根据个人喜好或感觉，在此基础上进行调整。

第一步：判断主流热点。

出现符合主流热点的强势股，是一年中难得的挣钱机会，若有机会上车，千万不要随意下车。即使行情发展弱于预期，也可以等到出现回调少挣一点儿再卖出，这类机会提早卖出，错过的可能是数年都难以寻找的机会。由此可见，寻找热点、追踪热点，是短线操盘的基础。

先判断市场的主流热点在哪个方向，同时也要清楚自己参与的是主流热点、次主流热点，还是非主流热点。

关于主流热点的判断，可以借助沪深两市的涨幅榜来分析。下面来看一下2022年4月29日的沪深两市涨幅榜，如图7–6所示。

	.	代码	名称	现价	涨幅%↓	涨跌	市净率	每股盈利	细分行业	所属行业
1		001228	N永泰运	43.86	+43.99	+13.40	3.18	0.485	物流	物流
2		301162	N国能	57.00	+26.30	+11.87	4.19	0.075	软件开发	计算机应用
3		300117	嘉寓股份	3.34	+20.14	+0.56	13.38	0.110	专业工程	建筑装饰
4		300199	翰宇药业	13.78	+20.03	+2.30	8.12	-0.060	化学制剂	化学制药
5		300049	福瑞股份	19.00	+20.03	+3.17	3.27	0.033	医疗设备	医疗器械
6		301119	正强股份	27.24	+20.00	+4.54	2.75	0.200	汽车零部件	汽车零部件
7		301163	宏德股份	49.30	+17.52	+7.35	3.80	0.250	金属制品	通用设备
8		688529	豪森股份	22.13	+17.28	+3.26	2.51	0.210	其他专用设备	专用设备
9		300408	三环集团	28.80	+16.84	+4.15	3.31	0.260	被动元件	半导体及元件
10		300629	新劲刚	23.32	+16.08	+3.23	2.86	0.250	军工电子	国防军工
11		688800	瑞可达	94.15	+15.52	+12.65	9.66	0.520	其他电子	其他电子
12		301057	汇隆新材	19.33	+15.40	+2.58	3.44	0.110	涤纶	化工合成材料
13		688091	上海谊众-U	110.90	+15.28	+14.70	9.73	0.290	化学制剂	化学制药
14		688110	东芯股份	31.10	+15.19	+4.10	3.50	0.250	集成电路设计	半导体及元件
15		300793	佳禾智能	14.28	+15.16	+1.88	2.12	0.060	消费电子...	消费电子
16		301018	申菱环境	21.38	+14.76	+2.75	3.47	0.150	制冷空调设备	通用设备
17		300356	*ST光一	1.92	+14.29	+0.24	1.05	-0.078	电气自控设备	电力设备
18		688190	云路股份	57.90	+13.69	+6.97	3.72	0.320	其他金属...	金属新材料
19		300301	长方集团	2.17	+12.44	+0.24	1.47	0.017	LED	光学光电子
20		300860	锋尚文化	41.50	+12.37	+4.57	1.74	0.650	专业服务	专业服务
21		688697	纽威数控	12.29	+12.14	+1.33	3.10	0.162	机床工具	通用设备
22		301133	金钟股份	21.07	+11.48	+2.17	2.75	0.150	汽车零部件	汽车零部件
23		688269	凯立新材	97.37	+10.98	+9.63	10.79	1.99	其他金属...	金属新材料
24		688046	药康生物	17.59	+10.91	+1.73	3.92	0.074	医疗研发外包	医疗服务
25		688058	宝兰德	57.22	+10.89	+5.62	2.37	0.360	软件开发	计算机应用
26		300093	金刚玻璃	29.38	+10.83	+2.87	22.64	-0.145	玻璃玻纤	建筑材料
27		688272	富吉瑞	22.93	+10.67	+2.21	2.63	-0.220	军工电子	国防军工
28		688111	金山办公	175.94	+10.66	+16.95	10.12	0.544	软件开发	计算机应用
29		300876	蒙泰高新	20.83	+10.56	+1.99	2.43	0.158	其他纤维	化工合成材料
30		688026	洁特生物	50.37	+10.56	+4.81	5.18	1.73	其他塑料制品	化工合成材料
31		300969	恒帅股份	48.59	+10.38	+4.57	4.75	0.400	汽车零部件	汽车零部件
32		688575	亚辉龙	32.36	+10.29	+3.02	6.40	1.26	体外诊断	医疗器械
33		300452	山河药辅	15.11	+10.29	+1.41	4.05	0.190	原料药	化学制药
34		688590	新致软件	13.34	+10.25	+1.24	2.10	0.780	软件开发	计算机应用
35		600162	香江控股	2.26	+10.24	+0.21	1.05	0.012	住宅开发	房地产开发
36		002486	嘉麟杰	2.59	+10.21	+0.24	2.24	0.003	其他纺织	纺织制造

图7–6　沪深两市涨幅榜（2022.4.29）

借助之前讲解的寻找热点的方法，结合图7–6可以看出如下几点。

第一，图7–6所示的涨停板为第一页面的数据，当日涨停股票数量众多，超过200只个股涨停，也就意味着当日股市走势极强，整个市场做多气氛较浓。

第二，从上榜企业的行业或概念分布来看，相对比较分散，如军工电子、汽车零部件、计算机软件等。这说明当日股市已经呈现百花齐放的态势，这是市场强劲的一种体现。当然，从另一个角度来看，市场热点没有集中于一两个特定板块，这对于寻找主流热点并不是好事。

第三，寻找那些在早盘开盘后不久就进入涨停位附近的股票。一般来说，封住涨停的时间越早越好。若之前几个交易日，该类板块内的个股已经出现多个涨停板，且当日多只个股封住涨停板或即将封住涨停板，则属于强势的表象，是可以考虑追涨的。

第二步：试错。

试错的核心就是轻仓买入，千万不要以为自己发现了一个金矿而全仓杀入，也不要因为自己轻仓买入错过很多利润而懊恼。市场上的机会很多，但你的资金并不是随时都有的。大家要清楚，若利润能够每周增加1%，都是了不得的事情。因此，保护本金安全，才是投资的第一要务。

在具体买入时，一定要争取介入主流热点中的大龙头品种。大龙头介入的机会稍纵即逝，若无法及时介入，买入次龙头也可以收获一定的利润。

对于次级主流热点，若机会好也可以重仓参与，对于非主流热点，若要参与，要考虑在次日及时退出。热点排名越靠后，持续性越容易不足。

第三步：确认后加仓。

此步骤是短线盈利的关键。只有在试仓产生盈利的基础上，才能进一步追加仓位。当然，也可以主力拉升至高点时，将试仓买入的股票卖出。总之，必须要在试仓产生盈利后再加仓。

试仓产生利润，说明先前的判断是正确的，否则说明判断错误。在操作中，最忌讳一点：试仓出现亏损后，仍然坚定地看好这只股票，并认为是自己介入的良机（毕竟买入成本降低了），于是加仓买入。其实很多短线交易者的亏损都是这么形成的。

第四步：卖出。

一般来说，股价上攻的势头一旦出现停滞，投资者就应该离场观望了，这也是让大家分批入场、滚动交易的原因。由于A股市场实行“T+1”交易制度，交易者要尽可能保证自己容易离场。对于先前连续涨停的个股，一旦涨停板无法回封，就应该坚决离场。大家回顾一下顶级游资的交易可以发现：这些顶级游资也不是神仙，他们也会判断错误，也会买在高点。但这些游资和散户相比，有一点做得特别好，即行情于己不利时，会坚决离场，不会选择持仓观望。他们宁可先离场，再观望，宁可错过一段上升幅度，也不愿坐以待毙。

最后说一句：如果你没能及时把握第一波热点行情，也可以接着重点关注这一板块，待第二波行情起来时再杀入。

三、时机——捕捉最佳出手机会

按照通常的短线交易技术标准：最佳的短线入场时机，就是股价有效突破某一重要阻力位时，包括各条均线、前期低点、前期高点以及趋势线等。不过，从游资战法来看，这并不是较佳的入场时机。

从游资的角度来看，一只股票的最佳买入时机主要包括两个。

第一，市场情绪升温，股价开始爆发性增长时；

第二，市场陷入恐慌情绪，亟待出现修复性行情时。

1.追涨时机

按照游资的交易理论，市场情绪没有上来的股票，短期内上涨的动能就可能不足。因此，选股要选择那些短线情绪高涨，上涨动能充足的股票。在识别这类股票方面，可以从以下几个角度入手。

（1）加速上升的股票，特别是连板股，是优先考虑的对象，但同时必须控制好仓位。

（2）股票的成交量持续增加，换手率进入高位，这是股票受追捧的一个典型特征。只要有成交量，就说明有主力在运作这只股票，就是可以考虑的标的。相反，一些交易清淡的股票，是不能作为短线交易标的的。不只是投资者，游资也怕进去容易出来难。

（3）从技术指标的角度来看，这类股票往往都是处于超买区域的股票。按照通常的理解，都是应该准备卖出的股票。但在游资眼中，这类股票恰恰是炒作情绪高涨的股票，也是最适合短线交易的标的。

比如湖南发展在2022年4月底的一波拉升行情中，股价的启动也是从KDJ指标进入超买区域开始的。

如图7-7所示，湖南发展的股价自2022年4月22日结束盘整并强势涨停。此后的4月25日，该股股价再度封住涨停板。与此同时，KDJ指标同步进入超买区间，曲线J更是达到了100线。对于普通投资者来说，此时该股股价已经进入高风险区域，不应该再执行入场买入操作。而对于游资来说，4月25日之后，该股才算开始显露强者本色，也是各路游资开始争相入场的时机。

在此之后，苏南帮、苏州帮、深圳帮、炒新一族、欢乐海岸等诸多游资相继入场抢食。

2.超跌买入时机

除了市场情绪集中的板块外，还有另外一种极端，可以视为买入时机的情形，即超跌买入。不过，相比追涨热点买入，超跌买入其实风险更大。有

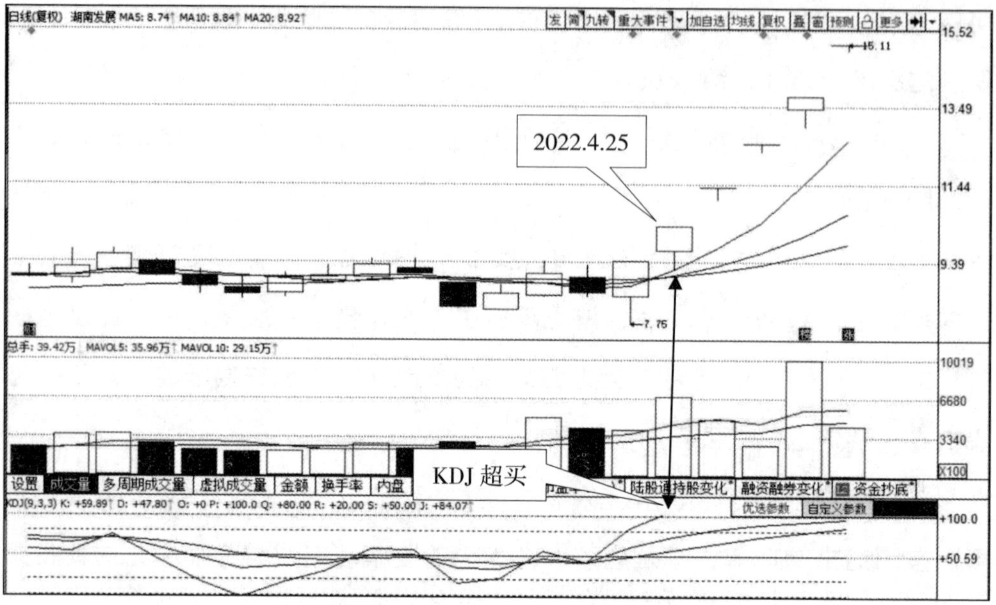

图7–7　湖南发展（000722）日K线走势图

人也将超跌买入看成一种“刀口舔血”的行为。股价进入下跌趋势后，大家根本不可能准确地知道反弹何时到来，很多看着像反弹的行情，也多为“一日行情”。

也就是说，介入超跌反弹的时机是非常难把握的，一般应该满足这样几个条件。

第一，股价下跌的幅度不重要，要感受市场的气氛。只有市场陷入极度恐慌，才是较佳的入场时机。有些投资者将股价下跌幅度或者基本面因素看成超跌买入的时机，并不能说这样不对，但若从短线搏反弹的角度来看，肯定是不行的。市场处于下行通道时，没有人可以准确地预知股价的下跌幅度和止跌位置，这肯定不能作为短线入场时机。

一般而言，在股价持续大幅下跌，连续地对利好消息置若罔闻，甚至任何利好都被用于出货，市场上的散户如同惊弓之鸟，此时往往就意味着一波反弹行情正在酝酿之中。

第二，反弹多在放量杀跌之后。市场进入底部区域后，并不会立即反弹，主力还会趁机大肆打压股价，以逼迫散户交出筹码，因此，大的反弹一般都会出现在极度杀跌之后（一到两个交易日）。有些时候，大幅放量下跌之后，整个市场弥漫着恐慌气氛，就是反弹即将到来之时。这里的恐慌盘也是需要明确的一个方面，这里指的不是短线恐慌盘或者波段交易的恐慌盘，而是那些想要长期持仓的恐慌盘。也就是说，市场的持续下跌，已经让那些想要长期持仓的投资者放弃了持仓的想法，这就是反弹要到来的时候了。大家可以通过观察或浏览一些网上投资者的发言来感受这一氛围。

第三，反弹一般会出现在市场普遍认为的强支撑位被击穿之后。当然，这些强支撑位也可能会产生一波反弹行情，但力度肯定非常小，而且常常带有很大的诱多性质。主力常常借助这样的支撑位引诱投资者加仓或入场，待投资者入场后，再做最后一次极限打压，逼迫最后入场的投资者割肉离场。

市场从来都是如此的残酷，要想在市场上生存，就必须将盈亏看得淡一些，否则是无法面对股价的剧烈波动的。

第四，搏反弹，并不是为了反转。操作上仍要以短线操作为主，因而在股价连续几个交易日反弹后，最好先兑现收益。一般情况下，三个交易日就应该能看出一些端倪了。

四、控制回撤——股市生存之本

让自己的收益曲线变得平滑一些，这是初入股市的投资者需要解决的重要问题。不要对直线上升的曲线窃喜，因为陡峭向上的曲线，还是会以同样的路径掉下来。在股市中交易，要想长久生存，就需要将自己的收益曲线绘制得平滑一些，即让自己的收益曲线在出现回撤（亏损）时平滑地下行，而不是直线式下跌。

在交易过程中，必须坚持这样几个基本原则。

第一，绝不允许将盈利做成亏损。

没有人希望将盈利变成亏损，但在实际操作过程中，却经常出现这样的情况：当自己持仓的股票产生了10%到20%的盈利后，股价开始回调。很多投资者继续看好该股，不仅没有进行任何减仓或清仓，反而将其看成加仓的机会。当盈利全部被蚕食后，仍然不放弃，继续加仓，直至亏损幅度越来越大。

尽管按照传统的短线交易法则，投资者应该追涨杀跌，但当股价连续上升一段时间后，必然会有很多获利盘流出。至于股价能否继续上攻，取决于市场环境、主力意愿与持仓等。作为散户是没有必要继续死抱着股票不放的。

将盈利兑现，永远都不会错。很多人害怕错过股票后面的涨幅，其实只有盈利是真实的，机会永远都在，而你的亏损却会让你失去以后很多的机会。

因此，正确的操作方法永远都是随着盈利的增加不断提升止盈位，同时在股价回落时开始减仓，而非加仓。最后一条建议：哪怕只有一个点的盈利，也要止盈撤出，不能坐等盈利全部丢掉。

一个点的盈利看似微不足道，但这是你今后交易的基础和成功的保证，也有利于增强短线交易的信心。

第二，不要在错误的道路上越走越远。

这是控制回撤最重要的一条。当你的投资出现亏损时，说明之前的判断出现了错误，因而要尽可能地在合适的时机止损离场，而不应该再度加仓。很多投资者在出现亏损时，喜欢通过追加仓位来降低亏损比例，想象着股价一旦反弹，就可以将亏损抹平了。其实这是最典型的错误，也是新手最容易犯的一个错误。降低的只是盈亏比，而不是真实的盈亏金额。另外，通过这种方式摊平持仓成本，还会让自己的盈亏额进一步放大。

真实的情况是，你已经判断错了，凭什么认为加仓就是对的呢？在错误的选择上加码，只会让错误放大，并不会将错误抹平。

第三，宁可少挣一些，放些利润给别人。

在交易实战中，很多投资者可能会想让自己的盈利再增加一点，从而错过了最佳的卖出时机，甚至将本应取得盈利的交易变成了亏损。

宁可少挣一点儿，放点儿利润给别人，也就是能赚一块钱时，只赚七毛就可以了。当你总是保持这种心态时，操盘过程就会轻松很多，亏损也会降低很多。

第四，提前计划仓位，绝不临盘变卦。

控制回撤，最忌讳临盘改变仓位计划。比如，遇到股价拉升就想要加仓，这是最容易犯的错误。股价大幅上涨时，很多散户就会看成是一个重要的起涨信号，于是纷纷入场买入股票，其实此时往往都是主力资金撤出的时机。

如果你总是觉得自己能够逆风飞扬，那么市场必然会给你一个教训。

五、节奏——回到正确的轨道

很多进行短线交易的投资者都有过这样的经历：当自己交易做得比较顺的时候，经常会出现盈利，甚至能够连续多笔盈利；反之，有时候交易做得不顺的时候，经常会出现亏损的单子，甚至连续多笔出现亏损。

其实这就是交易节奏的问题，节奏踏准了，交易成功率就高；反之，交易成功率就低。

从游资的角度来看，节奏问题首先是心态的问题，一步错，步步错。当一个人出现重大亏损时，先想到的往往是如何快速地挽回亏损，于是急急忙忙地调仓换股，认为另一只股票正好存在这样一个机会，于是义无反顾地进去了。可是这往往都是主力刻意为散户挖的坑，而且是连续的挖坑。你之所以卖出股票，就是主力想让你感到这只股票已经没有希望了，但这往往是主力拉升前的最后一次诱空。而你买入的股票，恰恰是主力的一个诱多。正常情况下，你的心态若非常平和，是很容易识破主力的这种伎俩的，但你的心态失衡时，可能主力的一些简单的套路都能迷惑你。

因此，在交易过程中，为了进入良性交易节奏，就必须为自己的交易设置一个暂停与重启键。若交易连续三单以上出现亏损时，应该首先选择退出目前的交易，而不是想一次性挽回损失。

其次，在休息过程中继续观察盘面，总结自己交易的不足。

再次，若已经确认自己调整过来时，可以轻仓入场进行一次交易。此次交易的目标并不是为了挣钱，而是重新寻找正确的交易节奏。

一旦交易开始重归盈利的轨道，投资者就可以重新出山了。

六、复盘——保证以后的盈利

复盘是收盘后将市场运行情况以及各个热点的启动再度回顾一下，明确哪些股票资金流进活跃，哪些股票资金流出，主力在出逃，大盘的抛压主要来自哪里，大盘做多动能又来自哪里等。

从游资的角度来看，复盘重点关注的项目包括以下几个。

第一，研究热点板块。

每日的热点板块是复盘首先需要研究的项目。具体细节包括强势热点板块平均涨幅、涨停个股数量，涨停板个股涨停的先后时间顺序，以及个股之间的联动，都是必须要考虑的。

第二，强势股图形的一致性。

重点观察分时线、K线以及成交量变化之间的关系，看得多了，以后遇到这类形态，就容易形成条件反射了。

事实上，很多牛股在启动时，其图形还是具有很大一致性的。常做复盘，经常观察启动个股的分时线形态，确实可以提升临盘决策的准确性和及时性。大家知道，强势股从启动到涨停也就一瞬间，若不能及时做出决策，就可能错过了一波行情。这就是复盘最大的意义。

第三，观察龙虎榜数据。

观察龙虎榜数据，重点观察买入营业部，特别是国内顶级游资常常出没的营业部。

其次，买入与卖出金额也是重点观察的项目。买入金额越多，说明游资介入越深，未来拉升的概率也就越大。

尽管龙虎榜数据带有很大的滞后性，是当日完成交易后的数据，但拿大笔资金买入的游资势必要出货，而要出货就需要拉高股价，这是一个必然的逻辑。当然，由于国内股市是T+1交易规则，次日游资拉升股价时，普通散户要在下一个交易日才能卖出，这就给游资提供了一个套住散户的机会。

不过，散户也不是没有机会躲过这个“坑”的。观察之前的游资操盘，大家可以发现一个共同的特点，即大多数游资在股价进入高位后，都是先将之前的筹码抛出，然后再反手买入的。因此，当股价上升、游资抛出筹码时，就是其测试下方承接盘的时候。这也是散户观察盘面承接强度的一个机会。若大量抛盘出来后，股价并未大幅走低，甚至重新冲高，则说明游资还是要拉涨停的；反之，若抛盘不多就将股价打压至较低的位置，大家还是应该多看少动。

总之，涨停时间与先后顺序，何种形态拉升，拉升前的技术形态，看龙虎榜分析是谁拉升的，哪个游资拉升的，这些问题也很重要，自己要是熟悉某一路游资的套路就更好了。

复盘就是要多从自己身上找问题。前些年经常提及一句话：“不为失败找借口，只为成功找方法”。有些人就是身上的戾气太重，每次失败都会找各种各样的借口，比如主力太凶残、监管不得力等。其实，市场上每天都有大量的盈利者，也有很多亏损者，多做复盘，多总结自己交易的得失，慢慢你就会发现交易并不是那么难了。

七、正确认识技术分析

很多游资在操盘初期也都是技术分析理论的坚定拥护者，但在其后的交易实战中，应用的确实相对较少。后期随着交易越发成熟，对技术分析工具的依赖也就越来越少了，进而更加注重市场理解力。

市场理解力与技术分析的关系，就如同武林高手的内功和招式。技术分析是招式，而市场理解力则是内功。只有内功不断精进，招式才会越打越好，其中内功又是起决定性作用的。顶级高手都是内功练到炉火纯青的地步，外在招式已经不重要了。相反，只有初入股市的新手，才会从技术分析这些招式上入手。但这并不是说技术分析不重要，或者不用学，只是大家需要明白，对股市的理解更重要。你在学习和应用技术分析工具与方法时，要时刻强化自己对股市的理解，因为这是你未来能在股市中赚钱的基础，是交易的核心。

总之，对于短线交易者来说，应该正确看待技术分析工具与方法。

第一，技术分析必须要学，这是入场操作的基础。

第二，技术分析也不能光学技术，还要考虑技术分析背后的逻辑以及衍生出来的情绪判断。

第三，更深入一些，则要学习关于盘口和分时图的判断。对于短线交易者来说，这部分内容是至关重要的。尽管很多股票分析图书中都介绍了一些关于盘口和分时图的查看方法，但临盘观察、不断增加盘感才是最重要的。

第四，构建属于自己的交易体系，这是最最重要的内容。